KB121758

MD의 정석

MD의 정석

초판 5쇄 발행 2024년 7월 25일

지은이 이라경
발행인 김시경
발행처 M31

ⓒ 2021, 이라경

출판등록 제2017-000079호 (2017년 12월 11일)
주소 경기도 김포시 김포한강2로 11, 109-1502
전화 070-7695-2044
팩스 070-7655-2044
전자우편 ufo2044@gmail.com

ISBN 979-11-91095-01-2 03320

Complete guide to Merchandising

MD의 정석

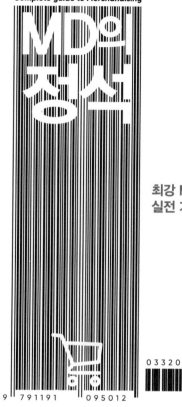

이 라 경 지음

최강 MD를 위한
실전 가이드

0 3 3 2 0

9 791191   095012

10년이면 강산도 변한다는 옛말이 있다. 요즘의 유통 비즈니스 생태계를 보면 10년을 5년으로, 3년으로, 아니 1년으로 바꾸어도 고개가 끄덕여질 만하다. 인터넷이 우리의 삶에 자리 잡으면서 기존의 매장들에게는 오프라인이라는 이름이 붙여졌고, 우리의 손에 스마트폰이 쥐어진 이후 온라인 유통 역시 PC 기반, 모바일 기반으로 나뉘었다. 한 리서치 기관에서는 이를 더 세분화하여 태블릿 기반으로까지 나누기도 했었다. 그런데 이제는 이런 구분이 무의미해질 정도로 그 경계가 급속히 허물어지고 있다.

본래 유통이란 생산자로부터 소비자에게 재화와 서비스를 이동시키면서 장소와 시간 효용성을 창조하는 활동을 일컫는다. 생산자, 도소매업자, 소비자 등은 명확히 구분되는 그 무엇이었다. 그런데 이제는 제조기업이 소매유통 분야로 사업을 확장하는 경우도 많아졌을 뿐 아니라 D2C(Direct to Customer)라는 새로운 용어를 만들어내며 중간 도소매업체를 배제하고 생산자와 소비자가 손쉽게 거래를 한다. 예전에는 판매를 소매기업이 거의 전담했지만 이제는 세포마켓, 1인 셀러라는 말에서 알 수 있듯이 누구나 그리 어렵지 않게 쇼핑몰을 만들어 판매를 할 수 있는 시대다.

이러한 환경적인 변화에 내가 하는 일 역시 크고 작은 변화가 일고 있다. 기업을 대상으로 강의와 컨설팅을 하는 내게, 전에는 주로 소매 유통기업에서 MD 역량 개발과 관련된 강의와 컨설팅을 의뢰하는 경우가 많았는데 점점 제조업체에서도 자사 직원들에게 머천다이징 역량을 키워달라는 요청이 많아졌고, 이제는 소위 인플루언서라고 불리는 개인들, 투잡(two job)을 준비하는 개인들도 이 역량이 필요하다면서 강의를 의뢰해오는 경우가 늘어나고 있다.

워낙 험난한(?) 시대에 뭣도 모르고 유통기업에 들어가 맨땅에 헤딩하듯 MD로 커리어를 시작해서 그런지 MD를 꿈꾸는 젊은 청년들에게 유난히 마음이 간다. 대학에서뿐 아니라 최근엔 기업과 연계해 진행 중인 후배 MD 양성하는 일도 애정과 의무감을 가지고 하고 있는데, 이들을 위한 강의와 교육 프로그램 역시 매년, 매 학기 새롭게 바꾸지 않으면 안 될 지경이다(강의노트 하나로 20년 강의를 했던 전설적인 교수님들이 가끔, 격하게 부럽다).

만 22년간의 직장생활을 마무리하면서 그간 해왔던 일을 정리해보자는 의미에서, 그리고 후배들에게 작게나마 도움이 될까 해서 입사 초기부터 내가 해왔던 MD 업무를 정리해 책으로 출간한 것이 벌써 7년전의 일이다. 그 사이 실무는 떠나 있었지만 또 다른 방식으로 유통업계에 속해 있으면서 급변하는 유통 환경 속에서 '머천다이징'의 적용 범위와 방법이 어떻게 변화하고 확장되는지, 그에 따라 현장에서 요구하는 MD의 역할과 역량은 또 어떻게 달라지고 있는지를 오히려 객관적으로 알 수 있었다. 하루가 다르게 변화하고, 그 변화의 정도도 쓰나미급인 4차 산업혁명 시대에 신기술에 대한 이해도 중요하고, 단숨에 소비자의 눈길을 사로잡는 마케팅 기법도 중요하지만, 그 무엇보다 중요한 것은 아이러니하게도 '변함없는 기본'이다. 이번 책에서는 이러한 변화와 변함없는 기본을 함께 담아보고자 한다. 행여나 '라떼는 말이야'가 되지 않게 하기 위해 나의 실무 경험과 유통 마케팅 분야로 석박사 공부를 하면서 얻은 학문적 지식, 그리고 나의 예전 경험들을 '예전 것'으로만 남아 있지 않게 해주는 사회의 '젊은 고수'들과의 협업으로 체득한 경험까지 모두 버무려보려 한다.

이제 막 MD로 일을 시작한 MD들, MD가 되고 싶은 예비 MD들, 내가 생산한 상품을 직접 소비자에게 판매하고 싶은 분들, 그리고 부업으로, 투잡으로 상품을 구해(소싱해서) 판매하고자 하는 분들처럼 머천다이징 역량을 필요로 하는 분들이 'MD가 이런 거야?' 하며 업무 가이드처럼 읽어보는 쉬운 책이었으면 하는 바람이다. 각자 처한 상황, 유통 채널이나 담당하는 카테고리 등에 따라 건너뛰어도 좋을 챕터들도 있을 텐데 가벼운 마음으로 건너뛰어도 좋고, 결국은 다 융합되고 경계가 없어지는 추세라니 당장 나와는 관계없어도 한번 읽어나 보자는 마음으로 읽으셔도 좋겠다. 결국 기본은 다 통하게 되어 있으니 말이다.

그럼 이제 변화하는 유통 환경 안에서, 유통의 핵심 역량 중 하나로 손꼽히는 머천다이징이란 무엇인지, 그리고 '뭐든지 다 한다는 MD'는 어떤 업무를 어떻게 하는지 하나씩 알아보자.

8장 **협상 전략_** 윈윈을 이끌어내는 MD의 협상법

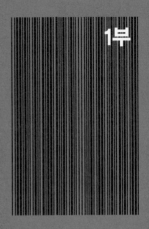

1부

급변하는
디지털 세상 속
MD의 역할

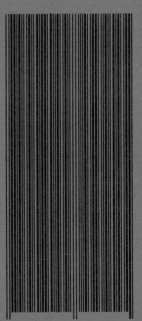

1장

MD는 미래에
살아남을 직업군인가
사라질 직업군인가

"MD는 나중에 없어질 직업 아닌가요?"

MD 지망생이나 취업 준비생, 이직을 고려하는 분들을 대상으로 하는 각종 모임이나 교육 과정에서 종종 강의 요청이 들어오곤 한다. 그 자리에서 나는 기업에서 MD는 실제 어떤 일을 하는지, MD가 되려면 어떤 준비를 해야 하는지에 대해 이야기하고, 질의응답 시간을 갖곤 한다. 그동안 받았던 여러 질문들 중 나를 당황케 한 질문이 있었으니 그것은 바로 "MD는 없어질 직업 아닌가요?"다.

세계경제포럼(다보스포럼)은 2016년 '직업의 미래' 보고서에서 인공지능(AI)의 발달, 기계화 등으로 오는 2020년까지 사무, 행정 직군에서 약 475만 개의 일자리가 사라질 것으로 예측했다. 2018년의 동(同) 보고서에서도 현재 기계가 맡는 일은 29%에 불과하지만 2025년이면 기계가 전체 일의 52%를 차지하게 될 것이라고 발표한 바 있다. 실제로 인공지능이 알아서 상품들을 큐레이션해주고 필요한 상품을 적절한 시점에 배송도 해주는 시대다. 그러니 MD 지망생들이 앞으로 MD라는 직업군이 아예 없어지는 것은 아니냐는 걱정 어린 질문을 하는 것이 그리 이상한 일도 아니요, MD 업무에 대한 강의를 한바탕 실컷 하고 난 후 그런 질문을 받는 것이 그리 당황할 일도 아니다.

쇼핑을 통한 발견의 즐거움은 '쭈욱' 계속된다

'뭐(M)든지 다(D) 하는 사람'의 준말이라고 일컬어질 만큼 해야 할 일이 많기로 소문난 MD라는 직군은 앞으로 어떻게 될까. 그 얘기를 하기 전에 '쇼핑'에 대해 먼저 이야기해보는 것이 좋겠다. 우리는 왜 쇼핑을 할까? 우선 먹고 입을 것이 필요하다는 일차적인 욕구를 충족하기 위해 쇼핑을 한다. 그러나 그런 당장의 필요 외에도 일상에 지친 자신을 위로하기 위해, 마음의 안정을 되찾기 위해, 남들의 시선을 끌기 위해, 자신의 정체성을 드러내기 위해, 자신감을 얻기 위해, 스트레스를 해소하기 위해서 등등 우리가 쇼핑을 하는 이유는 셀 수 없이 많다. 그리고 쇼핑을 하는 과정에서 그 이유를 충족시켜주는 상품, 가치 있는 상품을 발견할 때 느끼는 즐거움이야말로 쇼핑의 가장 큰 이유일 것이다.

한편, 쇼핑의 과정은 어떠한가. 공급이 수요를 앞지른 이래로 우리는 넓어진 선택의 폭이 주는 즐거움과 고통을 동시에 경험하고 있으며, 게다가 24시간 서로 연결된 초연결 시대는 그 즐거움과 고통의 크기를 증폭시키고 있다. 상품의 종류만 많아진 것이 아니라 새로이 생겨나는 온·오프라인 채널과 매장도 한층 다양해졌다. 이렇게 엄청난 양의 정보에 노출되면서 보고 듣는 것도 많아지고, 보는 눈도 높아지면서 우리의 욕구는 그만큼 다양해지고 까다로워지고 있다.

쇼핑 중 일부 단계는 각종 기술의 도움으로 아주 간편하고 쉽게 해결할 수도 있다. 예를 들면 반드시 필요한 상품군, 이른바 생활필수품이라 일컫는 상품들에 대해서는 이전 구매 이력이나 상품의 연관성 등을 바탕으로 인공지능(AI)이 고객에게 적합한 상품을 제안하거나, 고객이 원하면 정기배송 서비스를 하는 방식으로 탐색과 쇼핑에 걸리는 시간과 노력을 획기적으로 줄여줄 수 있다. 여기에 더해 익일배송은 기본이고, 당일배송, 새벽배송을 넘어 주문 이후 45분 이내 배송을 해주는 번쩍배달까지 가능한 시대다.

그러나 우리는 이런 극한의 편의성을 추구하며 쇼핑을 하면서도 동시에 새로운 발견의 즐거움도 포기하지 않는다. 그런 발견들이 나를 즐겁게 해주기도 하지만 나를 더욱 나답게, 특별하게 만들어줄 수 있다는 것을 알기 때문이다.

"미래에 MD는 없어질 직업군인가?" 하는 질문에 대한 내 의견을 단도직입적으로 말하자면, "아니다"이다. 쇼핑을 하는 인간이 기계화되지 않는 한, 우리가 여전히 인간인 이상 우리 삶에 가치를 제공하고 즐거운 발견을 제안하는 MD의 역할은 계속될 것이다.

디지털 혁명 시대 MD의 역할

MD라는 직업군이 미래에도 존재할지 여부를 묻는 질문이 자주 거론되는 배경에는 인공지능, 빅데이터, 가상현실(VR)/증강현실(AR), 사물인터넷 등을 핵심 동인 기술로 하는 4차 산업혁명의 영향력이 큰 몫을 차지하는 듯하다.

유통 환경의 변화

어느 산업이나 마찬가지겠지만 유통산업은 특히 기술의 변화와 아주 밀접한 관계가 있다. 국내 유통산업을 살펴보면, 1995년 홈쇼핑 회사가 출범했다. 홈쇼핑은 컬러 TV가 개발되고 보급되지 않았다면 나올 수 없는 업태였고, 그 다음해인 1996년 인터파크를 시작으로 생겨난 온라인 쇼핑몰 역시 인터넷의 사용이 일상화되지 않았다면 존재할 수 없는 상점이었다. 2010년 '위폰'이라는 이름의 국내 최초 소셜커머스(social commerce) 서비스가 시작되었는데 소셜커머스도 스마트폰의 보급이 있었기에 폭발적으로 성장할 수 있었던 채널이다. 이러한 디바이스의 개발과 확장은 오프라인과 온라인 채널 간 경쟁을 더욱 치열하게 만들었고, 멀티채널 기업들의 옴니채널(omni-channel: 온라인, 오프라인, 모바일 등 다양한 경로를 넘나들며 상품을 검색하고 구매할 수 있도록 한 서비스) 전략이 많은 관심을 끌었다.

어디 이뿐인가. 2016년 3월 한국에서 열린 이세돌과 알파고의 바둑 대결 이후 우리의 삶에 갑자기 훅 들어온 '인공지능'과 2017년 1월 정식 오픈 전부터 많은 사람들을 강원도 속초와 양양으로 이끌었던 포켓몬고 게임 열풍으로 몸소 체험하게 된 '가상현실'과 '증강현실', 온·오프라인에서의 많은 행위들이 정형, 비정형의 데이터로 축적된 '빅데이터' 등은 이제 더 이상 과학자나 공학자들에게만 익숙한 단어는 아니다. 유통산업은 이러한 기술들을 활용하여 물리적 세계와 디지털 세계를 더욱 매끄럽게 통합할 수 있게 되었으며, 다양한 SNS 채널에서 발생하는 기하급수적인 정보로 인해 유통과 소비 환경은 급격한 변화를 맞이했다.

오프라인 유통과 온라인 유통은 각자 본연의 장점은 극대화하고 각종 기술을 활용해 단점을 최소화하면서 경쟁력을 갖추는 전략을 구사하며, 스스로 다양한 채널을 확보하고 이 채널들을 통합해 고객에게 끊김 없고 경계도 없는 무한 편의의 쇼핑 경험을 제공하고 있다.

허물어지는 업무 경계선

앞서 설명한 것처럼 유통 채널 간 경계가 허물어진 것은 말할 것도 없고, 생산(제조)과 유통, 마케팅과 세일즈(영업), 마케터와 MD 사이의 경계도 희미해지고 있다. 예전에는 제품 개발과 생산에만 초점을 맞추었던 제조업체들도 중간 유통 경로들을 배제하고 직접 소비자와의 접점을 만들어내고 있고, 그러다 보니 예전에는 구분이 분명했던 마케팅과 세일즈의 업무가 많은 부분 겹치면서 부서 간 갈등을 유발하기도 한다.

유통기업의 경우에도 예전에는 시장에서 이미 판매가 잘 되고 있는 상품에 살짝 변형을 가해 자사의 브랜드 상품화하는 식으로 PB(Private Brand: 자체 브랜드 상품)를 만들었다면, 이제는 소비자의 니즈를 충족시킬 수 있는, 그러나 현재 시장에 없는 제품을 PB로 만들어 내놓고 있다. 이 과정에서 기존에는 상대적으로 상품 소싱(sourcing: 확보)에 치중하던 MD의 업무가 상품 개발 영역으로 확대되었을 뿐만 아니라 요구되는 수준도 상당히 높아졌다. 뿐만 아니라 다양한 소셜미디어를 활용한 온라인 마케팅의 발달로, 정보인 듯하다가 상품 판매가 이루어지고 판매와 동시에 새로운 정보를 생성하게 되는 초연결 시대에 유통기업의 MD와 영업, 마케팅 부서를 구분하는 것이 더 이상 큰 의미가 없는 상황이 되었다.

디지털 혁명 시대의 MD

나는 MD를 궁극적으로 '소비자의 더 나은 선택을 도와주는 사람'이라고 정의한다. 즉 MD는 다양해지는 소비자의 라이프 스타일을 알아채고, 넘쳐나는 상품들 중에서도 그들이 필요로 하고 좋아할 만한 새로운 상품을 미리 발견하거나 기획해서, 그들이 즐겨 찾는 곳에서 눈에 띄는 방식으로 제안을 함으로써 더 나은 선택을 하도록 돕는 사람이다. 이렇게 함으로써 매출과 이익을 창출해내는 사람이다.

이를 위해 MD는 소비자의 심리와 라이프스타일을 이해하고, 그들에게 유용하거나 그들이 좋아할 만한 상품을 기획하고 소싱할 수 있어야 한다. 담당하는 상품을 효율적으로 운영할 줄도 알아야 하는데 그러기 위해서는 진열(상품 노출), 프로모션 기획 등은 물론이고, 설사 현재 업무상 직매입을 하지 않는다 하더라도 수요 예측과 재고 관리를 기본으로 하는 단품 관리의 방법에 대한 지식은 필수다. 담당하는 상품과 브랜드의 가치를 고객에게 잘 전달하기 위해 마케팅력도 갖춰야 한다. 또한 소비자가 원할 때 원하는 상품을 제때 적정하게 제공하기 위해 밸류체인(value chain: 가치사슬) 전반을 알아야 하며 이를 바탕으로 상품 생산자나 중간 과정에 연관된 협력업체를 발굴하고 관리하기도 해야 한다. 그리고 산업 간 융복합 현상으로 인해 이제는 누가 경쟁자인지도 헷갈리는 무한 경쟁 상황도 살펴야 한다. 이를 위해 사내 유관 부서는 물론 협력업체들과 끊임없이 커뮤니케이션을 하며 상품의 도입부터 퇴출까지 수많은 업무를 처리해야 한다. 그러니 이른바 'MD는 뭐든지 다 하는 사람의 약칭'이라는 말이 하등 이상할 것도 없다.

그런데 여기에 더해 디지털 혁명 시대의 MD는 나날이 새로워지는 여러 기술들이 유통 플랫폼과 고객에게 어떤 영향을 미치는지 이해할 수 있어야 하고, 수많은 데이터들로부터 의미를 찾아내기 위해 빅데이터 분석의 기본 정도는 알아야 한다고들 한다. 검색과 쇼핑에 있어 온·오프라인의 구분이 무색해진 요즘, MD는 다양한 SNS 채널에서 상품이 어떻게 알려지고 확산되는지 파악하고 채널별 특성에 맞춰 내 상품을 제안할 수 있어야 한다. 또 최근 라이브커머스(실시간 동영상 스트리밍으로 상품을 판매하는 온라인 채널)가 마케팅과 판매 채널로 새로이 떠오르면서 영상 기획에 대한 이해는 물론 쇼호스트로서의 자질도 갖추면 금상첨화라고들 한다.

물론 기술의 발전에 힘입어 간소화되고 편리해진 업무도 있다. 혹시 '엑셀 까대기'라는 말을 들어본 적이 있는지 모르겠다. 오프라인 매장에서 이뤄지는 상품 운반과 진열 등의 육체노동을 흔히 '까대기'한다고 말하는데, MD들 사이에서는 엄청난 양의 원(raw) 데이터를 엑셀을 통해 이런저런 방식으로 분석하고 정리하는 일을 '엑셀 까대기'라고 부른다. 실제 몸으로 하는 일은 아니지만 그만큼 피로도가 높다는 측면에서 이런 말이 나오지 않았을까 싶다. 아무튼 업무 자동화와 각종 분석시스템 등의 지원으로 예전에는 많은 시간을 들여 직접 수행하던 일들, 예를 들면 발주량 산정이나 매출 분석을 위한 데이터 정리 등의 업무는 상당량 줄었다.

이렇게 효율화된 부분이 있긴 하지만, 하루에도 셀 수 없이 쏟아져 나오는 신상품, 자칫하면 갈피를 잡지 못하고 헤맬 정도로 압도적인 정보의 양, 갈수록 치열해지는 경쟁 상황, 따라잡기 어려운 사회와 소비자의 변화 속도 등으로 인해 예전에는 MD가 해야 하는 일이 오십 가지였다면 지금은 백 개, 이백 개가 된 상황이라고나 할까.

초연결, 초융합, 초지능, 초개인화된 디지털 혁명 시대에도 MD는 여전히 '뭐든지 다 알아야 하고, 뭐든지 다 하는 사람'이다.

머천다이징이란
정확히 무엇일까

다양한 맥락에서 사용되는 '머천다이징'

예전엔 MD라고 하면 주로 리테일 MD를 일컬었고, 제조사들 중에는 패션 분야에 MD 직무가 있는 정도였다. 그런데 언젠가 부터 다양한 분야의 제조사에서도 MD라는 직무를 두기 시작 했다. 아마도 온라인 쇼핑 채널의 발달로 제조사가 유통 채널에 상품을 납품하는 것 외에도 직접 자사 온라인 몰을 만들어 소비자에게 판매하기 시작한, 제조와 유통의 경계가 모호해지기 시작한 즈음부터 그렇게 된 것 같다.

실제로 과거엔 오랜 MD 경력을 가진 나에게 강의나 컨설팅을 요청하는 기업은 대부분 유통사로, 자사 MD들의 역량을 개발하는 것이 목적이었다. 그런데 이제는 제조사는 말할 것도 없고 1인 셀러, 인플루언서들도 MD 마인드와 역량이 필요하다고 하면서 강의와 컨설팅을 요청하곤 한다.

이렇게 유통사와 제조사의 다양한 기업들, 그리고 인플루언서 그룹들과 일을 하다 보니, 제조사인지 유통사인지, 어떤 단계의 인플루언서인지에 따라서, 그리고 제조사의 경우라도 상품기획부서인지 영업부서인지 혹은 자사 온라인 몰을 담당하는 부서인지에 따라 '머천다이징'이라는 용어를 조금씩 다르게 해석하고 있다는 것을 알게 되었다.

여기서 머천다이징의 정의를 살펴보자면, 미국마케팅협회 (American Marketing Association, AMA)에서는 머천다이징을 '기업의 마케팅 목적을 달성하기 위한 특정 상품과 서비스를 가장 효과적인 장소, 시간, 가격, 그리고 수량으로 시장에 제공하는 일에 관한 계획과 관리'라고 정의한다. 여기서 언급하고 있는 상품/서비스, 장소, 시간, 가격, 수량은 머천다이징의 5가지 요소로, MD의 업무가 상품 기획과 개발은 물론 상품의 운영과 관리까지 모두를 포함한다는 것을 알 수 있다.

상황에 따라 누구는 머천다이징을 상품 개발이라는 의미로, 또 다른 누구는 상품의 소싱과 관리라는 의미로, 그리고 어떤 경우엔 보다 광범위하게 마케팅과 유사한 의미로 사용하기도 한다. 맞고 틀리고의 문제는 아니라고 생각한다. 이들의 궁극적인 목표가 '소비자의 더 나은 선택을 위해서'라면 상품과 관련된 그런 모든 활동을 머천다이징이라 칭할 수 있다고 본다.

참고로 용어 하나 정리하고 넘어가자면, 일반적으로 고객은 영어로 커스토머(Customer)라고 하며 매장에서 물건을 사는 사람을 일컫는다. 소비자는 영어로 컨슈머(Consumer)로, 좀 더 포괄적으로 상품이나 서비스를 소비(사용)하는 사람을 의미한다. 경우에 따라서는 유아식품이나 선물세트 등과 같이 실세 구매하는 사람과 사용하는 사람이 확연히 다른 경우가 있는데, 이를 구매자(Shopper)와 사용자(User)로 구분하여 지칭하기도 한다. 이외에도 업계에 따라서는 고객을 클라이언트(Client)라 부르기도 하고 또는 게스트(Guest)라 칭하기도 한다. 이 책에서는 고객과 소비자를 상황에 따라 같은 의미로 혼용해서 사용하며, 구분이 필요한 경우 따로 언급하기로 한다.

리테일 MD vs. 제조 MD

머천다이저(MD)란 머천다이징 업무를 하는 사람이다. 앞서 언급한 대로 MD는 유통과 제조 어느 산업에 속하는지에 따라 크게 리테일 MD와 제조 MD로 구분할 수 있다.

제조 MD는 상품의 기획과 생산, 시장에의 도입에 초점을 두며, 기업의 상황에 따라 다소 차이가 있지만 기획 MD, 영업 MD, 생산/바잉 MD 등으로 세분할 수 있다. 기획 MD는 우리가 흔히 말하는 MD로, 담당 카테고리에서 소비자의 니즈를 반영해 상품을 기획하고 매장의 상품 구성을 관리하는 일을 주로 처리한다. 영업 MD는 기획된 상품을 어디에서 얼마나 판매할 것인가에 대한, 즉 판매 채널과 매장을 효율적으로 관리하는 일을 주로 다룬다. 그리고 생산/바잉 MD는 기획된 상품을 어디에서 어떻게 만들 것인가를 결정하는 일, 즉 안정되고 효율적인 생산 관리와 원가 관리를 주 업무로 한다.

이렇게 분류는 해놓았지만 이 업무들은 분리된 것이 아니라 아주 밀접하게 연결되어 있다. 일례로 기획 MD가 상품을 어디에서 얼마나 판매해야 할지, 원가와 판매가격은 어떻게 설정하는 것이 좋을지를 생각하지 않을 수 없으며, 이런 상품을 어디서 만들 수 있으며 원하는 가격에 납품 받을 수 있는지 등을 알지 못하고는 상품을 기획하기 어려울 것이기 때문이다.

한편, 리테일 MD는 유통 채널과 자사의 특성에 맞는 상품을 구매(소싱)해서 판매하는 데 초점을 둔다. 일반적으로 해당 기업이 속한 유통 채널에 따라 백화점 MD, 대형마트 MD, 편의점 MD, H&B(Health & Beauty: 건강과 미용) 스토어 MD, 홈쇼핑 MD, 온라인 MD 등으로 나누고, 그 안에서 상품의 용도나 기능을 중심으로 구분한 카테고리별로 MD를 분류한다.

이때 대형마트의 패션잡화나 의류 담당 MD는 브랜드와 상품을 선정하여 직매입하는 경우 협력업체와 함께 자사 매장에서 취급할 SKU(Stock Keeping Unit: 재고 관리 코드)를 사전에(보통 두 계절 앞서) 기획한다. 최종적으로 취급하기로 확정된 SKU에 대해 단품별 매출을 계획하고, 이에 따라 사전에 생산된 제품을 해당 시즌에 자사의 각 매장에서 판매하게 된다. 이는 앞서 설명한 제조 MD의 업무와 유사하다.

리테일 MD는 자사가 속한 유통 채널의 특성과 기업 전략에 따라 집중해야 하는 업무와 방식이 조금씩 다르다. 리테일 MD의 주 업무가 상품의 발굴과 소싱이기에 채널과 기업별로 상이한 상품 구매와 계약 형태(직매입, 특약매입, 임대 등)에 의해 업무 방식에 차이가 생길 수밖에 없다.

최근 제조업체들도 자사의 제품을 직접 소비자들에게 판매하는 온·오프라인 유통 채널을 운영하는 경우가 많아지는 추세이며, 자사 매장과 온라인 몰에서 소비자들의 니즈를 충족시키기 위해 타사 제품까지 취급하는 등 파격적인 전략을 펼치기도 하는데, 이 과정에서 MD 마인드와 역량이 필요하다.

주로 만들어진 상품을 발굴하여 소싱하는 데 주력하던 유통기업 역시 자체 브랜드를 강화하기도 하고, 소싱처를 국내뿐 아니라 해외로 확장하여 해외에서 직접 상품을 들여오는 전략을 구사하기도 한다. 뿐만 아니라 한 기업이 온·오프라인의 다양한 채널에 진입하여 이를 통합·관리하는 전략을 쓰기도 하며, 상품의 기능을 중심으로 구분한 기존의 카테고리에서 벗어나 소비자의 입장에서 카테고리를 재편성하기도 한다.

그렇기에 지금은 정해진 MD 구분에 큰 의미를 두기보다는 각 기업이 처한 상황과 환경 변화를 고려하여 고객을 기반으로 카테고리를 통합하거나 재구성하는 유연성과 속도감이 그 어느 때보다 필요한 시대라 할 수 있다. 굴지의 유통 대기업들이 온라인 채널에 수조 원을 투입하며 옴니채널 전략을 적극 추진하고 있지만 소비자 입장에서 아직 이렇다 할 변화를 피부로 느끼지 못하는 이유 중 하나가 바로 이 지점에 있다. 달리 얘기하면 지금은 제조든 유통이든 기업의 규모에 관계없이 제대로 된 머천다이징 전략을 수립하고 이를 유연하고 속도감 있게 펼쳐낸다면 소비자의 선택을 받을 수 있는 시대라 할 수 있다.

머천다이징의 5가지 요소

쇼핑활동에서 소비자가 더 나은 선택을 할 수 있도록 돕는 데 있어 기본이 되는 일은 무엇일까? 미국마케팅협회가 제시한 머천다이징 정의를 다시 한 번 살펴보면, 머천다이징이란 ①적정한 상품(right product)을 ②적정한 장소(right place)에서 ③적정한 시기(right time)에 ④적정한 가격(right price)으로 ⑤적정한 수량(right volume)을 제공하기 위한 일련의 과정이다. 여기에서 말하는 적정한 다섯 가지 요소가 바로 소비자의 더 나은 선택을 돕기 위한 기본적인 요소라 할 수 있다.

이 다섯 가지 요소를 제조와 리테일 MD의 입장에서 각각 간단히 살펴보고 넘어가기로 하자.

적정한 상품

적정한 상품이란 제조 MD의 경우라면 더 설명할 필요도 없이 고객의 니즈를 충족시키는 상품의 개발을 의미한다. 이때 고객의 니즈를 충족시키는 상품의 요소에는 상품의 핵심적인 기능이나 품질뿐만 아니라 상품명, 규격, 판매단위, 포장 형태와 방식 등도 포함된다는 점이 중요하다. 리테일 MD의 경우에는 온라인이든 오프라인이든 자사의 매장에 고객이 필요로 하는 상품을 갖추는, 즉 적정한 상품 구색을 갖추는 기능에 더 큰 의의를 둔다. 물론 자체적으로 PB도 개발하는 경우라면 그러한 상품의 개발도 포함된다. 리테일 MD가 적정한 상품 구색을 갖출 때에는 협력업체와의 관계나 상품의 마진율 등도 물론 고려해야 하지만, 의사결정의 최우선 기준은 '고객'이어야 한다는 점을 반드시 숙지해야 한다.

적정한 장소

적정한 장소란 제조 MD의 입장에서는 유통 채널과 채널 내 입점 매장을 의미한다. 아무리 뛰어난 품질의 제품이라도 타깃 고객이 아닌 소비자들에게는 그림의 떡이거나 무용지물일 수 있다. 달리 말하면 내 상품과 궁합이 맞는 유통 채널이 따로 있다는 의미다. 이때 중요한 것은 상품을 개발할 때 타깃 고객에 대한 분석을 통해 고객의 주요 구매처들을 먼저 떠올려보고 어떤 채널에서 내 상품을 판매할지 고민해본 뒤 해당 채널의 특징을 제대로 파악해 이를 상품 기획에 반영해야 한다는 것이다.

과거 20여 년간 리테일 MD로 일하면서 안타까운 상황이 많았는데, 입점을 의뢰해 온 상품이 내용물의 기능이나 품질 면에서는 우수하지만, 우리 채널과 매장에서 판매하기엔 해당 상품의 규격, 판매단위, 포장 디자인과 형태 등이 적합하지 않아 입점을 거절할 수밖에 없는 경우였다. 일단 상품을 만들고 나서 그에 맞는 적정한 장소, 즉 유통 채널과 입점 매장을 찾겠다고 나서면 돌이키기 어려운 상황이 발생하기 쉽다. 오히려 그 반대로 어느 채널을 주력으로 할지 결정하고 이를 상품 기획에 반영하는 것이 비용과 수고를 덜 수 있는 방법이다.

때에 따라서는 같은 내용물의 상품으로 유통 채널마다 규격을 달리하거나 포장 디자인을 달리할 필요도 있다. CJ제일제당의 스팸을 예로 들어보면, 고객의 입맛에 따라 염도를 달리한 클래식과 마일드로 구분했을 뿐 아니라 80g의 슬라이스된 제품부터 200g, 340g짜리를 3개, 6개, 8개 등으로 묶은 제품을 내놓았으며, 1.81kg의 대용량 제품도 판매하고 있다. 이처럼 같은 내용물이라도 어디에서 판매할 것인가에 따라 제품의 용량과 포장방식을 달리하는 방식도 고려해볼 필요가 있다.

한편, 특정 채널과 기업에서 일하는 리테일 MD에게 적정한 장소란 무엇일까? 바로 상품을 고객에게 선보이는 매장 내 장소 또는 웹페이지 내 위치라고 말할 수 있다. 오프라인 매장에서는 상품을 엔드(end) 매대에 진열하는지, 일반 곤돌라에 진열하는지, 또는 같은 곤돌라 내에서도 소위 골든존(golden zone)이라고 불리는 고객의 눈높이 즈음에 진열하는지, 하단에 진열하는지 등에 따라 매출은 천차만별로 달라진다. 또한 상품 카테고리 간의 연관성이 있기에, 어떤 상품과 함께 진열하는지 따라 특정 상품의 매출이 확연히 달라지곤 한다. 온라인이나 모바일의 경우에도, 배너나 팝업창은 오프라인 매장에서의 행사 매대와 같은 역할을 할 것이다. 화면 위쪽에 노출되는지 아래쪽이나 구석에 노출되는지, 그 위치가 매출에 절대적인 영향을 미친다는 것을 생각해보면 적정한 장소의 중요성을 알 수 있을 것이다.

적정한 시기

제조 MD에게 있어 적정한 시기란, 계절을 포함하여 구정이나 명절 또는 나들이 철, 휴가 철 등과 같은 특정 시기, 대선이나 올림픽, 월드컵과 같은 특수한 이벤트 등 상품 판매를 극대화하기 위한 상품의 출시 시기와 여러 유통 매장에의 입점 시기를 말한다. 상품 개발의 주기나 걸리는 시간을 고려해볼 때, 제조 MD는 최소 두 계절, 길면 1년 앞서 상품을 기획하게 된다. 세계적으로 유명한 4대 패션위크(Fashion week)는 매년 1~3월과 8~10월에 열리는데, 1~3월에는 그해 가을과 겨울 시즌 상품을, 8~10월엔 다음해 봄과 여름 시즌 상품을 선보인다. 두 계절 앞서 상품을 선보이려면, 그보다 훨씬 일찍 준비를 해야 하므로 패션산업의 경우 거의 1년을 앞서서 기획해야 한다는 뜻이다. 물론 요즘은 신상품의 개발 주기와 개발 시간을 획기적으로 단축시킨 '패스트패션'의 방식을 도입하는 추세이긴 하다.

그렇다면 리테일 MD에게 적정한 시기란 무엇일까? 적정한 상품 구색을 갖춰 고객들에게 선보이는 리테일 MD에게는 계절, 특정 시기, 특정 이벤트 기간은 물론 상품을 선보일 요일, 날씨, 시간까지도 포함된다. 리테일 MD는 이미 생산된 제품을 소싱하는 것이 일반적이므로 제조 MD에 비해 준비하는 기간이 상대적으로 짧은 편이다.

같은 이벤트라 하더라도 유통 채널별 적정한 시기는 다소 다를 수 있는데, 예를 들면 빼빼로데이 행사의 경우 대형마트에서는 고객들의 매장 방문 빈도 등을 고려하여 11월 11일을 기준으로 7~14일 이전부터 행사를 진행하는 반면 편의점의 경우에는 3~5일 전부터 집중적으로 행사를 진행한다.

유통 채널에 따라 평일과 주말의 매출이 다르고, 날씨에 따라 잘 판매되는 상품이 다르며, 하루 중에도 피크 타임이 다르다. 따라서 이를 고려하여 특정 상품의 매장 내 출시나 판매 시점을 결정해야 하며, 필요시 즉각 대응할 수 있도록 유연성은 물론 협력업체와의 협조 체제를 돈독히 해두는 것이 필요하다.

상품군의 특성에 따라 다르겠지만 일반적으로 오프라인 MD는 물리적 공간을 구성하기 위해 온라인 MD에 비해 좀 더 미리부터 상품 구색을 기획하고 또한 성수기가 되기 전부터 매장에 전개한다. 이에 비해 온라인에서는 제품의 성수기 즈음, 고객이 필요로 하는 상품들을 좋은 가격 조건으로 노출하며 판매를 한다. 그렇기에 온라인 MD는 시장 트렌드에 발 빠르게 반응해야 하며, 그렇게 빠르게 반응할 수 있다는 것 자체가 경쟁력이 된다. 예를 들어 전날 저녁 예능 프로그램이나 드라마에서 노출되거나 언급된 상품을 다음 날 바로 수급하고, 물량이 충분치 않다 하더라도 일단 광고문구에 반영하여 소비자의 눈길을 끌고, 가능한 한 빨리 유사 상품들을 수급해 추가로 공급할 수 있어야 한다. 같은 상황에서 오프라인 MD는 해당 상품을 구해 물류센터를 통해 매장으로 내보내야 하고, 동시에 효과적인 POP(Point of Purchase) 디자인, 인쇄 또는 출력, 매장 배송 등의 과정을 거쳐 상품과 함께 진열해야 하기 때문에 속도 면에서 온라인을 따라잡기란 쉽지 않다.

적정한 가격

적정한 가격은 제조나 리테일 MD에게 크게 다른 의미는 아닐 것이다. 적정한 가격은 무조건 싼 가격을 의미하는 것이 아니라 고객의 입장에서 납득할 수 있는 '합리적인 가격'을 의미한다. 가격이 너무 비싸도 안 되고 너무 저렴해도 문제가 되는데, 가격이 너무 높으면 고객들이 외면할 테고 그렇다고 회사 이익에 기여하지 못할 정도로 낮은 가격에 상품을 계속 판매해서도 안 되기 때문이다. 고객은 상품으로부터 가치를 느낄 때 구매를 하게 되는데 가치란 혜택과 비용의 함수다. 여기서 상품의 가격은 대표적인 비용 요소로, 고객 입장에서는 가격 외에도 배송에 들어가는 비용, 상품 구매에 들인 시간과 노력 역시 비용이며, 상품 사용 중 추가로 들어갈 수 있는 보험료나 수선비, 나중에 상품 처분비도 비용에 포함된다. 이러한 비용 요소들을 고려하여 소비자가 가치 있다고 느낄 수 있는 가격 책정이 필요하다.

다만, 적정한 가격을 설정하는 데 있어 제조 MD는 자사의 브랜딩 전략에 초점을 맞출 것이고, 리테일 MD는 담당 카테고리 매출 목표 달성에 더 초점을 맞추는 경향이 있다. 리테일 MD는 담당 카테고리 내 수십 개의 브랜드를 운영하기 때문에 카테고리 전체 매출 확대를 위해서 또는 직매입한 상품의 매출이 기대 이하인 경우 특정 브랜드의 가격을 대폭 인하하는 결정을 내리기도 한다. 물론 사전에 협력업체와 협의를 통해 결정하긴 하지만 협력업체의 브랜드 전략과 맞지 않는 경우 갈등이 벌어지기도 한다. 시간과 공을 들여 상품 한두 개를 개발해서 유통사에 입점하는 제조사의 입장과, 이런 브랜드를 수십 개 모아 카테고리를 운영하는 유통사의 입장이 극명하게 대비되는 지점이기도 하다.

이럴 때 리테일 MD는 매출을 위한 특정 브랜드의 가격 인하가 단기간의 성과가 있었다 하더라도 그것이 해당 브랜드에 미치는 장기적인 영향을 반드시 헤아려봐야 한다. MD의 판단에 의해 한 브랜드가, 또는 한 기업의 생사가 좌우될 수도 있기 때문이다. '생사까지나?'라고 의아해할 수도 있겠다. 그러나 실제로 한 번 인하한 가격으로 단기간 매출은 올렸으나 브랜드 이미지에 손상을 입고 회생하지 못한 브랜드와 기업을 여럿 보았다.

적정한 수량

적정한 수량이란 고객의 니즈에 부합하도록 상품의 수량을 제공한다는 뜻으로 제조 MD나 리테일 MD 모두에게 수요 예측과 재고 관리 측면을 의미한다. 이것은 모든 고객이 원하는 만큼 늘 충분히 공급한다는 의미는 아니다. 고객이 원하는 만큼을 잘 예측해서 준비하는 것뿐 아니라, 설사 고객이 원하는 만큼 구매할 수 없을 정도로 물량이 부족한 경우라도, 전략적으로 한정된 수량을 제공하는 것이라면 모두 적정한 수량에 해당된다.

그런데 제조 MD나 리테일 MD가 신이 아닌 이상 고객의 수요를 정확히 예측하기란 거의 불가능하다. 그렇기에 제조 MD는 판매가 시작되기 전 리테일 MD들의 반응이나, 판매 초기 고객들의 반응에 민감하게 대처하면서 시즌 내 생산 수량을 추가로 확대하거나 아니면 계획보다 축소할 수 있는 여지를 갖는 것이 중요하며, 이는 리테일 MD 역시 마찬가지다. 직매입 비중이 높은 MD의 경우 해당 시즌의 카테고리 전체 매출이 아무리 잘 나왔다 하더라도 특정 브랜드나 상품의 잘못된 수요 예측으로 인해 과다재고가 발생하면 결국 카테고리의 이익에 부정적인 영향을 미치게 되므로, 늘 이에 대한 경각심을 가져야한다.

한 가지 강조하고 싶은 것은 직매입이 아닌 특약매입의 경우라 해도, MD는 제조업체에게 어느 정도 재고를 확보하라는 얘기를 할 수밖에 없는데, 그것이 자신이 책임져야 하는 재고가 아니라고 해서 쉽게 처리해서는 안 된다는 것이다. 물론 직매입을 했다가 상품을 반품하거나 교환하는 경우도 마찬가지다. 리테일 MD는 자신의 의사결정과 쉽게 내뱉는 한마디가 제조업체에게 어떤 영향을 미치게 되는지 늘 의식해야 한다.

MD에게 필요한 자질

대학생들이나 취업 준비생들을 대상으로 머천다이징에 대한 강의를 하다 보면 강의 내용에 상관없이 마지막에 종종 받곤 하는 질문이 있다. MD가 되려면 수치감각이 있어야 한다던데 수학을 싫어하는 사람도 MD가 될 수 있는지, 상품을 보는 눈이 필요할 것 같은데 그런 능력은 타고나는 것인지, 내가 현업에 있을 때 어떤 사람을 MD로 채용했는지, 어떤 성향과 능력이 MD에 가장 적합한지 등, MD가 되기 위해 필요한 자질이나 역량이 무엇인가 하는 것이다.

사실 나는 MD가 뭔지도 모르고 유통기업에 입사했다. 3개월의 OJT(On the Job Training)를 받는 동안 MD 업무가 너무 재밌어 보였고 당시 MD가 '유통의 꽃'이라는 말을 들은 터라, 유통사에 들어왔으니 MD를 해봐야겠다는 생각으로 MD부서를 지원했었다. 당시는 국내 체인 스토어 업계에 여성 MD가 없던 시절이라 MD부서의 부장님을 비롯한 많은 분들의 엄청난 우려와 미미한 기대 속에 어렵사리 MD부서로 발령을 받았다. 그 과정에서 나는 내 성향이 MD 업무에 맞는지, MD 업무를 하는 데 필요한 자질이 내게 있는지 고민해볼 생각도 못했는데, 강의 시간에 제기되는 질문을 보면 역시 요즘 친구들은 여로모로 똑 부러지고 현명하다는 생각이 든다.

여기서 MD를 부르는 명칭에 대해 잠깐 언급하고 넘어가야겠다. 국내 3개의 유통회사에서 20년 넘게 일하면서 나는 초기에는 주로 '바이어(buyer)'라 불리다가 카테고리 매니저(CM)라 불리기도 했고, 그러다가 정착(?)한 호칭이 머천다이저(MD)였다. 이렇게 달리 불렸다고 해서 하는 일도 달랐냐 하면 그건 아니었다. 혹자는 바이어는 말 그대로 구매 업무에 초점을 맞춘다면 CM은 담당하는 상품 카테고리 전반을 관리하는 업무에, MD는 상품의 기획부터 운영 전반에 관한 업무를 한다는 식으로 그 차이를 얘기하기도 한다. 바이어와 MD팀을 동시에 두어 바이어는 상품을, MD는 운영을 주 업무로 하게 하는 기업도 있고, MD와 CM팀을 동시에 두어 MD는 상품에, CM은 카테고리 마케팅에 더 초점을 갖고 업무를 하게 하는 기업도 있다.

그러나 앞서 MD의 구분에서도 언급했듯이 바이어가 상품을 매입할 때 카테고리 운영 전반을 생각하지 않을 수 없고, 자신이 구매한 상품의 판매 및 마케팅 관리를 고려하지 않을 수 없다. 결국 뭐라고 불렸든 내가 해야 하는 일에는 변화가 없었다. 모든 언어에는 시대가 반영되기 마련이므로 MD를 부르는 여러 명칭들의 변화에도 당시의 트렌드가 반영되었을 것이다.

다시 주제로 돌아가서, 여기서는 나름대로정리해본 MD에게 필요한 자질을 얘기해보고자 한다.

관찰력

MD 업무를 해본 사람들에게 'MD에게 중요한 것이 무엇이냐'고 묻는다면 공통적으로 이런 답변이 나올 것이다. '고객의 니즈를 파악하고 트렌드를 읽어내는 능력'이라고. 그러면 이를 위해서는 어떤 자질이 필요할까? 무엇보다 섬세한 관찰력이 아닐까 싶다. 우리는 수많은 현상과 정보에 늘 노출되어 있다. 그런데 우리 모두가 똑같은 것을 보지도 않거니와, 설사 똑같은 걸 봤다고 해도 모두 똑같이 느끼는 것은 아니다. 누군가는 무덤덤하게 지나치는 어떤 현상을 누군가는 한 번 더 들여다본다. 그렇게 한 번 더 들여다보면서 무언가를 얻어내는 사람도 있고 그러지 못하는 사람도 있다.

결국 같은 현상이나 정보라 하더라도 얼마나 주의 깊게 바라보는가에 따라 얻는 결과는 달라진다. 그러니 MD라면 우리를 둘러싼 환경과 소비자에 대해 늘 촉을 세워둘 필요가 있다. 여기서 중요한 것은 주의 깊고 섬세한 관찰은 해당 분야에 대한 평소의 관심과 호기심에서 출발한다는 것이다. 관심을 갖는 만큼 관련된 정보가 눈에 띄게 마련이다. 아는 만큼 보인다는 말처럼 말이다.

이때 하나 주의할 것은, 가설을 세우는 것은 필요하지만 미리부터 어떤 결과를 단정 짓지 말라는 것이다. 편향되지 않은 다양한 각도에서 이유를 생각해보면서 적극적으로 관찰하는 자세가 필요하며 그래야 MD로서 객관성을 확보할 수 있다.

논리적인 분석력

MD는 타깃 고객이나 담당 상품 또는 시장 현황에 대한 다양한 자료를 접하거나 구하게 된다. 이때 자료는 글로 된 문서나 보고서, 기사 형태일 수도 있고, 매출액, 고객 수, 조회(view)

수 등의 수치로 된 데이터일 수도 있다.

각종 문서들을 바탕으로 어떤 결과를 도출하는 데 있어서는 자료의 객관성이 확보되었는지가 중요하며, 특히 인터넷상에 떠도는 기사나 문서에 실린 숫자들은 출처와 시기를 반드시 확인할 필요가 있다. 이를 위해 자료의 원천을 보다 다양하게 함으로써 내용의 진위 여부를 비교 확인해보는 게 좋다.

MD가 업무를 하면서 가장 많이 접하게 되는 자료는 아무래도 자사의 매출과 고객 관련 수치 데이터일 것이다. 그러다 보니 MD에게 수치감각이 필요하다는 얘기를 많이 한다. 그렇지만 여기서 말하는 수치감각은 수학적 능력을 뜻하는 것은 아니다. 이 숫자들을 어떻게 해석하느냐, 왜 그렇게 해석하느냐가 중요하며, 이에 따라 평가나 향후 의사결정이 완전히 달라질 수 있다. 즉 MD에게 필요한 수치감각이란 얼마나 논리적으로 분석해내느냐의 문제라 하겠다.

일례로 A대형마트의 2020년 6월 음료 매출이 전년 동기 대비 120%에 이르렀다고 하자. 100%를 넘어 120%나 달성했으니 담당 MD는 이 수치를 보고 마냥 뿌듯해해도 되는 것일까? 만약 전년 동기 대비로는 120%이지만 목표 대비 80%밖에 안 되었다면? 또는 경쟁사 매출 추이는 전년 대비 150%에 달한다면? 또는 120%의 매출 중에 전년과는 달리 정상 매출이 아닌 일시적인 특판 매출이 포함되어 있는데 그 매출을 제외하니 전년 대비 90%밖에 되지 않는다면? 즉 우리는 같은 숫자를 두고도 무슨 목적으로 그리고 무엇을 기준으로 비교하는지에 따라 아주 다른 해석을 내릴 수 있다.

또한 MD에게는 어떤 결과를 세부적으로 쪼개고 나누어 분석하는 습관이 중요하다. 예를 들어 음료 카테고리 매출이 120%를 달성했다면, 상품의 세부 유형별, 브랜드별, 단품별, 용량별, 포장 형태별 등으로 나누어 분석해보고, 또는 가격 행사나 증정 행사, 사은 행사 등 행사의 유형별로 분석해보는 등 다양한 기준으로 분류해서 분석을 하다 보면 그 안에서 새로운 트렌드를 발견하거나 우리 고객들이 선호하는 행사 타입과 상품 유형 등을 확인할 수 있다.

경험에 비추어볼 때, 어떤 이유로든 자신이 담당하는 카테고리의 지표가 좋게 나오면 상대적으로 세부적인 분석을 안 하고 넘어가는 경우가 많다. 상사에게 보고할 때도 일단 결과가 좋으니 꼬치꼬치 질문을 받을 일이 적기 때문이다. 반대로 결과가 좋지 않을 경우 담당 MD는 바짝 긴장해서 매출 부진 사유를 알아내느라 여러 방법을 동원해 분석을 하곤 한다. 그런데 아이러니하게도, 당시의 유통 환경과 소비자의 변화로 인해 매출이 감소 추세에 있는 카테고리를 담당하면서 매주 또는 매월 부진 사유를 다양한 방식으로 분석하느라 고생하던 MD가 결국은 실력 있는 MD로 성장하는 경우를 종종 목격하게 된다. 뒤에서 다시 언급하겠지만, 상품 기획이나 운영 등 대부분의 업무가 바로 MD의 탄탄한 분석력에 기반하기 때문이다.

　같은 수치 자료가 주어지더라도 어떤 논리로 어떤 수치를 분석에 포함하고 제외하는지에 따라, 그리고 그 숫자를 이루는 항목들을 쪼개보거나 내용들을 나누어보면 그 전에는 보이지 않던 무언가를 찾을 수 있다. 결국 논리적인 분석력은 MD의 매우 중요한 자질 중 하나임에 틀림없다.

기획력

　MD의 업무뿐 아니라 거의 모든 업무가, 그리고 비즈니스뿐 아니라 개인의 삶도 어쩌면 기획-실행-리뷰 패턴의 반복이지 않을까. 그러니 기획력이라는 것이 MD에게만 필요한 자질은 아닐 것이다. 그럼에도 불구하고 담당하는 상품군의 매출과 이익을 책임져야 하는 MD는 연간/월간/주간/일별 매출 및 이익 계획, 브랜드 In&Out 계획, 재고 운영 기획, 상품 구색 기획, 상품 기획, 프로모션 기획, 진열 기획 등 수행하는 대부분의 업무에 '계획'과 '기획'이라는 명칭이 붙을 정도로 늘 뭔가를 기획하는 업무를 한다.

기획이란 간단히 말하자면 목표를 달성하기 위한 과정을 만드는 것이라고 할 수 있다. 그러나 그 안에는 단순히 목표로 향하는 과정이나 단계에 대한 아이디어와 과정을 그리는 것뿐 아니라 이를 효율적으로 달성하기 위한 방안을 모색하는 것, 그리고 이미 존재하거나 발생할 수 있는 문제에 대한 사전 대책이나 해결 전략 또는 대안을 만드는 것도 포함된다. 이렇듯 기획은 매우 광범위한 업무라고 할 수 있다.

대개 연간 매출 목표라든지 전년 대비 이익 성장률과 같은 상위의 목표는 회사에서 주어지는 경우가 많다. MD는 이를 달성하기 위해 크고 작은 새로운 목표를 스스로 정하고 목표 실현을 위한 효과적이면서 효율적인 방안들을 기획하게 된다. 또한 여기에는 많은 유관 부서와 상품을 납품 받는 협력업체 등의 이해관계자들이 있기 때문에 MD는 이들과의 이해관계도 고려하면서 기획 업무를 해나가야 한다.

한편, MD의 기획은 대부분 상품을 중심으로 이루어진다. 따라서 소비자에 대한 이해와 최신 트렌드에 대한 숙지는 기본이며, 특히 사회적 이슈와 시즌에 민감해야 한다. 시즌에 민감해야 한다는 말보다는 시즌을 앞서가야 한다는 말이 더 적합할지도 모르겠다. 시즌에 맞게 상품을 소비자에게 제안하고 판매하기 위해서는 보통 한 시즌이나 두 시즌, 경우에 따라서는 그보다 일찍 업체와 상품을 소싱하고 기획해야 하기 때문이다. 또한 사회적 이슈에도 늘 관심을 가져야 하는데, 단순히 그런 일이 있구나, 그런 말이 회자되고 있구나 정도에서 그칠 것이 아니라 해당 이슈가 나의 타깃 소비자에게는 어떤 영향을 미칠지, 그리고 내 상품군에는 위협 요소나 기회 요소는 없는지 한 단계 더 생각하는 습관을 들여야 한다.

기획력에 있어서 또 하나 중요한 부분은 바로 적절한 시점과 시간이다. 완성도 높은 기획을 위해서는 적절한 정보와 자료 수집, 유관 부서와의 사전 협의 등이 필요한데, 이런 여러 요인들을 감안해 기획의 실행 시점을 늘 염두에 두고 실행 가능한 시간이 확보된 기획안을 작성할 수 있어야 한다.

커뮤니케이션 능력

커뮤니케이션 역량은 조직의 크기나 종류를 막론하고 신입사원이나 기존 직원 모두에게 가장 중요하고 필요한 능력으로 손꼽힌다. 조직에서뿐 아니라 개인 삶에 있어서도 어쩌면 커뮤니케이션은 가장 필요한 능력일 것이다. 기술 발달 덕분에 예전에 비해 커뮤니케이션의 도구는 편리해지고 다양해졌지만, 막상 실제로 조직들을 진단해보면 의외로 소통이 원활하지 않다는 문제가 종종 부각되곤 한다.

MD에게 필요한 역량이 무엇인지 현직 MD들에게 물어보면 빠지지 않고 나오는 답변이자 많은 경우 최우선 역량으로 꼽는 것이 바로 커뮤니케이션 역량이다.

MD에게 이 커뮤니케이션 역량이 왜 그리 중요할까? MD는 이른바 '뭐든지 다 해야 하는 사람'임에도 불구하고 혼자 할 수 있는 일이 거의 없다. 상품을 소싱하는 일도 상품을 생산하고 납품해주는 협력업체와 함께 해나가야 하는 일이고, 상품을 적기에 적정량을 확보하는 일도 SCM부서에서 함께 실행해주지 않으면 불가능하다. 오프라인 매장을 운영하는 경우, 상품의 진열이나 운영 기획을 아무리 정교하게 잘 짰어도 영업부서에서 이를 제대로 실행하지 않으면 계획대로 매출이 일어나기 어려우며, 온라인 쇼핑몰의 경우에도 MD가 기획하고 소싱한 상품의 특징을 이미지나 동영상으로 제대로 제때 표현해주지 않으면 기대만큼의 판매로 연결되기는 요원해진다. 세상이 깜짝 놀랄 만한 아이디어로 프로모션을 기획했다 하더라도, 협력업체의 생산부서, 영업부서, 유통기업의 SCM, 마케팅, VMD(visual merchandiser) 등 사내외의 여러 부서 관련 담당자 어느 한 사람이 제 역할을 못하면 그 프로모션은 성공하기 어렵다.

결국 MD는 상품과 관련된 수많은 일들에 일일이 다 관여해야 하고, 알아야 하고, 기획해야 하지만, 여기에 수반되는 다수의 이해관계자들과 적시에 정확하게 소통하지 못하면 고객에게 전달하려던 가치를 제대로 전달하지 못하는 상황이 벌어지게 된다. 이는 결론적으로 매출과 이익, 그 외 MD가 목표로 했던 지표들을 계획대로 달성하지 못하게 되는 원인이 된다.

이렇게 적시에 정확한 정보를 제공하거나 보고를 해서 서로의 협업을 원활하게 하는 것을 목표로 하는 경우 외에도, 서로 상반된 이해관계나 목표를 가진 타 부서, 타 기업을 이해시키거나 설득하기 위한 협상력도 MD의 커뮤니케이션에서 빼놓을 수 없는 역량이다. 연간 거래조건 계약이나 상품의 납품조건 협의, 일시적인 가격 인하나 프로모션 지원, 배너의 위치나 진열 위치 협의 등 MD가 외부 협력업체와 하는 대부분의 커뮤니케이션은 매출과 이익 목표를 위한 상품 운영과 관련된 것으로, 정확한 정보 전달은 물론 서로 상반된 목표를 가진 사람들과의 상호 설득 과정을 통한 합의에 이르는 과정이기 때문이다. 대부분의 협력업체와의 관계가 장기적이라는 점을 감안할 때 제로섬(zero -sum)이 아닌 윈윈(win-win) 협상을 이끌어내는 역량은 MD에게 반드시 필요한 능력이라 하겠다.

실행력과 문제 해결력

앞에서 MD의 자질 중 하나로 기획력을 꼽았다. 그러나 아무리 기획이 좋아도 실행이 뒤따르지 않으면 도로아미타불이다. 기획력을 설명하면서도 언급했듯이 기획은 완성도도 중요하지만 실행 시점도 중요하며, 따라서 실행 준비를 위한 시간 확보를 염두에 두어야 한다. 기획의 완성도를 높이느라 실행의 적절한 시점을 놓친다면 실패한 기획이나 다름없으며, 유관 부서들의 실행을 위한 준비에 필요한 시간이 확보되지 않은 기획 역시 실패한 기획이다.

요즘 유통 환경은 변화의 속도가 매우 빠르다. 하루가 다르게 새로운 기술이 생겨나고, 새로운 경쟁자가 출현하며, 무수한 정보가 생성되고 예상을 뛰어넘는 속도로 정보가 확산되면서 새로운 트렌드가 뜨고 지는 상황이다. 이렇게 변화가 심한 불확실한 상황에서는 70~80% 정도 완성된 기획안을 가지고 적시에 실행해서, 초기 반응을 보고 긍정적인 부분은 과감히 다음 단계로 나아가고 수정이 필요한 부분은 그때그때 수정하는 자세가 더 필요할 수 있다. 경쟁사보다 발 빠르게 기획했다면 역시 경쟁사보다 한 발 앞서서 실행해야 한다.

또한 아무리 꼼꼼히 기획을 했다 하더라도 그것을 수행하는 과정에서 예상치 못한 문제가 발생하는 일이 부지기수다. 철석같이 약속했던 협력업체에 누구도 예상 못한 생산 라인의 문제가 발생한다든지, 원료 수입국에 간밤에 테러가 일어나 원료 수급 일정에 차질이 빚어지는 등 MD의 수많은 기획안은 실행을 거치면서 많은 문제를 낳기도 하고, 기획의 수정과 새로운 방향의 실행을 요하기도 한다. 이렇게 예상치 못한 문제가 생겼을 때, '대체 왜 이런 문제가 생기는 거야', '왜 하필 나한테 이런 일이!'라는 식의 푸념은 전혀 도움이 되지 않는다. 이럴 때 MD에게는 '문제야 풀라고 있는 거지', '이런 문제를 해결하라고 내가 있는 거지'라는 호기로운 자세가 필요하며, 이러한 문제 해결력이야말로 뭐든지 다 해야 하는 MD에게 꼭 필요한 자질이라 할 수 있다.

상품을 보는 안목과 상품 지식

생각해보면 앞에서 언급한 자질들 모두 MD에게만 필요한 것이라기보다는 사회생활을 하는 모든 사람에게 필요한 것들이다. MD 역시 하나의 직업군이니 당연한 일이다. 그러면 MD니까, MD라서 특별히 필요한 자질은 어떤 것이 있을까? 바로 상품을 보는 안목과 상품 지식을 들 수 있다.

같은 상품을 보고도 MD에 따라 그 반응은 다를 수 있다. 어떤 MD는 직감적으로 '이 상품 대박 날 수 있겠는데……'라고 생각하며 욕심 내 입점을 서둘러 좋은 매출을 기록하는가 하면 어떤 MD는 시큰둥하고 있다가 경쟁사에서 판매가 좋은 것을

보고 뒤늦게 입점시켜 시장을 선점하지 못하는 경우도 있다. 그
동안 직접 만나본 많은 동료와 선후배 MD, 그리고 인터뷰 등
을 통해 간접적으로 만난 다른 채널의 여러 MD들의 이야기를
들어보면, 도대체 이런 감각은 어떻게 갖게 된 걸까 싶을 정도
로 상품에 대한 감각이 뛰어난 경우가 참 많았다. 부러운 일이
아닐 수 없다.

그런데 상품을 볼 줄 아는 눈, 감각이나 센스라고도 표현되
는 이 능력은 타고나는 것일까?

일본의 디자인 업체 굿디자인컴퍼니(Good design company) 대표
인 미즈노 마나부(Manabu Mizuno)는 센스를 '집적된 지식을 기반
으로 최적화하는 능력'이라고 정의한다. 즉 센스는 그저 타고
나는 것이 아니라 관련 분야에 대한 지식과 경험을 전제조건으
로 한다는 것이다.

MD의 입장에서 상품을 보는 눈이란, 담당하는 상품군에 대
해 얼마나 관심을 갖고 얼마나 경험을 했느냐가 중요하며, 그
바탕에는 트렌드와 고객에 대한 이해가 있어야 한다. 여기에 한
가지 더 덧붙이자면, 실생활에서 경험하는 다양한 요소요소를
자신이 담당하는 상품과 연계시켜 생각해보는 습관을 들일 필
요가 있다.

여기서 경험은 직접적인 경험뿐 아니라 간접적인 경험도 포함

된다. MD로 일을 하다 보면 담당하는 상품의 주 구매자나 사용자가 자신과 전혀 다른 입장인 경우도 종종 있을 수 있다. 예를 들면 미혼인데 유아동 상품을 담당하는 경우, MD는 주변의 도움을 받거나 맘카페에 가입하는 등의 다양한 방식을 동원해 아이를 둔 부모의 생각, 해당 상품을 아이에게 사용해본 부모의 후기 등을 통한 간접적인 경험을 할 수밖에 없다.

또한 MD는 담당하는 상품에 대한 각종 지식도 알아야 한다. 물론 해당 상품을 직접 연구개발하고 생산하는 사람들에 비해 상품에 대한 전문적 지식은 떨어질 수 있겠지만, 최소한 담당 상품군의 산업 현황, 상품군의 특성, 상품 생산과 유통에 필요한 법적인 사항, 그리고 상품의 원부재료에 대한 특징 등은 상식 수준 이상으로 알고 있어야 한다.

MD라면 자신이 담당하는 상품군 내의 상품에 대해, 모두들 자신의 상품이 최고라고 얘기하는 제조업체들의 상품들 각각의 특장점을 알고 객관적으로 비교할 수 있어야 하며, 그러한 상품 지식에 기반해서 직접 상품도 개발할 정도의 수준이 되어야 한다.

앞에서 살펴본 것 외에도 MD에게 필요한 자질로는 열정, 끈기, 도전정신, 적극성, 회복탄력성, 오픈 마인드 등 여러 가지를 더 열거할 수 있을 것이다. 어쨌든 MD의 자질을 설명하면서 전달하고 싶은 이야기는, MD는 어떤 특출한 자질을 가져야 가능한 업무도 아니요, 엄청난 학벌이나 자격증이 있어야 가능한 업무도 아니라는 것이다. 사회생활에 필요한 기본적 자질만 갖춰도 충분히 해낼 수 있는 일이며, MD이기에 군이 필요하다고 꼽은 상품 지식과 상품을 보는 안목 역시 타고나는 자질이 아니라 후천적 노력으로 얻을 수 있는 능력이다. 이 점은 MD에 도전하는 입장에서, 그리고 뛰어난 MD가 되고자 하는 초보 MD의 입장에서 꽤나 다행스러운 일일 것이다. 괜히 움츠러들지 말고 자신감을 가지고 MD에 도전해보자.

이제 스스로를 자신감으로 채웠다면, 뭐든지 다 한다는 MD의 업무를 하나하나 파헤쳐보면서 MD가 실제 현장에서 어떤 일들을 하는지 살펴보자.

2부

실전!
MD 업무

앞서 MD의 구분에서, MD는 크게 리테일 MD와 제조 MD로 구분할 수 있고, 리테일 MD는 다시 유통 채널별로, 그리고 카테고리 단위로 구분하는 경우가 일반적이고, 제조 MD는 업무에 따라 좀 더 세분할 수 있다고 설명한 바 있다. 그렇기에 유통이냐 제조냐, 유통 중에서도 어떤 채널이냐, 제조 중에서는 어떤 업무 중심이냐, 담당 상품군은 무엇이냐에 따라 좀 더 집중해야 하는 업무가 다를 수 있고, 경우에 따라서는 같은 업무라도 접근하는 방식에 차이가 있을 수 있다. 게다가 기업 특유의 조직체계에 따라 MD의 역할과 책임은 조금씩 달라진다.

그럼에도 불구하고 나날이 치열해지는 유통 환경과, 생산과 유통이 융합되는 지금의 시대에는 내 영역만을 따져가며 나에게 필요한 업무만을 이해하고 일해서는 살아남기 어렵다.

주로 특약매입을 하던 백화점 MD도 요즘엔 차별화를 위해 직매입 비중을 높이는 추세고, 셀러와 구매자를 연결하는 것이 사업구조의 기본인 오픈 마켓에서도 배송을 포함한 고객 서비스 제고를 위해 직매입을 병행하기도 하며, 소싱 위주의 업무를 하는 리테일 MD들도 이제는 자체 상품 개발에 적극 뛰어들고 있다. 구체적인 업무를 예를 들어보면, 직매입을 하지 않는 MD의 경우, 직접 재고 관리 업무를 할 필요는 없겠지만 그렇다고 밸류체인상 재고 관리의 업무가 사라지는 것은 아니다. 고객이 원할 때 원하는 만큼의 수량을 판매하기 위해서는 내가 재고 관리를 하지 않더라도 내 앞 단계의 협력업체가 그 업무를 원활히 수행해줘야만 하기에, MD가 수요 예측과 재고 관리를 나 몰라라 할 수는 없는 일이다.

　MD의 종류가 나뉘고 구분된다 하더라도 MD가 직간접적으로 관여하고 수행해야 할 업무의 범위에는 변함이 없다. 해당 업무에 대한 기본과 원리는 MD를 준비하는 경우라면 말할 것도 없고, 이미 어느 기업의 MD로 일하고 있는 경우라면 더더욱 제대로 알 필요가 있다. MD에게 요구되는 업무의 범위는 계속 확장되고 변화하기 때문이다.

　MD의 실전 업무를 다루는 본 2부에서는, 편의상 리테일 MD의 업무를 중심으로 분류하고 기술하되, 온·오프라인 채널 특성으로 인한 업무의 차이에 대해서도 함께 다루기로 한다.

1장

유통 환경과
고객에 대한 이해,
그리고 시장조사

유통 채널 전반을 둘러보기

유통업 관련 기사나 책을 읽다 보면 어김없이 접하게 되는 용어인 업태, 유통 채널에 대해 우선 살펴보자.

업태(types of operation)라는 용어를 설명할 때 비교를 위해 함께 다루는 용어가 바로 업종(types of business)이다. 업종이란 무엇을 판매하느냐(what to sell)를 의미하며 가전판매점, 정육점, 의류점, 가구점 등 상품의 종류에 의한 분류 방식인 반면 업태는 어떤 방법으로 판매하느냐(how to sell)를 의미하며 백화점, 편의점, 슈퍼마켓, 대형마트, 오픈마켓, 소셜커머스(social commerce) 등 소매업의 형태라고 볼 수 있다. 시기의 차이는 있지만 어느 나라든 과거에는 업종점(전문점)이 주를 이루다가 소매점이 근대화되면서 업태라는 용어가 생겨났다고 볼 수 있다. 우리나라의 경우 본격적으로 업태라는 용어를 사용한 것은 1990년대 초반이며 '유통산업발전법'을 제정하면서 1997년 처음 법에 업태라는 용어가 명시되었다.

시대가 변화함에 따라, 특히 소매 환경이 변화·발전함에 따라 새로운 업태가 생겨나기도 하고 기존의 업태가 세분화되기도 하는 등 결국 업태라는 것은 지속적으로 진화하고 다양해질 수밖에 없다. 그러다 보니 분류하는 학자나 기준에 따라 업태의 종류에 다소 차이가 있을 수 있지만 우리가 일반적으로 알고 있는 업태는 백화점, 대형마트(할인점), 슈퍼마켓, 편의점, 전문점, 드럭스토어, 그리고 무점포 소매업인 인터넷 쇼핑몰, 홈쇼핑, 카탈로그 기반 판매업, 방문 판매업 등이 있다. 또 한편으로 자주 접하는 유통 채널이란 용어도 업태와 같은 의미라고 이해해도 크게 무리는 없을 것이다.

좁아지기 쉬운 시야, 최대한 넓혀서 보라

대형마트든 백화점이든 소셜커머스든 어느 한 회사에 속해 MD의 역할을 해본 사람은 알겠지만, 매일매일의 일상은 마치 다람쥐 쳇바퀴 도는 듯 분주하게 돌아간다. 게다가 매출을 비롯한 MD의 각종 지표들이 실시간으로 확인되고 평가받게 되는 치열한 업무의 현장에서 일하다 보면 어느 순간 누가 씌워준 것도 아닌데 눈가리개를 한 경주마처럼 시야가 좁아질 수밖에 없다. 매출 달성 기획, 현황 점검, 부진 사유 분석, 대책안 수립, 경쟁사 조사, 프로모션 기획, 타 부서와의 회의, 영업 현장에서 걸려오는 문의 전화, 협력업체와의 미팅 등 MD는 동시 다발적으로 처리해야 할 업무에 늘 둘러싸여 있다. 그러다 보니 내 업무를 좀 더 넓은 시야에서 바라볼 여유를 갖기가 좀처럼 쉽지 않다. 그러나 이종 채널과 업종 간 다양한 융합이 일어나고 있는 요즘 창의적인 업무 기획과 개선 포인트를 찾기 위해 MD는 종종 유통 채널 전체로 시야를 넓혀 살펴볼 필요가 있다.

대한상공회의소, 통계청, 유통 관련 각종 협회, 리서치 기관, 그리고 국내 유통기업의 연구소에서 양질의 정보를 거의 무료로 정기적으로 제공하고 있다. 요즘에는 인터넷 검색으로도 이러한 자료를 쉽게 확보할 수 있으니 최소 반기 단위로 이들 자료를 통해 유통업계 전반에 걸친 동향과 이슈를 정리하는 습관을 들이기를 권한다.

MD는 이러한 업태 전반에 관한 자료 외에 담당 카테고리에 대한 업태별 동향 및 이슈, 소비자 동향 등의 자료도 주기적으로 업데이트하는 노력을 해야 한다. 요즘에는 오픈서베이(www.opensurvey.co.kr)나 트렌드모니터(www.trendmonitor.co.kr) 등과 같은 리서치 기관에서 유료 또는 무료로 배포하는 자료를 쉽게 찾아볼 수 있다. 만약 본인이 속한 유통회사가 닐슨(Nielson)이나 칸타월드(Kantar World) 등과 같은 소비자조사 회사와 계약이 되어 있다면 정기적으로 자료를 받아볼 수도 있다. 그리고 MD의 입장에서 이런 자료를 얻기 위한 또 다른 용이한 방법은 담당 카테고리 내 1, 2등 업체와 협업을 하며 정보를 공유하는 것이다. 담당 카테고리 내에서 1, 2등을 하는 업체라면 대부분 기업 내 마케팅부서에서 자사의 카테고리가 속한 시장 전반에 대한 조사를 정기적으로 실시하며 이를 기반으로 전략을 수립하고 있으므로 그 정보를 공유 받는 것이다.

당장 눈앞에 떨어진 행사 기획안 제출, 매출 부진 원인 분석, 경쟁사 시장조사 등 일상적인 업무에만 급급해하지 말자. 좀 더 새롭고 창의적인 시각으로 자신의 업무를 바라보고 개선할 수 있는 계기를 만드는 것은 MD 개인의 관심과 노력에 달려 있다는 사실을 명심하자.

고객을 이해한다는 것

머천다이징의 출발점은 상품일까, 고객일까?

앞서 나는 머천다이징을 '쇼핑 활동에 있어서 소비자(고객)가 좀 더 나은 선택을 하도록 도와주는 일'이라고 정의했다. 그러기 위해 고객의 니즈를 파악하고 이를 충족시키기 위해 적절한 상품, 장소, 시기, 수량, 가격 등의 요소를 포함한 효과적이고 효율적인 전략을 구사하는 일이 머천다이징이니, 그 출발점은 단연 고객이라고 말할 수 있겠다. 고객을 이해한다는 것은 MD 업무의 바탕이 되는 가장 중요하고도 핵심적인 일이다.

MD의 입장에서 고객을 이해한다는 것은 무슨 의미일까? 우선, '고객을 이해한다'는 포괄적 표현보다는 고객의 니즈를 파악한다는 말이 더 구체적이면서 정확한 표현일 것이다.

이를 위해 먼저 고객을 분류할 필요가 있는데 가장 기본적인 방법으로는 고객을 성별, 연령, 직업, 소득, 세대 수 등의 인구통계학적 요인으로 분류하여 그룹별로 식생활이나 소비 특성, 모바일 이용 행태 등의 특성을 살펴보는 것이다. 그리고 라이프 스테이지(Life Stage)에 따라 소비자를 분류하기도 하는데 청소년, 대학생, 직장인, 영유아의 자녀를 가진 부부, 퇴직자 등 생애 단계별로 구분하여 그들의 특징을 살펴보기도 한다. 최근에는 취미, 가치, 신념, 관심사 등의 라이프스타일에 따른 분류를 더 의미 있게 보는 경향이 있다.

타깃 고객을 선정했다면 이들에 대한 각종 분석 자료를 살펴보기도 하고, 이들을 대상으로 직접 설문조사나 포커스그룹 인터뷰 등을 하기도 한다. 그러나 이런 자료들을 통해 밀레니얼 세대는 이런 특징이 있구나, 고객들이 화장품을 구매할 때에는 이런 속성을 고려하는구나를 아는 정도로는 MD가 고객을 이해했다고 할 수 없다. 이런 자료들을 통해 MD는 자신의 고객의 니즈를 헤아리는 데까지 나아갈 수 있어야 한다.

아무래도 현업에 있는 리테일 MD가 고객을 이해하기 위해 가장 많이 활용하는 자료는 자사의 매출 데이터일 것이다. 온라인이든 오프라인이든, 매장에 방문한 고객과 구매한 고객을 중심으로 방문 빈도, 구매 상품과 수량, 금액 등 고객의 구매와 관련된 실제 데이터의 분석을 통해 주로 고객을 이해하며, 바로 이 부분이 고객을 이해하는 데 있어 제조 MD와 가장 다른 부분일 것이다.

리테일 MD는 방대한 매출 데이터를 통해 최근 고객이 많이 찾는 상품은 무엇인지, 상품군별 매출에 어떤 변화가 있는지, 어떤 상품에 어떤 프로모션을 적용했을 때 매출은 어느 정도 증가하는지, 이를 진열과 연결하여 진열 위치와 매출과의 상관관계를 확인하는 등 다양한 방식으로 데이터를 분석하고 활용할 수 있기 때문에 매출 데이터는 매우 유의미한 원천 자료임에는 틀림이 없다.

그러나 매출 데이터에도 한계는 있다. 특히 오프라인 채널의 경우 매출 데이터는 고객이 해당 상품을 구매했다는 결과만을 얘기해줄 뿐, 구매하지 않은 고객은 왜 구매를 하지 않았는지, 구매를 했더라도 다른 대안이 없어 어쩔 수 없이 구매한 것은 아닌지, 어떤 상품들을 서로 비교하고 고민하다가 특정 상품을 구매하게 되었는지 등 고객의 구매 과정의 맥락과 전후의 행동은 전혀 알려주지 않는다. 또한 매출 데이터를 통해 고객이 선호하는 상품이나 선호도의 변화를 파악하여 상품 기획이나 상품 구색 또는 프로모션 기획에 반영했다 하더라도 그에 대한 결과를 측정하고 분석하는 데는 한계가 있다. 그렇기에 오프라인 리테일 MD는 이를 보완하기 위한 각별한 노력이 필요하며, 많은 경우 답은 현장에 있다. 직접 현장에 최대한 자주 나가보는 것이 가장 좋고, 고객을 늘 접하는 매장 직원들과의 커뮤니케이션을 통해 간접적으로나마 고객의 니즈를 파악할 필요가 있다.

이에 비해 온라인 채널은 훨씬 유리한 입장에 놓여 있다. 매출 데이터를 통해 내 상품이 주로 판매되는 지역, 고객의 성별이나 나이, 매출이 많이 일어나는 시간 등 기본적인 내용은 물론, 상품 페이지로의 도달률, 검색 과정, 체류 시간, 구매 여부 등 구매 전후의 과정을 좀 더 자세히 확인할 수 있어 훨씬 깊이 있는 분석을 할 수 있기 때문이다. 상품이 어느 지면에 노출되어 트래픽은 얼마였고 실제 구매는 어떻게 일어났는지를 확인하고, 상세 페이지나 배너에 대해 AB테스트(디지털 마케팅에서 두 가지 이상의 시안 중 최적안을 선정하기 위해 시험하는 것)를 실시함으로써 고객의 선호를 비교적 쉽게 알아낼 수 있다. 담당 상품에 대한 검색 광고의 키워드별 예상 조회 수, 클릭 수, 클릭률을 확인하는 것도 해당 상품에 대한 고객들의 관심 포인트를 확인하고 이해하는 좋은 방법이다.

그러나 온라인 채널이 오프라인의 경우보다 고객 분석을 위한 데이터 확보가 용이하긴 하지만 가공되지 않은 방대한 데이터 자체만으로는 큰 의미가 없다. 이를 어떻게 업무에 적용하느냐가 관건이라 하겠다.

이렇듯 MD는 자사가 보유한 각종 데이터와 그 외 사내외 많은 자료들을 통해 고객을 좀 더 면밀히 이해할 필요가 있다. 정보 홍수의 시대라고 불리는 요즘이다. 고객을 제대로 이해하기 위해서는 알고자 하는 게 무엇인지 목적을 명확히 하는 것이 우선이요, 그에 걸맞은 유의미한 정보를 획득할 줄 알아야 한다. 그리고 무엇보다 확보한 자료들에 대한 올바른 해석이 뒤따를 때 비로소 고객을 제대로 이해하고 적합한 전략까지 도출할 수 있을 것이다.

현장을 활용해 고객의 니즈를 확인하는 법

유통기업이 보유한 매출 데이터는 많은 정보를 제공해주긴 하지만, 결국 고객의 구매 결과만을 말해줄 뿐 특정 상품이 어떤 이유로 매출이 적었는지, 고객은 어떤 이유에서 유사한 상품 중 특정 상품을 선택했는지, 우리 매장에서 고객의 해결되지 않은 니즈는 어떤 것이 있었는지 등의 배경은 전혀 알려주지 않는다.

신입사원 시절 나는 정기적으로 매장에 나가 영업 담당과 점장뿐 아니라 협력업체에서 파견 나온 판매사원을 만나 판매 동향이나 고객의 동향을 듣고 오도록 훈련 받았다. 가끔은 경쟁사 매장에도 나가 고객인 척하며 매장을 둘러보면서 고객을 관찰하거나 협력업체에서 시식 등을 위해 파견 나온 분들과 대화를 나누곤 했다. 신규 매장을 오픈할 경우에는 오픈 첫날과 주말에 매장의 담당 상품 코너에서 직접 고객을 응대하며 상품을 판매하고, 상품을 진열하면서 매대를 정리하는 것이 너무나 당연한 일었다.

사실 MD뿐 아니라 유통업체의 본사 근무자들도 매장 현장을 이해하는 것이 일하는 데 훨씬 더 도움이 되기 때문에 본사 직원을 대상으로 매장 현장의 이해를 돕기 위한 프로그램을 운영하는 회사들이 많다. 신입사원이 들어오면 영업직군이 아니라도 교육 과정 중 몇 주는 매장 근무를 포함시킨다거나 6개월 ~1년간 매장으로 발령을 내 매장 경험을 하고 나서야 본사 근무가 가능하도록 하는 회사들도 있다. 어떤 회사는 아예 전 직원을 대상으로 매년 일주일간 매장 근무를 하도록 체계를 갖춰놓은 경우도 있다. 어떤 부서에서 일하든 현장에 대한 이해가 필수이기 때문이다. 하물며 상품을 다루는 MD는 오죽할까.

오프라인 유통사의 MD는 매장 현장을 이해함으로써 고객이 원하는 바를 캐치할 수 있다. 현장에는 내가 기획한 대로 담당 상품들을 발주하고 진열하고 판매해주는 매장 직원들이 있다. 고객의 니즈를 파악하기에 앞서, 매장 직원들이 MD에게 바라는 바가 무엇인지를 파악하는 것도 매우 큰 의미가 있다. 매장 직원들은 고객과의 접점인 매장에서 늘 고객들로부터 질문을 받고, 때로는 컴플레인을 처리하면서, 또 고객들끼리 상품에 대해 얘기하는 것을 들으면서 고객이 어떤 걸 원하는지, 어떤 걸 싫어하고 불편해하는지, 또 어떤 걸 필요로 하는지 직접 눈과 귀로 체득하기 마련인데, 이러한 생생한 고객의 소리가 상품을 기획하고 행사를 준비하는 MD에게는 천금과도 같이 중요하기 때문이다.

그리고 협력업체에서 파견 나와 매장에서 시식·시음을 진행하거나 상품에 대한 설명을 통해 판매를 촉진하는 역할을 하는 파견사원들이 있다면 이들에게도 요즘 고객들이 무얼 찾는지, 무슨 말을 하는지, 무얼 질문하는지 반드시 확인하도록 하자. 우리 직원이든 협력업체에서 파견 나온 직원이든 매장에 있는 직원들은 고객을 늘 가까이 대하고 있게 마련이고 그만큼 고객에 대한 생생한 정보를 더 많이 갖고 있기 때문이다.

일례로, 헤어케어 담당 MD가 매장에 나가 보니 샴푸 린스 코너 한쪽에 매장에서 제작한 안내문이 붙어 있었다. 내용을 보니 "샴푸 린스는 향을 맡아보실 수 없으니 계산 전에 제품을 개봉하지 말아주십시오"라고 되어 있더란다. 매장 직원들과 얘기를 해보니, 손님이 샴푸나 린스를 고르면서 향을 확인하느라 뚜껑을 열어보는 경우가 많고 그 과정에서 상품이 파손되거나, 다른 손님이 열어본 상품이 새 것으로 보이질 않으니 판매가 되지 않기도 해서 할 수 없이 그런 안내문을 붙여놓았다는 것이다.

이에 MD는 이 문제에 대해 업체들과 얘기를 해보았다. 그런데 대부분의 업체가 향을 테스트할 제품을 매장마다 일일이 지원하기도 어렵고 또 테스트 제품을 지원한다 해도 관리가 어려울 것 같다는 의견이었다. 그러던 중 한 업체가 기존 상품에 대해서는 어렵겠지만 신제품이 나올 때 자사 마케팅팀에 요청을 해서 향을 맡아볼 수 있는 작은 샘플이나 소도구를 개발해볼 수 있겠다는 회신을 해왔다. 고객 입장에서는 특히 신제품에 호기심이 더 많을 테니 잘 되었다 싶었다. 이에 그 업체와 신제품 출시에 맞춰 대대적인 홍보를 하고 고객들로 하여금 향도 직접 맡아볼 수 있도록 해 좋은 반응을 얻어냈던 사례가 있다.

이렇듯 매장에서의 상품 발주, 진열, 판매, 후방 관리, 반품 관리 등의 과정을 실제 경험해봄으로써 상품의 개선, 보완에 필요한 부분을 찾아내고 상품 개발의 아이디어를 얻을 수도 있다. MD의 업무 범위는 회사의 규모, 업무 체계, 회사 내 부서 간 역할 및 업무 분장에 따라 다르긴 하지만 적어도 본인이 담당하는 상품은 매장에서 직접 진열해보고, 가능하면 판매해보는 기회를 갖기를 권한다.

한번은 바디케어 MD와 매장을 방문해 매장 직원들과 얘기를 나누고 있었다. 그때 한 고객이 핸드크림 매대 앞에서 테스트 상품을 발라보기도 하고 이것저것 제품을 비교하는 모습이 보였다. 그런데 A라는 상품을 들었다가 다시 세워놓는 과정에서 애를 먹고 있었고 그러다 그만 주변 상품까지 다 쓰러뜨리고 말았다. 당황한 고객에게 매장 직원이 얼른 다가가 제품 정리는 자기가 할 테니 그냥 가도 된다고 말하고는 쓰러진 제품들을 다시 정리해놓았다. 해당 상품을 다른 상품들과 비교해보니 밑면이 다소 좁은 데다 모서리 부분에 곡선처리가 되어 있어서 더더욱 세우기가 쉽지 않은 형태였다. 매장 담당 역시 "이 제품은 진열하기가 너무 어려워요. 가격이 저렴해서 고객님들이 자주 보시고 또 구매도 많이 하는 상품이긴 한데, 제품 밑면이 좁아서인지 잘 서지도 않고 조금만 건드려도 쓰러져서 하루에도 몇 번씩 주변 상품까지 진열이 흐트러지곤 해요"라고 말하며 제품 포장이 바뀌었으면 좋겠다는 의견을 내비쳤다.

이에 담당 MD는 이너케이스(inner case)를 만들어 케이스 단위로 진열할 수 있도록 하면 좋겠다는 생각을 떠올렸다. 해당 제조업체도 이 아이디어에 적극 동의했다. 업체의 마케팅팀과 협의하는 과정에서, 이너케이스에 담아 진열할 경우 상품 전면이 일부 가려질 수 있다는 단점이 제기되었고 이를 보완하기 위해 밑면 케이스만 만들어 제품을 꽂아놓을 수 있도록 하자는 더 좋은 안이 도출되었다. 그렇게 개선을 하고 나니 물류 박스 내에서도 상품이 쓰러지지 않아 보관 및 재고 확인이 용이해졌고 매장 내 진열도 한결 깔끔하고 손쉬워졌다. 또한 유사 상품에도 이를 확대 적용해 진열 업무의 효율성을 크게 개선할 수 있었다.

값싸고 효율적인 '스몰데이터'를 주목하라

MD에게 현장이 중요하다고 하는 이유는 쇼핑을 하는 고객의 모습과 행동 등을 통해, 그리고 고객의 직접적인 컴플레인이나 요구 사항들로부터 다양한 개선의 여지를 찾아낼 수 있기 때문이다. MD는 트렌드를 읽어 최대한 고객이 필요로 하는 상품을 입점시키려고 노력한다. 그러나 다양한 고객의 니즈를 다

읽어내기란 사실상 불가능하다. 그런데 간혹 매장 직원에게 "○○상품은 없어요?"라고 브랜드와 상품을 딱 집어 문의하거나 "이런이런 기능을 가진 상품은 없나요?"라고 묻는 고객들이 있다. 고객의 이런 문의 사항들에 대해 매장에서 "그런 상품은 취급하지 않습니다"라는 대답으로 끝나게 해서는 안 된다. 고객의 이런 요구가 어떤 방식으로든 MD에게 전달될 수 있도록 하는 체계를 갖추는 것이 중요하며, 그런 체계가 없는 경우라도 MD가 매장과의 소통을 통해 고객의 니즈를 파악할 필요가 있다.

또한 매장에서 이미 취급하고 있는 상품인데도 고객들이 그 상품을 찾지 못해 직원들에게 문의하는 경우가 잦다면, 상품이 놓인 위치가 적합한지 다시 한 번 생각해봐야 한다. 고객이 매장에 들어가 어떤 상품을 찾을 때는 당연히 특정 부근에 있을 거라는 나름의 짐작을 하고 찾게 마련이다. 그러다 못 찾으면 매장 직원들에게 문의를 하게 되는 것이다. 이런 문제는 MD나 매장 직원의 편의에 맞춰 상품을 진열한 탓에 종종 발생하는데, 이럴 땐 고객의 입장에서 상품을 분류하고 진열해야 한다는 기본 원칙에 따라 상품 분류나 진열 위치 등을 재검토해봐야 할 것이다. 그리고 고객의 컴플레인 역시 매장에서 잘 응대하는 것으로만 그칠 것이 아니라, 그 내용에 따라 해당 상품의 개선을 도모하거나 그것이 구조적으로 불가능한 경우라면 대체 상품을 소싱하거나 또는 아예 해당 기능을 가진 상품을 개발하는 데까지 나아갈 수도 있을 것이다.

덴마크의 브랜드 전문가 마틴 린드스트롬(Martin Lindstrom)은 빅데이터(big data)보다 더 중요한 것이 소비자의 사소한 행동을 세밀하게 관찰하여 얻어내는 스몰데이터(small data)라고 말했다. 그는 스몰데이터를 얻기 위해서는 소비자가 있는 구매 현장으로 가라고 조언한다. 이케아의 창업자인 잉그바르 캄프라드(Ingvar Kamprad) 역시 매장에서는 소비자들이 무엇을 사고 무엇을 사지 않는지 바로 알 수 있다고 하면서 매장에서 소비자를 관찰하는 것이 가장 저렴하고 효과적인 조사라고 언급한 바 있다.

마지막으로, 현장의 중요성은 오프라인 MD에게만 해당되는 이야기일까? 아니다. 온라인 MD에게도 똑같이 중요하다. 그럼 매장을 보유하지 않은 업체의 온라인 MD는 어떻게 해야 할까? 자사의 타깃 고객이 즐겨 찾는 오프라인 매장으로 나가야 한다. 온라인이든 오프라인이든 MD에게 현장은 고객을 접할 수 있고 그들의 숨은 니즈를 엿볼 수 있는 중요한 공간이다.

MD는 앞에서 설명한 전반적인 유통 시장 흐름에 대한 파악과 타깃 고객의 트렌드와 니즈를 확인하기 위한 시장조사 외에도 신규 업체와 신상품 발굴, 상품의 라이프사이클 확인, 경쟁사 조사 등을 목적으로도 시장조사를 하게 된다. 시장조사는 그 목적에 따라 조사 대상과 방법이 달라진다. 뚜렷한 목적 없이 검색을 시작하거나 현장에 나간다면 시간만 낭비될 수 있으므로 이번 조사를 통해 무엇을 얻고자 하는지를 명확히 하는 것이 중요하다.

타깃 고객에게 보다 나은 가치를 전달할 수 있는 상품을 소싱하고 기획하는 것이 MD의 주 업무임을 상기하면, MD가 신상품의 발굴과 기획을 위해 얼마나 다양한 원천을 확보하고 있으며 효과적으로 일하는가가 MD의 경쟁력에 큰 영향을 미친다는 것을 쉽게 알 수 있다.

MD는 신상품을 어떻게 발굴할까? 이름만 들어도 알 만한 유통업체의 경우 MD가 신규 업체나 신상품을 찾아 나서기도 전에 수많은 업체가 입점을 제안하기 때문에 상대적으로 수월하게 신상품 정보를 획득할 수 있다. 규모에 따라 정도의 차이는 있지만 유통업체의 MD는 자사의 상품을 소개하고 입점시키고자 하는 업체들로부터 수많은 제안을 받게 된다.

이렇게 제안 받은 상품 외에도, MD는 타 유통사에서 무슨 상품을 취급하는지, 어떤 상품이 고객 반응이 좋은지에 대해 늘 촉각을 세우고 있어야 한다. 그러다 특별히 눈에 띄는 상품이 있다면 해당 업체에 연락을 취해 자사에도 납품이 가능한지 먼저 제안하기도 하고, 또는 자사와 이미 거래 중인 업체들에게 유사한 상품을 취급하고 있는지, 이를 납품할 수 있는지 협의하기도 한다. 혹은 자사의 규모, 해당 상품군의 특성 등을 고려하여 직접 생산업체와 접촉해 유사 상품 개발에 나서기도 한다.

눈에 띈 상품이 수입 상품일 경우, 이를 국내에 수입해서 공급하는 업체에 연락해 상품을 확보하기도 하고 직접 병행 수입을 하기로 결정하기도 한다. 병행 수입을 결정한 경우에도 MD가 직접 수입 업무를 담당해야 하는 경우도 있고 기업 내 '글로벌 소싱팀'을 두고 MD와 협업으로 수입 업무를 수행하는 경우도 있다. 또는 상품 수입에 관한 주요 의사결정은 유통기업이 하고 실제 수입과 통관 업무는 외주를 주는 경우도 많다.

국내외에서 열리는 각종 박람회와 전시회는 해당 산업 분야의 최신 트렌드뿐 아니라 신규 기술, 신규 업체와 신상품 정보를 얻을 수 있는 좋은 기회다. 쾰른 제과 박람회, 뉴렌버그 국제 유기농 전시회, 볼로냐 코스모프로프(Cosmoprof: 세계 최대 뷰티 전시회), 일본 드럭스토어쇼(Drugstore Show: 헬스, 생활용품, 뷰티 등 드럭스토어와 관련된 다양한 상품군을 한 자리에서 만나볼 수 있는 아시아 최대 규모의 전시회), 세계 4대 패션위크(Fashion Week), 매년 혁신적인 기술을 선보이는 소비자 전자제품 박람회 CES(Consumer Electronics Show), 세계 최대 유통 전시회로 일컬어지는 NRF(National Retail Federation) 등 산업계를 대표하는 박람회와 전시회가 매년 개최되고 있으며, 그 종류도 점점 더 다양해지고 있다. 국내에도 식품, 유아용품, 도서, 선물용품, 인테리어, 리빙용품 등 산업별 새로운 트렌드와 신상품 등을 소개하는 대규모 박람회가 매년 개최되고 있어, MD에게는 새로운 상품을 발굴할 수 있는 좋은 장으로 자리 잡고 있다.

상품과 산업 관련 전문지 역시 MD에게는 업계 전반의 트렌드뿐 아니라 상품 동향을 알 수 있는 양질의 자료원이다. 최소 두세 권의 월간지를 정기구독하면서 틈틈이 훑어보기를 권한다. 특히 요즘엔 서브스크립션(subscription: 구독) 서비스를 제공하는 잡지사들도 있어 이를 잘 활용하면 정기적으로 편리하게 핵심 정보를 얻을 수 있다.

그리고 중소벤처기업부 산하 많은 기관과 각 시도청에서 중소기업, 소상공인, 벤처기업 등의 육성을 위해 각종 지원뿐 아니라 홍보 업무도 활발히 하고 있으니 로컬 상품을 소싱하는

MD라면 이런 자료들을 참고해도 좋겠다. 이외에도 부도 업체나 생산 중단된 상품을 전문적으로 취급하는 속칭 '떨이물건' 전문업체도 있고, 반품 상품만 전문적으로 취급하는 업체도 생겼다. 신상품 소싱을 위해 MD가 이 모든 루트를 다 이용할 필요는 없겠지만 그 존재는 알아두는 게 좋고, 무엇보다 관련 정보를 주기적으로 업데이트할 필요가 있다.

요즘에는 MD에게 필요한 웬만한 자료들은 온라인 검색을 통해 구할 수 있다. 업체들의 홈페이지를 통해 자세한 상품 정보를 얻을 수 있고, 국내뿐 아니라 해외에서 출시된 상품이나 인기 있는 상품을 확인해볼 수도 있으며, 경쟁사가 무슨 상품을 취급하고 또 가격은 얼마인지도 한두 번의 클릭으로 확인할 수 있다. 게다가 직접 현장에 가지 않아도 마치 현장에 있는 듯한 느낌의 자세한 사진과 리뷰를 각종 SNS에서 찾아볼 수도 있다.

그럼에도 불구하고 생산 현장이든 경쟁사 매장이든, 또는 나의 타깃 고객들을 관찰할 수 있는 공간이든 현장을 직접 방문해 수행하는 조사는 온라인 조사와는 또 다른 종류와 깊이의 정보를 제공해준다. 따라서 온라인 조사와 현장 방문 조사를 병행할 것을 권한다.

나의 전략을 보다 뾰족하게 만들어주는 경쟁사 조사

MD가 가장 많이 하게 되는 시장조사는 경쟁사에 대한 조사일 것이다. 일반적으로 경쟁사 조사의 가장 큰 목적은 상품 구색과 가격을 비교하기 위해서다. 이후 '상품 구색' 편에서 좀더 자세히 설명하겠지만, 경쟁사가 취급하는 상품의 종류 및 가격대를 조사해보면 경쟁사 MD가 품질에 좀더 신경을 써 고급화를 염두에 두고 상품을 구성하고 있는지 아니면 낮은 가격에 중점을 둔 가성비 중심의 상품 구성 및 가격 책정을 하고 있는지 등 경쟁사 MD의 생각과 전략을 어느 정도 가늠할 수 있다. 또한 경쟁사에는 우리와 다른 어떤 새로운 상품이 어떤 주기로 입점되는지, 그것을 어떤 방식으로 고객에게 제안하는지도 눈여겨봐야 한다.

그리고 경쟁사 조사에서 빼놓을 수 없는 것은 단연 행사 내용과 진행 현황이다. 경쟁사의 행사 내용을 살펴보면 가격 행사, 사은품 증정 행사, 덤 행사 등 어떤 종류의 행사가 많은지 파악할 수 있다. 그리고 가격 행사의 할인 수준과 업체에서 파견 나온 행사 도우미나 카운슬러 등을 통해 협력업체가 어느 정도 지원을 해줬겠구나 하는 것도 직간접적으로 가늠해볼 수 있다. 그런데 매번 이를 조사하고 비교만 해서는 진정한 경쟁점

조사의 목적을 달성했다고 보기 어렵다. 유통업체는 대부분 행사 종류(오픈 행사, ○주년 기념 행사, 주말 특별 행사, 월간/2주간 정기 행사 등)에 따라 강도를 달리하기 때문에 경쟁사에 대해 주기적으로 시장조사를 실시해 행사 종류별 경쟁사의 행사 동향을 파악해야 하며, 특히 향후 있을 행사에 경쟁사가 어떤 전략을 구사할지도 예상할 수 있어야 한다. 그래야 경쟁사보다 매력적인 행사를 기획하고 준비할 수 있기 때문이다.

특히 새로운 경쟁자가 진입하거나 또는 기존 경쟁사가 새로운 매장을 오픈하는 경우, 해당 매장의 오픈 일에 직접 현장에 나가 보는 것이 매우 중요하다. 새로 오픈한 매장은 최근 경쟁사가 집중하고 있는 것이 무엇인지, 그들의 전략은 어떤 것이고 어떻게 변해가고 있는지 확인할 수 있는 가장 확실한 장소이기 때문이다.

또한, 현장 조사를 통해 얻을 수 있는 것 중 하나가 바로 내점한 고객들의 반응이다. 특히 오픈 행사나 강력한 정기 행사를 하는 매장의 경우에는 고객이 가장 붐비는 시간대를 파악해 방문하는 식으로 고객의 반응을 더욱 효과적으로 살펴볼 수 있다. 고객들이 어떤 상품이 어떤 가격일 때, 그리고 어떤 행사를 진행할 때 쉽게 구매하는지, 또 어떤 경우에 구매를 망설이는지 파악해보고, 경쟁사 MD의 입장이 아닌 고객의 입장에서 매장을 돌아보면서 주변에서 쇼핑 중인 고객들끼리의 대화도 귀담아 들어본다면 어디서도 확인할 수 없었던 고객의 소중한 소리를 들을 수 있을 것이다.

그리고 구색, 가격, 행사 내용 외에도 상품의 진열 방식이나 진열 위치 역시 상당히 중요한 비교 포인트다. 빠르게 지나치는 고객의 눈을 사로잡아 걸음을 멈추게 만들 만한 효과적인 진열 방식, 연관 진열 등을 꼼꼼히 살펴봐야 한다. 또한 '상품 분류' 편에서 좀 더 자세히 다루겠지만, 경쟁사의 상품 진열 방식을 보면 경쟁사의 상품 분류 방식을 어느 정도 예상할 수 있는데, 이때 경쟁사의 방식이 고객에게 더 적합한 것은 아닌지 고객의 입장에서 냉철하게 판단해볼 필요가 있다. 특히나 요즘엔 고객의 라이프스타일과 상품의 사용 상황을 고려한 이종 카테고리 내의 상품을 함께 제안함으로써 고객들의 호응을 얻는 경우가 많기 때문에 이에 각별한 관심을 갖고 매장을 둘러볼 필요가 있다.

경쟁사 조사에서 얻을 수 있는 중요한 정보 중 빼놓을 수 없는 것이 바로 협력업체와 경쟁사의 관계다. 물론 단편적인 조사로 그것을 단정 지을 수는 없겠지만, 경쟁사 매장에서의 상품 진열이나 행사 수준 등을 통해 간접적으로 유추해볼 수는 있다. 이런 종류의 정보는 단지 상품 구색이나 가격을 확인하는 온라인 조사로는 충분히 확인하기 어렵다. 시시각각 치열하게 경쟁사와 경쟁을 하는 입장에서 MD는 아무리 우호적인 협력업체라 하더라도 자신이 이런 부분도 늘 확인하고 있다는 것을 협력업체로 하여금 알게 하는 것이 협력업체와 긍정적인 긴장감을 유지하며 일할 수 있는 방법이기도 하다.

이미 어느 정도 경력이 있는 MD라면 경쟁사 시장조사를 하다 겪은 에피소드 한두 개쯤은 있을 것이다. 메모를 하거나 녹음을 하다가 또는 사진을 찍다가 경쟁사 직원에게 걸려 무안을 당하거나, 매장 직원들이 집요하게 쫓아다니는 바람에 필요한 조사를 못하고 매장을 나왔다거나 하는 일들 말이다. 요즘에는 매장에서 사진을 찍어도 SNS에 올릴 사진을 찍겠거니 하면서 오히려 반기는 기색도 있다고는 하지만, 지금도 여전히 시장조사 차 나온 경쟁사 직원이라 여겨지면 제재를 당하는 경우가 은근히 있다.

벤치마킹 투어

한 가지 더 덧붙이자면, MD의 시장조사 방법 중 '벤치마킹 투어'라는 것이 있다. 보통 경영 분야에서 '벤치마킹'이라 하면 우수한 다른 기업의 제품이나 기술, 경영 방식의 특징을 비교 분석하여 그 장점을 보고 배우는 경영 전략 기법을 말한다. 많은 경우 동종 산업계 내의 우수한 기업을 벤치마킹의 대상으로 삼지만, 이종 업계를 연구해 자사의 경영 방식에 적용하는 식으로 큰 효과를 보기도 한다. MD들이 경쟁사 시장조사를 나가는 것도 벤치마킹 투어의 일종이라 할 수 있는데, 이때는 동종 채널 내의 경쟁사만 살펴볼 것이 아니라 내가 취급하고 있는 상품군의 다른 채널에 대해서도, 그리고 타깃 고객이 유사한 다른 채널과 상품군으로도 시야를 넓힐 필요가 있다.

MD가 국내외 선진 유통기업으로 벤치마킹 투어를 나가게 되면, 상품 구색과 운영 방식, 오프라인 매장의 진열과 인테리어 등을 특히 관심 있게 보게 된다. 벤치마킹의 목적 자체가 남들이 잘하는 것을 보고 분석하여 내 업무에 적용하는 것이기는 하지만, 그렇다고 무조건적인 모방은 안 된다. 해외 매장에서 좋아 보였던 상품을 대거 투입하거나, 인테리어를 그대로 따라 하는 것은 단기적으로 보기에 좋고 화제가 될 수는 있지만, 그 근본적인 목적에 대한 깊은 고찰이 없다면, 그리고 그것이 내 소비자를 위한 가치 창출과 맞닿아 있지 않다면 머지않아 고객의 외면을 받게 될 것이 뻔하기 때문이다.

점점 더 치열해지는 경쟁 환경 하에서, 국내외 경쟁사에 대한 날카로운 조사와 분석은 MD의 필수적인 무기다. 목적을 명확히 한 경쟁사 조사, 주기적인 경쟁사 조사, 업종과 업태를 넘나

드는 시장조사는 좀더 예리한 무기를 갖추기 위한 필수 조건일 것이다. 이를 위해 온·오프라인을 잘 활용한 자신만의 효과적인 경쟁사 조사 방식을 개발해보는 것이 어떨까.

그리고 기우에서 다시 한 번 얘기하자면, 온라인 채널의 MD라 해도 자신의 고객이 관심을 가질 만한 오프라인 매장에 대해서는 반드시 직접 확인할 필요가 있다. 앞서 언급했던 것처럼 온라인보다는 오프라인 매장에서 계절 상품을 먼저 출시하는 경향이 있기 때문에 상품 트렌드를 직접 확인하기 위해서라도 오프라인 매장에 대한 시장조사는 꼭 필요하다. 그것도 정기적으로 말이다.

상품 기획_
MD의 개인기가
유감 없이 발휘되는 순간

유통과 제조업계 사람들을 만나다 보니 머천다이징이란 용어와 마찬가지로 '상품 기획'이라는 용어 역시 누가 어떤 맥락에서 사용하느냐에 따라 의미하는 바가 다르다는 것을 알 수 있었다. 제조 MD는 신상품이나 신규 브랜드의 개발을 위한 전반적인 기획을 상품 기획이라 부르는 경우가 많은 반면, 상품 소싱을 주 업무로 하는 리테일 MD는 담당 카테고리 내 상품 구색의 기획까지 포함하는 경우가 많다.

오프라인 MD는 한정된 공간을 고려한 상품 구색을 기획하고, 홈쇼핑 MD는 방송 시간을, 그리고 온라인 MD는 온라인상의 공간 특성을 고려한 기획을 한다. 이를 구체화하기 위해 운영하는 상품에 대해 연간, 시즌별, 월별, 주차별, 일별, 시간대별로 세부적인 기획을 하게 되며, 그 과정에서 차별화 전략의 일환으로 PB를 만들기도 하는데 이 업무를 '상품 개발'이라 칭하는 경우가 많다.

회사마다 다를 수 있고 상황에 따라 다를 수도 있는 용어이지만, 이 책에서는 카테고리 전반을 기획하는 업무를 상품 기획, 자체 브랜드를 포함한 신상품이나 신규 브랜드를 개발하는 업무를 상품 개발이라 부르기로 한다.

상품 특성 이해하기

앞서 얘기했듯이 리테일 MD는 다른 무엇보다 자사가 속한 채널과 타깃 고객의 특성을 잘 알아야 한다. 그리고 당연히 담당 상품군에 대해서도 잘 알아야 한다.

우리가 평소 구매하는 상품들은 크게 두 가지로 나눌 수 있다. 첫째, 1년 내내 그리고 시간이 지나도 큰 변화 없이 지속적으로 수요가 있는 기본적인(staple) 상품군이 있다. 주로 슈퍼마켓, 대형마트에서 판매되는 대부분의 상품군들과 남성 속옷, 복사용지 등이 여기에 해당한다. 두 번째는 유행성(fashionable) 상품군, 즉 비교적 짧은 기간 동안에만 수요가 있는 것들로, 이런 상품군들은 계속해서 새로운 스타일의 신상품들이 나오기 때문에 현재 판매하고 있는 상품들은 곧 유행에 뒤떨어지게 된다. 패션의류, 운동화, 구두, 스마트폰 등이 대표적인 사례다.

이 두 부류의 상품들은 상품의 기획 방법은 물론 특히 수요 예측과 재고 운영 등 모든 면에서 다르다. 일례로 작년에도 판매되었고 올해도 쭉 판매되고 있는 조미료나 라면에 대한 수요 예측은 과거의 판매 실적에 기반하면 되지만, 올해 새로 나온 카키색 주름 스커트에 대한 수요 예측은 과거 판매 실적이 없기 때문에 다른 기준을 적용해야 한다.

상품을 기본적인 상품군과 유행성 상품군으로 크게 구분하긴 했지만, 기본적인 상품군이라 해서 아무런 변화없이 매년 일정하게 판매되는 것은 아니다. 예를 들면, 라면류의 경우 1년 내내 판매되긴 하지만 해마다 신상품이 출시되기도 하고, 레트로 열풍에 힘입어 사라졌던 상품이 다시 출시되는가 하면, 기존에 있던 상품이 맛이나 포장이 업그레이드되어 새로이 출시되기도 한다. 비빔면처럼 계절에 따라 매출 변화가 큰 상품도 있다. 그러나 일반적으로 기본적인 상품군은 그 하위 세부 카테고리의 매출 양상이 월별, 주차별로 큰 변화가 없기 때문에 비교적 수요 예측이 용이하다. 과거 매출 실적을 근거로 할 수 있기 때문이다. 이런 경우, 적절한 시점에 적절한 양을 보충하는 데 초점을 맞춰야 한다.

한편, 유행성 상품으로 분류되는 의류의 경우도 라운드넥, 브이(V)넥의 면 티셔츠나 니트류처럼 디자인에 큰 변화 없이 매년 출시되는 상품도 있다. 그러나 청바지라 해도 유행하는 색상, 길이, 통넓이 등의 스타일이 매년 다르며, 어떤 해 여름에 특정 원단의 플리츠 롱스커트가 대유행했다가 가을이 지나면서 아예 시장에서 사라지기도 하는 등 세부 카테고리 자체가 단기 간에 드라마틱하게 생겼다가 없어지는 경우가 많다. 그렇기에 과거 매출 실적을 근거로 하는 기본적 상품군보다 유행성 상품의 수요 예측은 훨씬 어렵다.

이를 더 어렵게 만드는 또 다른 요인은, 보통 패션 제조업체는 한두 시즌 앞서 제품을 생산하기 때문에 직매입을 하는 리테일 MD 역시 제조업체와 일정을 맞춰야 한다는 점이다. 이에 상품의 기획부터 출시까지의 기간을 획기적으로 줄인 패스트패션이라 불리는 SPA(Specialty store of Private label Apparel) 브랜드들의 운영 방식을 도입하려는 시도를 하기도 한다. 유행성 상품에 있어서는 수요 예측이 그 무엇보다 중요하며, 이와 동시에 면밀한 판매량 모니터링을 통해 추가 주문, 매장 간 물량 이동, 적기의 가격 인하 등의 의사결정을 통한 확보 물량의 판매가 중요하다.

여기서는 기본적 상품군과 유행성 상품군 정도로 크게 구분해 설명했지만, MD는 담당하는 상품군에 대해 상품 속성과 더불어 밸류체인 전반에 걸친 세부적인 특징을 이해해야 한다. 그리고 상품의 판매가격이나 프로모션, 유사한 다른 상품의 운영 등 자신이 통제할 수 있는 요인과 그럴 수 없는 요인들을 파악해 적절한 시점에 이를 총체적으로 고려한 의사결정을 내릴 수 있어야 한다.

하나 더 생각해볼 것은, 채소건 과자건 심지어 수요에 그리 큰 변화가 없을 것 같은 두루마리 화장지의 경우에도 해당 카테고리 내에 유행성 상품의 특징을 갖는 상품들이 점점 더 많아지고 있다는 점이다. 새로운 품종의 과일이 생겨나고, 고객 편의를 위해 포장 방식이나 소분 단위가 달라지며, 원료의 주성분이 계속 새로워지고 있다. 얼핏 생각하면 시스템이나 인공지능이 도맡아 처리할 수 있을 것 같은데도 여전히 유통 환경과 고객을 잘 이해하는 MD가 필요한 이유가 여기에 있다.

상품 분류체계

일반적으로 유통기업은 상품을 효율적으로 관리하기 위해 나름의 기준으로 상품을 분류해서 관리한다. 취급하는 상품의 폭과 깊이가 서로 다른 백화점, 대형마트나 슈퍼마켓, 편의점 등 채널이 다르면 상품 분류체계가 다를 것이라고 쉽게 예상할 수 있을 것이다. 그런데 '나름의 기준'으로 상품을 분류한다는 말은 거의 유사한 상품들을 취급하는 같은 채널 내에 속한 기업들도 상품을 분류하는 방식이 다를 수 있음을 의미한다.

그렇다면 그 차이는 어디에서 오는 걸까? 나는 그 이유를 각

기업마다 고객을 이해하는 방식이 다르고 그에 기반한 고객 만족 전략과 차별화 전략이 다르기 때문이라고 생각한다.

물론 이마트나 홈플러스, 올리브영과 랄라블라처럼 같은 업태 내의 유통기업들은 큰 틀에서 상품 분류체계가 유사할 것이다. 그럼에도 불구하고 분명 서로 다른 부분들이 있을 텐데 바로 그 지점이 기업들 간 고객을 이해하는 방식과 전략에 차이가 있는 지점이다. 또한 유통기업의 상품 분류체계는 해당 기업의 조직체계와도 밀접한 관계가 있다. 상품 분류의 목적이 상품을 효율적으로 관리하기 위함이기에, 상품을 관리하는 사람들의 조직인 MD 조직이 이 분류체계를 따라갈 수밖에 없기 때문이다. 즉, 상품 분류체계는 유통기업의 전략을 담고 있으며 조직 운영과도 밀접한 관계가 있다는 점에서 매우 중요하다.

일반적으로 유통회사들은 상품을 대, 중, 소의 3단계로 분류하는 경우가 많으며 회사에 따라서는 대, 중, 소, 세의 4단계로 좀 더 세분화해 분류하기도 한다. 물론 기업에 따라 이를 칭하는 명칭은 다를 수 있는데, 여기서는 편의를 위해 대, 중, 소 분류로 칭하기로 한다.

보통 대분류는 신선식품, 가공식품, 패션잡화 등 상위 레벨의 분류이고, 중분류는 대분류 내 상품을 유형별로 나눈 것으로, 판매 동향을 좀 더 구체적으로 파악하고 전략을 세우기 위한 단위로 많이 활용된다. 신선식품을 농산, 수산, 축산 등으로 구분하거나, 가공식품을 조미료, 과자류, 면류, 음료, 주류 등으로 구분하는 것이 그 예다. 그리고 소분류는 중분류 내의 상품을 기능이나 특성 등을 기준으로 좀 더 세분화한 것으로 조미료 내에서는 장류, 소스, 식용유 등이, 과자류 내에서는 스낵, 비스킷, 사탕, 초콜릿, 껌 등이 그 예다. 그리고 장류를 고추장, 된장, 쌈장 등으로, 껌류는 통껌, 판껌 등의 포장 방식이나 기능성 껌, 일반 껌 등의 상품 특성으로 좀 더 세분화한 것을 세분류라 한다. 여기서 사례로 든 분류는 채널에 따라, 유통기업의 규모에 따라 다를 수 있다.

유통기업들은 이 분류 단위를 기준으로, 상품 부문 내에 몇 개의 대분류(예를 들면 신선식품, 가공식품, 비식품)를 관리하는 본부를 두고 여기에 포함된 각각의 대분류는 팀 단위로 따로 관리하며, 그 아래 몇 개의 중분류를 관리하는 파트를 두고, 각 중분류를 담당하는 MD를 배정하는 식으로 조직을 운영한다. 이렇게 상품 분류체계는 MD 조직체계와 그 맥을 같이하고 매출 관리, 구색 관리, 진열 관리, 재고 관리 등 다양한 머천다이징 업무가 이 틀 내에서 이루어진다.

그런데 여기서 중요한 것은 상품 분류체계가 바뀔 수 있다는 것이다. 시대나 트렌드에 따라 새로운 상품군이 생겨나기도 하고 또 축소되면서 분류 항목 자체가 없어지기도 한다. 이는 곧 어떤 방식으로든 상품 분류체계 속에 고객과 트렌드가 담기게 된다는 의미이기도 하다.

일례로 A슈퍼마켓은 예전에 델리카(즉석제조식품)라는 카테고리를 냉장식품 대분류 내 하나의 중분류 단위로 관리했었다. 그런데 최근 고객의 식생활과 생활 패턴의 변화로 델리카 카테고리의 매출이 확대되고 이에 따라 델리카 내 상품 종류도 많아지면서 현재는 효율적인 관리를 위해 델리카를 대분류로 따로 빼내 관리하고 있다.

B마트에서는 식품 본부 내 가공식품 대분류 아래 유아식품이라는 중분류, 그 아래 분유와 이유식을 소분류로 두고 있었고, 비식품 본부의 제지용품이라는 대분류 아래 기저귀라는 중분류, 그 아래 유아용 기저귀를 두고 있었다. 식품과 비식품은 서로 다른 산업이므로 예전부터 으레 그렇게 분류해왔던 것이다. 그런데 사실 분유와 이유식, 기저귀를 구매하는 고객들은 결국 동일하다. 이런 깨달음을 계기로 B마트는 고객을 중심으로 이들 상품을 관리하기로 결정하게 된다. 이에 '베이비'라는 대분류를 만들고 그 하위에 유아용 식품과 비식품의 중분류를, 그리고 그 하위에 분유, 이유식, 기저귀 등의 소분류를 두는 것으로 변경하였다.

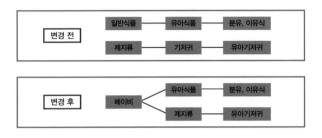

어차피 상품의 변화도 없는데 분류만 바꾸는 것이 무슨 의미가 있느냐고 반문할 수도 있겠다. 그러나 MD 조직 내에서는 해당 고객들을 위해 베이비 관련 상품에 대한 전략을 일관되게 수립하고 펼쳐나갈 수 있게 되었고, 더 중요하게는 매장 내 진열 방식과 위치에도 큰 변화가 생겼다. 유통기업의 상품 분류체계는 매장 내 진열에도 고스란히 반영되기 때문이다. 예전에는 식품 진열 영역 내 어딘가에 분유와 이유식이, 그리고 비식품 영역의 제지용품 코너에 기저귀가 진열되어 있었다면, 변경후에는 유아 식품과 용품을 같은 공간에 함께 진열하게 되었고, 덕분에 해당 상품군을 이용하는 고객의 쇼핑 편의성이 제고되었다.

또한 앞서 얘기한 대로 한 회사의 상품 분류체계는 '고객이이 상품을 어떻게 생각하고 어떤 과정을 통해 구매 의사를 결정할까'에 대해 그 회사가 이해하는 방식에 따라 달라지기도 한다. 남성 면도기를 예로 들어보자. C사에서는 원래 바디용품-면도용품-남성 면도용품-남성 면도기로 분류하여 상품을 관리해왔다. 그러다 요즘엔 화장품-남성 화장품-면도용품-면도기로 상품 분류체계를 변경해 관리하고 있다. 이는 C사에서 남성 면도기를 구매하는 고객을 이해하는 방식과 고객을 바라보는 각도가 달라졌다는 것을 의미한다. 이 경우에도 역시 해당 상품들의 주요 고객의 입장에서 생각해보면 쇼핑의 편의성이 제고되었으리라 예상할 수 있다.

좋은 상품 분류체계란?

대부분의 유통회사에서 상품 분류체계는 발주, 매입, 재고 관리 등의 상품 관리뿐 아니라 회계재무 시스템과도 연계되어 있기 때문에 상품 분류체계는 유통회사 업무의 근간이라 해도 과언이 아니다. 그런데 시대나 트렌드의 변화에 따라 상품 분류체계가 바뀔 수 있으며 당연히 바뀌어야 한다고 많이들 이야기하지만, 기업 내 조직과 시스템을 염두에 두고 상품과 조직을 관리해야 하는 입장에서는 상품 분류체계를 그렇게 획획 바꾸기란 쉽지가 않다. 특히 대기업일수록, 그중에서도 오프라인 매장을 가진 유통 대기업일수록 이러한 변화가 더 어려우리라는 점은 쉽게 예상할 수 있을 것이다.

계속해서 새로운 유통 채널이 생겨나고 채널들 사이에 그리고 산업 사이에 융복합이 일어나는 급변하는 환경에서는 변화에 얼마나 유연하게 대처하느냐가 기업의 생존과 성패를 가르기도 한다. 최근 몇몇 온라인 유통기업들 중에는 서로 다른 카테고리 내 상품들이라도 고객의 라이프스타일과 구매 맥락에 따라 연관된 상품들을 함께 운영할 필요가 있다고 판단하면 그것을 먼저 제안하는 MD가 중심이 돼서 연관 상품들을 함께 운영하기도 하는 등 유연하게 업무를 하는 기업들이 있다. 관리 마인드로 조직의 성과와 인원 관리 측면에서 보면 말도 안 된다고 할 수 있을지 몰라도, 고객에게 보다 나은 편의와 가치를 제공할 수 있다면 오히려 이런 방향이 더 낫다는 생각이 든다.

좋은 상품 분류체계란 상품을 이해하고 바라보는 고객의 시각과 유통업체의 시각이 일치된 형태로, 그 틀 내에서 수립된 상품 전략이 매장이나 쇼핑몰 내에 고스란히 반영되어 고객이 편하게 쇼핑할 수 있도록 해주는 것이어야 한다.

몸집이 무거운 전통적인 대기업이든 아니든 유통기업의 MD는 상품 분류체계의 중요성을 인지하고 이와 관련된 의사결정을 할 때 그 최우선에 '고객'이 있어야 한다는 사실을 염두에 두어야 한다. 그럴 때 개인이나 부서 간의 문제로 인해 뒤틀린 의사결정을 하는 오류를 범하지 않을 수 있다.

MD는 상품의 도입, 발주, 배송, 판매, 행사 기획, 재고 소진, 상품 퇴출에 이르기까지 온갖 업무를 처리한다. 이런 일들을 하는데 있어 데이터 지원이 원활치 않던 시절에는 경험 있는 MD의 감이라는 것이 거의 절대적이었다. 그런데 요즘은 어떤가? 원하는 시점의 일자별, 카테고리별, 매장별 판매 데이터를 클릭 몇 번으로 확인할 수 있으며, 행사 종류나 날씨까지 반영해서 예상 발주량도 지원이 되다 보니 더 이상 '이 상품 잘 될 것 같다'라든지 '일단 나만 믿어봐'가 통하지 않는 세상이 되었다.

또한 MD의 업무 효율화와 전문화를 위해 기존의 많은 업무가 유관 부서로 이관되면서 MD 입장에서는 업무상 관여는 해야 하지만 실질적인 의사결정의 범위는 줄어들어, 뭐 하나 하려 해도 부서 간 합의사항이 많아졌고 업무 절차와 커뮤니케이션이 복잡해졌다. 그런데 매출과 이익에 대한 주된 책임은 여전히 MD에게 있으니 결국 짊어지는 부담은 그대로인 셈이다. 게다가 날로 시스템이 진화하면서 MD의 기능이 인공지능에 의해 대체될 수도 있겠다는 의구심마저 제기되는 요즘, 일 잘하는 MD, 경쟁력 있는 MD는 어떤 사람인가에 대해 고민하는 후배들을 많이 보게 된다.

리테일 MD에게 있어 상품 기획이란 어떤 단품 하나에 대한 기획이라기보다는 담당 상품군 전반의 기획을 의미하므로 상품 구색 갖추기는 매우 중요하다. 개인적으로는 MD가 직간접적으로 처리하는 상당히 많은 업무 분야 중에서 MD의 개인기, 즉 MD의 능력을 가장 잘 발휘할 수 있는 업무, 어느 누구도 아닌 내가 필요한 이유를 가장 잘 설명할 수 있는 업무가 바로 상품 구색 갖추기라고 생각한다. 특히 한정된 공간 내에서 매출과 이익을 최대화해야 하며 재고를 줄이면서도 결품률은 낮추는 것이 임무인 오프라인 매장의 MD에게 상품 구색은 매우 전략적인 요소일 수밖에 없다.

온라인 쇼핑몰은 오프라인 매장과 같은 물리적 한계가 없어 상품 수에 관계없이 무한정 상품을 보여줄 수 있으니 별다른 구색 전략은 필요 없는 것이 아닌가 생각할 수도 있겠지만, 온라인 쇼핑몰에서도 구색은 중요한 경쟁력 요소다. 그렇기에 오픈마켓과 같은 온라인 쇼핑몰에서는 '한시적 수수료 인하'나 '등록비 면제' 등의 프로모션을 통해 판매자 풀을 늘림으로써 구색을 확대하기도 하고, MD들이 직접 신규 판매자 유치나 상품 소싱에 나서기도 한다. 그러나 아무리 등록된 상품이 많더라도 고객이 상품을 검색했을 때 필요로 하는 상품이 없다면 그 고객에게는 구색이 부족한 쇼핑몰일 뿐이다.

온라인 쇼핑 채널의 태생적인 장점은 저렴한 가격이지만, 상품을 직접 보고 살 수 없다는 온라인 채널의 속성상 신뢰가 중요하기 때문에 가격이 다소 높더라도 본사 직거래나 온라인 공식 대리점 등의 공식 업체를 입점시키려 노력하기도 한다. 더불어 다른 쇼핑몰과의 차별화를 위해 PB를 개발하기도 하고 독점적 상품 거래를 추진하기도 한다. 클릭 한두 번으로 쇼핑몰별 가격 검색이 가능한 오늘날 차별화된 상품 없이 남들과 똑같은 상품만을 취급한다면 가격을 낮추는 것 외에 별다른 전략을 펼치기 쉽지 않기 때문이다.

보통 상품 구색을 증가시킨다는 것은 다른 말로 하면 다양성의 확대라고 할 수 있다. 유통기업들이 구색의 다양성을 추구하는 이유는 고객의 신규 방문 및 재방문율을 증가시킬 수 있는 가능성 때문이다. 전통적인 경제학 관점에서 보면, 선택의 폭이 넓어지고 개인의 자유가 많아질수록 사람은 행복해한다고 한다. 그런데다 라이프스타일에 따라 고객 니즈도 점점 더 다양해지는 추세다 보니 그에 맞춰 상품도 보다 다양하게 갖춰야 한다고들 얘기한다. 이에 따라 구색과 매출은 비례 관계에 있다는 믿음이 강하게 자리 잡게 되었다.

일반적으로 상품 구색을 확대하면 매출은 증가한다고 한다. 그런데 어느 정도까지는 맞는 말이지만 일정 수준을 넘으면 오히려 고객 입장에서는 선택에 어려움을 느끼게 되어 구매를 포기하는 결과를 낳기도 한다.

이에 대해 미국의 심리학자인 배리 슈워츠(Barry Schwartz)는 여러 가지 실험을 통해 선택 대안의 수가 일정 수준을 넘어가면 고객들이 선택하기를 어려워하고, 선택을 했다 하더라도 행복해하지 않는다는 것을 발견했는데, 그의 저서 《선택의 패러독스》에서 이런 현상이 일어나는 이유를 명쾌하게 설명하고 있다. 슈워츠에 따르면, 선택 가능한 대안들이 많아진다는 것은 그만큼 포기해야 하는 대안의 수도 많아진다는 것을 의미하며, 우리는 포기해야 하는 대안들을 맘속에서 쉽게 떨쳐내지 못하기 때문에 선택은 더 어려워진다고 한다. 그리고 설사 선택을 했다 하더라도 선택하지 않았던 대안들에 대한 미련으로 인해 선택에 대한 만족도가 떨어지는 경우도 있다는 것이다.

상품 구색에 대해 얘기할 때마다 예전에 근무하던 회사 앞 분식집이 떠오른다. 그 분식집의 주 메뉴는 여느 분식집과 마찬가지로 라면, 김밥, 만두, 떡볶이 등이었다. 그런데 어느 날 아침, 전날 함께 술을 마셨던 동료와 라면이나 한 그릇 먹을까 해서 분식집에 가보니 '해장라면'이라는 신 메뉴가 있는 게 아닌가. 분식집이 사무실 부근에 있다 보니 전날 술을 마신 사람들이 아침에 해장 겸 라면을 먹는 경우가 많아 다른 분식집과의 차별화를 위해 신 메뉴를 개발한 듯했다. 그 분식집은 한동안 주변 직장인들에게 꽤 많은 인기를 끌었다. 그런데 시간이 지나면서 분식집 메뉴에 해장국, 설렁탕 등이 하나둘씩 추가되더니 어느 시점부터는 분식집이 아닌 정체불명의 식당이 되어버렸다. 결국 그 분식점은 설렁탕이나 해장국을 전문으로 하는 집보다는 맛이 없고, 다른 분식집보다는 뭔가 부산하고 서비스가 느려져 이도저도 아닌 식당이 되고 말았다.

훌륭한 상품 구색이란?

편의점이나 슈퍼마켓, 대형마트와 같이 여러 카테고리를 운영하는 매장에서 카테고리 내 상품 구색은 진열 면적과도 밀접한 관계가 있다. 보통 각 카테고리별 진열 면적은 매출 구성비를 기준으로 결정하는 것이 일반적이지만, 상품 운영 전략상 매출 구성비는 다소 낮더라도 특정 카테고리를 전략적으로 강화하고 키워나가는 경우도 있다. 특히 이제 막 도입했지만 향후 매출이 확대될 것으로 보이는 카테고리의 경우, 경쟁점과의 차별화 등을 이유로 매출 구성비와는 관계없이 진열 면적을 늘려 구색을 확대하는 경우도 있다.

그렇다면 어떻게 구색을 갖추는 것이 좋을까? 구색을 늘린다면 어떤 기준으로 어떻게 구색을 늘려야 효과적일까? 보통 상품 구색을 분석할 때 구색의 폭(breadth)과 깊이(depth)를 거론하곤 한다. 구색의 폭이란 해당 카테고리 내 더 세부적인 단위의 상품군(서브 카테고리) 종류의 수를 의미하며, 깊이는 그 세부단위의 상품군에서 취급하는 단품 수를 의미한다.

예를 들어 대형마트에서 의류 매장을 리뉴얼할 계획이라고 가정해보자. 이 매장의 기존 여성복:남성복:아동복의 매장 면적은 30:30:40이고 매출 구성비는 25:30:45였다고 하자.

리뉴얼을 진행하면서 매출이 좋은 아동복 코너를 더욱 강화하기 위해 여성복:남성복:아동복의 매장 면적을 각각 20:30:50으로 조정하기로 한다. 그리고 여성복은 유행에 민감한 트렌디한 상품들보다는 베이직한 디자인의 기본 아이템만 취급하기로 하고, 아동복은 기존에 취급하던 가격대의 브랜드에 좀더 고가의 브랜드를 추가로 입점시키기로 한다. 이때 아동복의 경우는 중고가, 고가의 브랜드가 추가 입점되었으므로 상품 구색의 폭은 늘었다고 볼 수 있겠고, 각 세그먼트별, 브랜드별로 매장 면적이 유지되면서 취급하는 단품 SKU에 변함이 없으므로 깊이는 유지되었다고 볼 수 있다. 여성복의 경우, 트렌디한 바지, 셔츠, 블라우스 등의 종류를 줄였으니 상품 구색의 폭은 줄어든 셈이며, 면적은 30%에서 20%로 줄었지만 트렌디한 상품을 빼내면서 오히려 베이직한 단품들을 가격대별로 다양하게 취급할 수 있으므로 상품 구색의 깊이는 깊어졌다고 할 수 있다.

이렇게 리뉴얼한 이후 여성복의 매출은 거의 그대로이고 아동복의 매출은 대폭 증가했다면 의류 전체적으로 봤을 때 아주 성공적인 구색 변화라 할 수 있다. 특히 여성복의 경우, 매장 면적을 줄이면서 상품 구색의 폭은 줄어들었지만 집중해야 할 상품군에 깊이를 보충함으로써 기본 아이템의 매출 신장을 통해 기존의 상품 구색에서 빼버린 트렌디한 의류의 매출까지 커버한 결과를 가져온 셈이다. 이는 MD가 매장을 방문하는 고객의 특성과 니즈에 대한 이해를 바탕으로 확대해야 할 상품군과 축소해도 될 상품군을 잘 선정해 그 비율을 잘 맞췄기 때문이다. 즉 잘 계획된 상품 구색은 고객에 대한 이해를 바탕으로 상품 구색의 폭과 깊이의 수준을 잘 설정하여 효과적인 방식으로 제품을 진열할 때 그 진가가 제대로 발휘된다고 할 수 있다.

MD로 일해본 사람이라면 누구나 상품 구색을 줄이는 일이 신상품을 입점시키는 것보다 열 배, 백 배 더 의사결정이 어렵다는 점에 동의할 것이다. 나름의 치밀한 분석을 통해 운영 상품에서 제외할 상품을 선별하긴 하지만, 혹시라도 매출이 떨어지면 어쩌나, 혹은 기존에 해당 상품을 구매했던 고객이 컴플레인을 하면 어쩌나 하는 우려를 하지 않을 수 없기 때문이다. 새로

이 입점시키는 상품 매출이 제외시킨 상품에 비해 확연히 높을 거라는 확신이 있기 전에는, 또 설사 그런 확신이 있다 하더라도 제외시킨 상품에서 나올 수도 있는 미미한 매출에 대한 욕심을 MD는 쉽게 저버리지 못하곤 한다.

그럼에도 불구하고 주어진 여건 하에서 매출을 극대화할 수 있는 상품 구색을 갖추는 것, 그리고 한 발 더 나아가 효과적인 상품 운영, 해당 카테고리 내 니치 마켓의 발굴, 신규 브랜드의 발굴을 통해 매출을 혁신적으로 올려야 하는 것이 MD의 임무라는 점을 생각해보면 해당 카테고리의 구색 결정이 얼마나 중요한지 충분히 알 수 있을 것이다. 어떤 상품군을 담당하게 되었을 때 MD가 바뀌니 매장의 해당 상품 코너 분위기가 달라졌다는 얘기가 들려오고 결과적으로 매출까지 증가한다면 그것처럼 기분 좋은 일도 없을 것이다. 그것이 바로 내가 그 상품군의 MD여야 하는 이유이기 때문이다.

매출 증대로 이어지는 신상품 도입 전략

MD 업무를 하면서 심혈을 기울여 도입한 신상품이 기대 이상의 매출과 이익을 낼 때만큼 보람된 순간도 아마 없을 것이다.

특히 상사를 어렵게 설득해서 도입했거나 협력업체와의 힘겨운 협상 끝에 도입한 신상품이 고객들로부터 좋은 반응을 보이면 쾌감마저 든다.

신상품을 도입하는 이유는 다른 무엇보다도 고객이 좋아할 만한 상품을 들여와 매출을 올리기 위함이다. 그 외에도 신상품을 선보임으로써 매장이나 온라인 몰에 신선함과 활력을 불어넣을 수 있고, 오프라인 매장이든 온라인 숍이든 고객의 트래픽을 높일 수 있을 뿐만 아니라 고객들로 하여금 이곳에 가면 늘 뭔가 새로운 상품을 볼 수 있겠구나 하는 기대감을 갖도록 하기 위함이기도 하다.

당연한 말이겠지만 수도 없이 쏟아져 나오는 신상품들을 다 입점시킬 수도 없거니와, 상품성을 판단해 입점을 결정한 신상품들이라 해도 도입 시기, 프로모션, 홍보, 진열, 상품 제안 방식 등 상품 운영 전략 없이 마구잡이로 도입한다면 결코 목적을 달성할 수는 없을 것이다.

성공적인 신상품 도입을 위해 고려해야 하는 요소들은 수도 없이 많지만 그중에서도 특히 중요한 것이 도입 시기다. 특히나 우리나라처럼 사계절이 뚜렷한 경우 도입 시기는 성공의 중요한 키포인트라 할 수 있다. 머천다이징의 5가지 요소에도 '적절한 시기(right time)'가 포함된다는 것을 다시 한 번 상기하자. MD

는 제품 특성상 언제 판매가 잘 될 것인가를 고려해 그보다는 조금 앞선 시기에 상품을 론칭해야 한다. 그러니 협력업체와의 협의 등 론칭을 위한 준비는 그보다 훨씬 일찍 시작해야 한다. 또한 여기서 얘기하는 적절한 시기란 경쟁점과 비교해 더 좋은 시점에 도입했는지의 여부도 포함되며, 더 좋은 시점이란 대체로 경쟁사보다 일찍 도입하는 것을 의미한다. 한편, 제조업체들은 자사가 출시하는 상품들 중에서도 소위 A급 신상품을 기획하고 론칭할 때 대대적인 광고를 동반하는 경우가 많은데, TV와 온라인 매체에서 한창 광고를 퍼붓는 와중에 정작 MD가 정보가 늦거나 입점 협의가 지연되었거나 어떤 이유로든 상품 입점을 제때 하지 못하면 그만큼 판매 기회를 잃게 된다.

또한 신상품을 도입하고 홍보할 때 매력적인 프로모션을 기획한다면 그 효과를 배가시킬 수 있다. 신상품의 경우 출시 초기에는 가격 할인을 지양하는 편이 좋다고들 말한다. 그렇지만 가격은 소비자의 관심을 끌 수 있는 아주 강력한 도구임에 틀림없다. 그러니 직접적인 가격 할인은 지양하더라도 출시 후 일정 기간 동안 특별 사은품이나 세트를 기획해 고객에게 추가적인 혜택을 제공하는 것도 좋은 방법이다.

수많은 상품을 동시에 취급하는 오프라인 매장의 경우에는 신상품을 도입하면서 이 상품을 어떤 장소에 어떻게 진열을 해 고객에게 알려야 할지, 어떤 방식으로 고객에게 어필을 하면 좋을지를 고민하여 입점 초기부터 승부수를 띄울 필요가 있다. 게다가 직매입을 하는 경우라면 초기 수요 예측과 이후 대응 방식에 대해 미리 협력업체와 협의해두는 것이 필요하다. 재고 확보가 충분치 않은 상태에서 예상을 훌쩍 뛰어넘는 매출로 판매 기회를 잃는 것도 걱정이지만, 예상보다 안 팔리는 것은 더 큰 문제다.

얼핏 생각하면 유통 대기업이 여러모로 신상품 도입이 신속할 것이라고 생각할 수도 있는데 의외로 신상품 입점이 늦어지는 경우를 볼 수 있다. 매장 수가 많거나 매출 볼륨이 큰 대기업일수록 이런 위험 때문에 신상품 도입에 신중할 수밖에 없기 때문이다. 이런 경우에는 융통성을 발휘해 일부 대표적인 매장에서 먼저 신상품을 도입해 판매를 해본 뒤에 전 매장으로 확산을 결정하는 방식을 취하기도 하고, 경우에 따라서는 직매입이 아닌 특약매입으로 매입 형태를 달리해서 상품을 취급하는 등의 방식을 쓰기도 한다.

신상품을 도입할 때 고려해야 하는 또 다른 요소는 유사 상품에 대한 영향력이다. MD는 상품 하나하나를 관리하기도 하지만 궁극적으로는 담당 카테고리 전체를 관리해야 한다. 따라서 카테고리 내 어떤 상품을 프로모션하거나 신상품을 도입할 때 늘 판매 데이터를 주시하면서 유사한 다른 상품에 어떤 영향을 미치는지 확인해보아야 한다. 한정된 공간을 운영하는 오프라인 MD의 경우에는 신상품 도입과 동시에 어떤 상품은 취급 중단 결정을 내려야 할 때도 있다. MD의 의사결정은 그 종류마다 무게감이 달라지지만, 어떤 상황이든 고객뿐 아니라 협력업체에게도 영향을 미치게 되기 때문에 이성적이고 합리적인 의사결정, 여러 이해관계자들에게 미칠 결과를 고려한 의사결정이 필요하다.

하루에도 셀 수 없는 신상품들이 쏟아져 나오는 요즘, MD에게 신상품 도입 업무는 전혀 새로울 것 없는 일상 업무다. 그럼에도 불구하고 신상품 도입이 갖는 의미는 매우 크다. 신상품을 도입하기로 결정을 했다면, 도입 시점, 상품 운영 방법, 마케팅 활동까지 사전에 세심하게 계획해 성공적인 신상품 론칭을 이끌어내자. 그래야 고객에게는 새로운 가치를 제공하고, 결과적으로 회사에게는 매출과 이익을 가져다줄 수 있다. 그리고 이러한 과정을 통해 협력업체에게는 MD에 대한 확신과 신뢰를 심어줄 수 있으며, 이는 MD에게 눈에 보이지는 않지만 매우 중요한 자산이 된다.

3장

상품 개발_
여전히 뜨거운 감자인
PB와 글로벌 소싱

내가 MD로 처음 일을 시작한 1990년대에는 유통회사 직원들 조차 PB 관련 업무를 하지 않는 한 PB가 무엇인지도 모르는 경우가 많았다. 당연히 일반 소비자들 사이에서도 PB에 대한 인식은 높지 않았다. PB인 줄 모르고 PB 상품을 구매하는 경우도 많았고, PB에 대해 안다 해도 PB는 싸구려고 싼 게 비지떡이라는 부정적인 인식이 더 강했다. 그러다 보니 자신이 사용하거나 먹을 제품은 PB를 사더라도, 남에게 보이거나 누군가를 대접해야 하는 상황에서는 PB 구매를 꺼린다는 소비자조사 결과도 있었다. 이런 조사 결과가 하나도 이상하지 않을 정도로 PB를 구매하고 사용하는 것은 남에게 자랑할 거리가 전혀 아니었다.

그런데 2018년 오픈서베이 조사에 의하면 거의 90%에 육박하는 일반 소비자들이 PB가 무엇인지 알고 있고, PB에 대해 가격은 저렴하면서도 가격 대비 품질이 좋다는 긍정적인 이미지를 갖는 것으로 나타났다. 어디 그뿐인가. SNS상에는 '이마트에 가면 꼭 사야 할 피코크(PEACOCK: 간편 가정식을 중심으로 한 새로운 식문화를 제안하는 이마트 라이프스타일 브랜드) 추천 제품'이 종종 등장하고, 어떤 자취생이 올린 '홈플러스에서 안 사면 후회하는 가성비 높은 제품 12선' 중 무려 6개 상품이 PB일 정도로 PB 상품을 서로 추천하고 자랑하는 포스팅을 심심찮게 볼 수 있다. 참으로 엄청난 변화다. 그리고 이러한 변화는 유통업체 MD들의 PB 관련 업무와 역할에도 변화를 가져왔다.

이번 장에서는 최근 많은 유통기업들이 관심을 갖고 자체적으로 개발하고 있는 유통업체 브랜드에 대한 이야기를 해보기로 하자.

유통업체 브랜드란

Private Brand, Private Label, Store Brand, Own Brand 등의 여러 이름으로 불리기도 하는 유통업체 브랜드는 브랜드의 소유권이 유통업체에 있는 브랜드로, 소유권이 제조업체에 있으면서 전국적으로 광고되고 유통 가능한 제조업체 브랜드(National Brand)에 대응되는 개념의 브랜드를 말한다.

제조의 기능을 보유하지 않은 유통업체는 PB를 개발할 때 일반적으로 직접 제조설비에 투자하고 생산하는 방식이 아니라, 기획과 실제 운영은 유통업체가 맡고 해당 상품의 생산은 적합한 제조업체를 발굴해 의뢰하되 그 과정을 관리하는 방식을 취한다. 최근에는 아마존처럼 유통업체가 M&A를 통해 적합한 제조업체를 수직 계열화하는 사례도 생겨나고 있지만 대부분은 '하도급 계약'을 통한 파트너십 관계를 맺고 상품을 개발하고 운영한다.

PB는 20세기 초 미국에서 체인 오퍼레이션(chain operation: 본점을 축으로 하여 인구가 밀집한 지역에 계속 점포를 만들어가는 방식)에 기반해 규모를 키워가던 소매기업이 판매력이 강화된 NB에 대응하기 위해 만든 것으로 그 역사가 꽤 오래되었다. 우리나라의 경우, 1960년대 신세계 백화점에서 남성용 셔츠를 자체적으로 기획해서 판매한 것을 국내 PB의 시초로 본다. 그러니 국내에서 PB가 태동한 것도 벌써 50년이 넘는다.

역사가 오래된 만큼 그동안 PB는 다양한 방식으로 발전해왔다. 초기에는 주로 가격에 초점을 맞췄던 반면, 요즘은 보다 다양화되고 세분화되는 고객 니즈에 대응하기 위해 프리미엄이나 초저가형 등으로 가격과 품질을 기준으로 PB를 계층화해 개발하기도 한다. 홈플러스에서는 한때 PB를 가격과 품질에 따라 홈플러스 프리미엄, 홈플러스, 홈플러스 알뜰로 나누어 운영했었고 롯데마트는 지금도 프라임엘, 초이스엘, 세이브엘이라는 계층화된 PB를 운영하고 있다.

그리고 유통업체와 제조업체 간 분담하는 업무 범위와 책임 등의 개발 방식에 따라 유통업체가 기획부터 생산, 판매에 이르기까지 전 과정에 참여하는 생산개발형과 유통업체가 기획하고 협력업체를 통해 생산하는 기획개발형으로 구분하기도 하는데, 앞서 얘기한 것처럼 대다수의 PB는 기획개발형 방식을 취하며 이를 위탁 생산이라고도 한다. 위탁 생산에도 크게 두 가지 방식이 있다. '주문자상표부착 생산(Original Equipment Manufacturer, OEM)'은 브랜드 개발과 제품의 세부적인 스펙까지 유통업체에서 담당하고 생산은 제조업체에 맡기는 형태로 위탁 생산의 가장 대표적인 방식이다. 반면 '제조업체개발 생산(Original Development Manufacturer, ODM)'은 브랜드 개발은 유통업체에서 하고 제품의 기획과 생산을 제조업체에서 하는 것을 말한다. 유통업체에서 PB 개발은 전문성, 효율성 등을 고려하여 이 두 가지 방식을 혼용해 이뤄진다.

한편, 브랜드에 대한 소유권을 유통업체와 제조업체가 공동으로 보유하는 PNB(또는 NPB)도 있다. 이 경우 유통업체 브랜드와 제조업체 브랜드가 제품의 앞면 또는 뒷면에 함께 표기된다. 이렇게 변형된 방식의 PB가 등장한 이유는 여러 가지가 있겠지만, 무엇보다 PB 브랜드에 대한 소비자의 인지도와 신뢰도가 낮은 경우 유통업체들이 제조업체 브랜드의 힘을 빌리고자 하는 것이 가장 큰 이유라 하겠다.

이외에 유통기업이 해외 브랜드와 독점 계약을 체결해 국내에 단독으로 유통하거나 국내외 NB와의 라이선스 계약을 통해 운영하는 브랜드를 일종의 PB로 분류하기도 한다.

현재 PB는 채널을 막론하고 많은 유통업체들이 도입을 확대해나가고 있으며, 유통업체의 생존 전략이자 차별화 전략의 일환으로 그 중요성이 날로 커지고 있다. 이는 국내뿐 아니라 해외에서도 마찬가지다.

여전히 뜨거운 감자인 PB

내가 다녔던 첫 회사는 당시 국내 체인 슈퍼마켓을 선도하며 전국적으로 매장을 운영했고, PB의 불모지라 해도 과언이 아니었던 국내 유통 시장에 이미 1980년대부터 PB를 도입해 운영했었다. 지금 들으면 다소 낯간지러운 '굿앤칩(GOOD&CHEAP)'이라는 브랜드 하에 저렴한 가격을 내세워 가공식품과 일상용품 위주로 상품을 개발했고, 'G&C'라는 브랜드로 속옷과 스타킹 등 기본 패션잡화로 영역을 확대하기도 했다. 또 생산 농가와 계약을 맺어 프리미엄급 신선식품과 정육을 개발하는가 하면,

상품 생산업체를 미국과 동남아로 확장해 품목을 다양화하고 생산 원가를 낮추는 등 다양한 방식으로 PB 상품 개발 업무를 수행했었다. 전국적이라고는 하지만 점포 수가 50개나 되었을 까. 그것도 대규모 대형마트가 아닌 동네 슈퍼마켓을 운영하면서 그 일을 했으니 꽤나 혁신적으로 업무를 했던 셈이다.

이렇게 선도적, 혁신적으로 PB 개발 업무를 했음에도, 그 회사에서는 대략 2년을 주기로 PB상품팀이 신설되었다 없어지기를 반복했다. 처음엔 PB 개발이 중요하다며 별도 팀을 두어 개발에 박차를 가했다. 그런데 개발된 상품을 MD팀에서 운영하다 보니 MD가 PB에 대한 이해와 오너십이 없을 경우 수많은 NB들 사이에서 PB가 제대로 자리를 잡지 못했다. 이에 MD가 직접 PB 개발을 하면 그런 문제가 해결되지 않을까 싶어 PB팀을 없애고 MD팀으로 PB 개발 업무를 넘겼다. 그러자 초기엔 그 문제가 해결되는 듯했지만 NB를 소싱하는 것보다 시간과 노력이 몇 배는 많이 드는 PB 개발이 뒷전으로 밀렸다. 그러면 또다시 PB팀을 만드는 식이었다. 상품 소싱과 판매가 본업인 소매 유통업체에서 직접 PB를 개발하고 스스로 마케팅하면서 판매와 재고 관리를 한다는 것이 말처럼 쉬운 일은 아니라는 것을 단적으로 보여주는 예가 아닐까 싶다.

PB 개발의 가장 큰 장벽 중 하나는 자체적으로 소화해낼 수 있는 매출 규모인데 많은 유통업체들이 대형화되면서 이를 해소해나가고 있고, PB를 전략적으로 활용하고자 하는 제조업체도 늘어나고 있으며, 무엇보다 소비자들의 PB에 대한 인식도 좋아지는 등 PB 개발을 위한 주변 여건들은 점차 좋아지고 있다. 지금은 매장 하나를 구성할 만큼 다양한 상품을 운영하는 이마트의 '노브랜드'나, 매장 내 엄청난 진열 면적을 차지하며 다양한 상품을 운영 중인 여러 유통업체의 PB 상품들을 보면 우리나라도 PB에 있어 엄청난 발전을 하고 있다는 것이 느껴진다.

그럼에도 불구하고 상품 개발을 위한 전문 인력 확보가 필요하고, 환경과 트렌드의 급격한 변화로 인해 기획 당시엔 아무 문제없던 상품의 판매가 계획만큼 안 되는 경우도 허다하다. 또한 유통업체의 대규모화에도 불구하고 워낙 채널 간, 기업 간 경쟁이 심하다 보니 다양한 상품을 개발하기엔 재고 부담이 만만치 않다. 결정적으로는 PB 상품이 출시되면 해당 매장에서 판매되는 유사한 NB 상품들이 소위 생사가 위험할 정도로 매출에 직격탄을 맞을 수 있기에 이들의 반격도 치열할수밖에 없다. PB든 NB든 상품 운영에 대한 권한은 MD가 가지고 있는데 뭐가 문제냐고 반문할 수도 있겠다.

하지만 이제 막 출시된 PB가 제대로 자리 잡을 수 있도록 보호하고 육성해야 하는 상황에서 유사 NB들이 생존을 위해 강

력한 프로모션을 제안하는 경우도 허다하다 보니 당장 매출
도 신경 써야 하고 경쟁점과의 경쟁 관계도 생각해야 하는 MD
의 입장에서는 상품 운영에 신중해질 수밖에 없다. 게다가 PB
는 유통업체 소유의 브랜드인 만큼 진열, 재고 관리, 프로모션
진행, 홍보 등의 업무에 있어 협력업체의 도움을 기대할 수 없고
오롯이 MD의 책임 하에 있게 된다.

MD가 직접 개발을 하든 PB개발팀에서 개발을 한 후 MD에
게로 넘어오든 결국 PB는 MD의 책임 하에서 매출과 이익에 막
중한 영향을 끼칠 수밖에 없는, 여전히 뜨거운 감자와 같은 존
재다.

그럼에도 불구하고 PB

각종 어려움과 리스크를 안고 있고, 그래서 이미 여러 차례 실
패를 맛봤음에도 불구하고 많은 유통업체들이 여전히 PB를 개
발하고 있다. 그 이유는 무엇일까?

무엇보다도 가격적인 메리트를 확보하기 위해서다. 유통업체
가 PB 상품을 만들기 시작한 가장 큰 이유 중 하나는 NB에 가
격적으로 대응하기 위해서였다. 전국적인 판매를 꾀하는 NB가

점차 대형화되면서 파워를 갖게 되면 이를 소싱하는 유통업체 MD 입장에서는 가격 결정에 대한 자율성이 상대적으로 떨어지게 된다. 이는 유통업체 간 가격 경쟁으로 이어지고 결과적으로 수익성 악화를 초래하게 된다. 유통업체 스스로 이에 대응할 만한 무언가가 필요했고, 그 결과 자체적으로 상품을 개발해내기에 이른 것이 PB다.

PB는 중간 유통단계를 줄이고 NB에 비해 홍보 비용 및 부대 비용을 줄임으로써 NB보다 상대적으로 낮은 가격을 구현하면서도 오히려 NB 대비 더 높은 이익률을 확보할 수도 있다는 것이 MD 입장에서는 가장 큰 매력이다. PB 생산을 담당하는 제조업체의 유휴 공장 가동률을 높이고 규모의 경제 효과를 구현할 수 있다는 것 역시 저가격 실현의 요인으로 작용한다. 프리미엄, 일반, 초저가 PB인지에 따라 다르긴 하지만, 일반적으로 MD는 PB 상품을 개발할 때 NB에 비해 10%에서 40%가량 저렴한 가격에 최소한 NB와 같거나 대부분의 경우에는 더 높은 이익률을 목표로 작업을 한다.

가격적인 메리트만큼이나 중요한 또 다른 이유는 차별화다. PB 상품은 타 유통업체와 차별화를 꾀하려는 유통업체들의 노력의 산물이기도 하다. 어느 유통업체에서나 판매할 수 있는 NB 상품만을 운영해서는 타 업체와의 경쟁 측면에서 특별한 경쟁력을 갖기가 어렵다. 리테일 MD는 유통업체가 소비자와 접점에 있다는 이점을 십분 활용할 수 있다. 소비자의 구매 정보를 토대로 소비자의 니즈를 확인하고 이를 PB 상품 개발에 반영할 수 있기 때문에 소비자를 위한 차별적이고 독점적인 상품을 제공할 수 있다.

사실 초창기의 가격에만 초점을 둔 PB는 NB 상품에서 포장만 바꾼 것 아니냐는 비난을 면하기 어려울 정도로 제품 자체의 차별성을 가진 제품은 드물었다. 실제로 제품 개발이 본업이 아닌 MD가 획기적으로 차별적인 상품을 개발하기란 만만치 않은 일이다. 그러다 보니 타깃 제품과 유사한 수준의 제품을 생산할 수 있는 업체를 발굴해 '미투 상품'을 만들거나, 심지어 타깃 제품을 생산하는 업체에게 PB 상품 생산을 의뢰하고 마치 또 하나의 신상품을 입점시킨 것처럼 하는 경우도 많았다.

그러나 최근에는 구매 데이터 외에도 SNS 등을 활용한 다양한 방식으로 트렌드를 확인하고, 업계의 장인이나 전문가와의 협업으로 전문성과 차별성을 확보하기도 한다. CJ오쇼핑의 여성 속옷 PB 브랜드인 피델리아가 유명 패션 디자이너 베라 왕(Vera Wang)과 함께 만든 '베라왕 포 피델리아'나, SNS에서 소문난 맛집으로 유명한 광장시장의 순희네 빈대떡을 상품화한 이마트의 '피코크 순희네 녹두 빈대떡'이 그 사례다.

PB가 중요한 또 다른 이유는 바로 MD의 협상력을 제고할 수 있기 때문이다. 유통업체가 PB를 소유하고 운영을 활성화할수록 NB에 대한 협상력을 높일 수 있는 여지가 커진다. NB만 운영하는 경우에는 제조업체나 협력업체에 대한 의존도가 높을 수밖에 없다. 그러나 PB를 운영하면서 상품 개발에 대한 노하우를 축적하고 자체적인 전략에 따른 상품 운영을 할 수 있게 되면 보다 능동적으로 제조업체에 영향력을 행사할 수 있게 된다.

PB 상품이 출시되면 담당 MD는 대대적인 론칭 프로모션은 물론, 다양한 측면에서 유사 NB와의 비교를 통해 PB 상품의 장점을 부각시키는 전략으로 머천다이징 활동을 하게 된다. 그러니 같은 카테고리 내의 유사 NB 상품들에게 PB 상품의 출시는 엄청난 위협 요인이 된다. 이에 NB 제조업체 측에서 전에 없는 조건으로 납품가를 할인하거나 증정품을 제공하기도 하는데, MD는 이런 점을 잘 활용해 유리한 입장에서 협상에 임할 수 있다.

경험한 바에 의하면, MD가 직접 PB를 개발하거나 이에 관여하다 보면 그 과정에서 얻게 되는 상품 지식의 수준이 이전과는 비교할 수 없을 정도로 향상된다. 이러한 상품 지식은 NB 영업사원과의 협상 과정에서 유용한 무기가 되곤 한다. 또한

PB 생산에 부정적인 입장을 취하던 제조업체들도 유통업체가 성공적으로 PB를 개발하고 운영하는 모습을 보고 나면, 오히려 PB를 통한 유통업체와의 협업이 장기적 관점에서 더 나은 전략이라고 판단해 적극적으로 응하기도 한다. 따라서 PB는 MD에게 있어 전략적인 도구임에 틀림이 없다.

그리고 PB 역시 일종의 브랜드이기에 소비자의 인지도 및 신뢰가 높아지면 그만큼 브랜드 자산 가치가 높아지고 이는 결과적으로 기업의 가치를 높이는 효과가 있다. 아마도 유통업계에 종사하는 많은 사람이 가장 성공한 PB 브랜드로 코스트코의 '커클랜드 시그니처(Kirkland Signature)'를 주저 없이 꼽을 것이다. 커클랜드 시그니처의 매출은 코스트코 매출의 3분의 1을 차지한다고 알려져 있다. 코스트코의 연례보고서에 의하면 커클랜드 시그니처의 2018년 매출은 390억 달러로 2017년 350억 달러에서 10% 이상 증가했으며, 이는 코스트코 전체 매출 증가율을 상회하는 실적이다. 즉 PB 상품의 매출 증가율이 기업 전체의 매출 상승을 견인하는 역할을 한 것이다. 커클랜드 시그니처에 대한 소비자의 신뢰와 인기가 높아질수록 이와 경쟁하는 NB 브랜드는 이를 염두에 두지 않을 수 없으므로 전체적으로 가격이 낮아지는 효과가 있고, 이는 다시 소비자들에게 코스트코를 찾는 이유를 제공해준다. 그야말로 선순환 구조다. 또한

UBS 보고서에 따르면 커클랜드 시그니처의 가치가 약 750억 달러로 추산된다고 하니, 커클랜드 시그니처는 코스트코의 가장 큰 자산이자 전략적 무기가 아닐 수 없다.

　이러한 여러 이유들이 어우러져 잘 설계된 PB는 해당 유통업체에 대한 고객의 충성도를 끌어올리는 데 기여하기 때문에 더욱 중요하다. 제조업체건 유통업체건 결국 자기를 지지해주고 좋아해주는 고객이 가장 큰 자산이며 모든 마케팅 활동의 목표라 할 수 있다. 품질 좋고 상대적으로 가격도 합리적인 PB를 경험한 소비자는 그 상품을 구매하기 위해 해당 매장을 이용하게 되고, 선호도는 신뢰로, 신뢰는 충성도로 발전하게 된다. 처음엔 유통업체에 대한 신뢰를 바탕으로 해당 유통업체에서 제공하는 PB 상품을 경험하게 되는 경우도 많다. 이렇게 유통업체에 대한 신뢰와 PB 상품의 구매는 서로 영향을 주고받는다. 이는 자칫 개발과 관리에 소홀한 PB로 인해 유통업체 자체에 대한 이미지가 순식간에 망가질 수도 있다는 것을 의미한다. PB를 개발하는 MD의 어깨가 무거울 수밖에 없는 이유다.

그렇다면 PB 상품의 개발은 어떤 과정을 거치게 될까?

먼저 PB 상품의 카테고리를 결정한다. 일반적으로 분류별 매출 실적에 의거해 매출 수량과 금액이 높은 카테고리가 우선 PB 상품의 개발 대상이 된다. 경우에 따라서는 현재의 매출은 그리 높지 않더라도 NB 상품만으로는 고객의 니즈를 충족시키기 어려운 카테고리나 상품이 존재하는 경우도 있겠다. 그러나 상품의 구색 측면이나 운영 측면에서 아무리 전략적으로 PB 상품이 필요하다고 해도 예상되는 매출 수량이 적고 회전율이 너무 낮으면 재고 관리 측면에서 너무 큰 부담이 따르게 되므로 이 점을 염두에 두어야 한다. 이는 주로 일상식품과 용품들을 대상으로 이미 안정된 판매량을 보이는 벤치마킹 상품을 목표로 삼아 저렴한 가격에 초점을 맞춘 상품을 개발할 때의 출발점이라 할 수 있다. 그런데 최근에는 시중에 유사 상품은 없지만 상품 자체의 콘셉트를 독특하게 하거나 화제성 있는 유명 맛집이나 전문가와의 협업을 통해 상품을 기획하고, 매출목표 달성을 위한 온라인 마케팅 계획을 수립하여 기획 초기 단계부터 다양한 SNS 채널을 활용한 고객 커뮤니케이션 계획을 함께 수립해서 매출을 이끌어내는 방식도 많이 사용한다.

어떤 방식으로든 상품의 콘셉트를 잡고 나면 상품의 스펙을 결정해야 한다. 상품의 스펙은 원부자재나 첨가물 등 세부적인 부분 하나하나까지 MD가 전문 지식을 바탕으로 주도적으로 이끌어갈 수도 있을 것이고, 상품의 주요 포인트라 할 수 있는 성분과 기능 등에 대해서는 MD가 주도적으로 의견을 제시하되 협력업체와 협의해가면서 최종 제품 스펙을 확정하기도 한다.

상품의 주요 스펙이 정해졌다면 그에 따른 상품을 제조, 납품할 수 있는 역량 있는 업체를 발굴해야 한다. PB는 유통업체의 브랜드를 전면에 내세운 상품이므로 특히 품질에 대한 고객의 신뢰 확보가 중요하다. 따라서 업체를 선정할 때는 요구되는 품질의 상품을 안정적으로 생산할 수 있는지의 여부가 중요하며, 또 품질 관리를 지속적으로 잘할 수 있는지도 중요하다. 그리고 해당 업체가 재무와 조직 운영적인 측면에서 안정적인지, 영업력과 마케팅력은 어느 정도인지, 자사와의 관계를 볼 때 서로에 대한 충성도와 신뢰도는 어느 정도인지 등을 확인해야 하는데, 어떤 항목은 객관적인 자료가 뒷받침되기도 하지만 어떤 항목은 MD의 안목에 의존해야 할 때도 있어 참으로 쉽지 않은 일이다.

이때 참고할 만한 조언을 하나 하자면, 후보 업체가 두세 개로 압축되고 나면 업체의 생산 현장과 사무실을 직접 방문해보라는 것이다. 업체가 제공한 회사소개서를 통해서도 대략적인 정보는 파악할 수 있지만 이와는 별개로 직접 현장을 방문해보면 그 직원들과 생산 현장에서 보이고 느껴지는 점들이 있을 것이다. 개인적 경험을 얘기하자면, 회사소개서상으로는 상대적 열위에 있던 업체였으나 현장을 방문해보니 제품 품질에 대한 생산 직원들의 자부심이 느껴지고 형식적인 품질 관리가 아니라 정말 제대로 품질을 관리하는 것이 눈에 보여 최종 업체 선정에서 결과가 뒤바뀐 경우가 종종 있었다. 그러니 반드시 MD가 직접 업체의 생산 현장을 방문해볼 것을 권한다.

그리고 상품의 용량, 진열을 감안한 상품의 포장 방식, 박스 단위, 이너케이스의 제작 여부, 발주 단위와 발주 주기, 리드타임(lead time: 물품의 발주로부터 납품까지 걸리는 총 소요시간) 등도 원가에 영향을 미치는 요소들이므로 꼼꼼하게 점검해야 한다. 또한 정기적인 품질 관리 방안, 컴플레인 발생 시 처리 방식 등에 대해서도 사전에 정하는 것이 좋다. 또한 PB 상품은 운영상 재고 관리가 무척 중요한데, 완제품은 물론이고 완제품 이전의 재공품, 박스나 포장재 등의 원부자재 재고 관리 역시 MD가 직간접적으로 처리해야 하므로 이를 효과적으로 관리하기 위한 시스템을 공유한다든지, 정보를 공유할 수 있는 프로세스도 사전에 갖춰놓아야 한다.

마지막으로, PB 상품은 일반적으로는 별도의 광고를 하지 않는다. 그렇기에 오프라인 유통에서는 점내 진열과 판촉(In-store merchandising)이 매우 중요하다. 출시 시점의 론칭 프로모션, 상품을 알리는 POP와 쇼카드(show card), 론칭 이후의 효과적인 진열 방법, 프로모션 방법 등에 대해 상품 개발 계획 시점에 제조업체와 협의를 해서 원가에 반영을 할지, 마케팅 비용에 반영할지 등을 결정해야 한다. 이는 온라인 유통에도 그대로 적용되며, 다만 '진열'을 '노출 위치'로 생각하면 된다.

이러한 복잡한 과정을 거쳐 탄생한 PB 상품을 실제 운영할 때 중요한 것은 주기적으로 실적을 리뷰하면서 계획 대비 판매가 좋은지, 좋지 않다면 어떤 부분 때문에 그러한지를 분석하는 것이다. 상품은 그대로 둔 채 프로모션이나 진열 방식을 보완하거나 판매가격을 변경해야 하는 경우도 있고, 때에 따라서는 상품의 스펙 자체를 변경해야 할 경우도 있다. 그리고 반응이 좋아 시리즈로 상품을 추가 개발하기도 하고, 어쩔 수 없이 생산을 중단해야 하는 경우도 있다.

MD 전략선상에서 MD의 기획 하에 개발되는 PB. 이를 그 개발 의도대로 가격과 품질 두 마리 토끼를 잡을 수 있는 강력한 무기로 활용하느냐, 아니면 필요악의 존재로 전락시키느냐는 MD의 능력에 달렸다고 해도 과언이 아니다. 정확한 시장 분석과 기획력으로 자신의 이름을 남길 PB 상품 개발에 도전해보자.

앞에서 언급했듯 PB 상품을 개발하기란, 더구나 개발해서 성공적으로 운영하기란 여간 어려운 일이 아니다. 그래서 '리스크 머천다이징'의 대표적인 예로 PB 상품이 언급되는 것이 아닐까 싶다. 그렇다면 MD가 PB 상품을 개발할 때 고려하고 확인해야 할 사항에는 어떤 것이 있을까?

앞에서 PB 상품을 개발하기 위해서는 해당 상품이 일정 수준 이상의 판매량이 예상되어야 가능하다고 얘기했다. 자동 혹은 반자동으로 제품을 생산하는 경우, 그 제품에 들어가는 원료와 포장재를 생산라인에 투입하고 필요 시 생산라인의 일부를 변형하기도 한다. 일반적으로 한 번 세팅한 생산라인을 돌리기 시작하면 곧바로 제품이 정상적으로 생산되는 것이 아니라 초기 얼마 동안은 제품의 용량, 포장 등의 면에서 불량 제품이 나오게 마련이다. 이때 생산되는 제품들은 로스로 간주하고 폐기하며 정상 가동된 이후부터 완제품으로 본다.

그런데 한 개의 라인에서 여러 종류의 제품을 생산할 경우, 새로운 제품을 생산할 때마다 새로이 세팅하는 데 들어가는 시간, 세팅한 이후 초기 로스 물량 등 시간과 원부자재 면에서 감수해야 할 손실이 커진다. 그러므로 생산라인을 돌려 정상 제품이 나오기 시작하면 일정 시간 이상은 그 제품을 지속적으로 생산을 하는 것이 제조업체 입장에서는 생산 효율을 높이는 방법이다. 제조업체는 일반적으로 최소 하루 동안 지속 생산하는 것을 기준으로 하고 이때의 생산량을 MOQ(Minimum Order Quantity: 최소 발주량)로 정하는 경우가 많다.

물론 요즘에는 제조업체도 점차 짧아지는 제품 수명 주기를 고려해 다품종 소량생산 체제를 갖추기 위한 노력을 많이 하고 있기 때문에 MOQ가 낮아지는 추세이긴 하다. 그럼에도 이 MOQ에 해당하는 생산량이 예상 판매량에 견줘볼 때 유통업체에서 감당할 수 있는 수량인지 판단할 필요가 있다. 상품 판매량이 워낙 많아서 MOQ가 전혀 문제될 게 없는 상황이라면 전혀 걱정할 필요가 없지만 웬만한 대형 유통업체의 A급 카테고리가 아니고서는 이 MOQ에서 자유로운 경우가 드물다. 특히 식품의 경우라면 유통기한 문제가 걸려 있어 더욱 신중해야 한다. 유통기한이 상대적으로 길거나 법적으로 제조일자만 표시하면 되는 상품의 경우라 하더라도, 유통기한과 제조일자를 확인하고 보다 최근에 생산된 제품을 골라 구매하는 소비자들이 늘어나는 추세임을 감안하면 제조업체가 제시하는 MOQ가 감당할 만한 수준인지 신중히 검토할 필요가 있다.

참고로, PB 상품을 개발할 때는 포장재, 원부자재의 재고 관리도 중요한데 이 원부자재에도 역시 MOQ가 있고 그에 따라 원부자재 비용이 달라진다는 것도 알아두어야 한다. 제품이나 원부자재의 MOQ는 제조업체의 규모와 생산라인 운영 방침에 따라 달라질 수 있으며 협력 관계에 따라서도 일부 조정될 수 있는 사안이라 이 또한 MD의 협상력에 좌우될 수 있으며, 사실상 판매량을 획기적으로 늘린다면 해결되는 문제이므로 궁극적으로는 MD의 기획력에 달렸다고 할 수 있다.

특히 최근에는 특정 카테고리 전문 유통기업들이 많아지고 있으며, 상품에 대한 MD의 전문성이 요구되는 추세다. MD는 고객에 대한 이해와 상품에 대한 전문성을 바탕으로 자신의 기획 의도에 맞춰 상품을 생산할 수 있는 협력업체를 발굴하고 이들과 긴밀한 협업을 통해 상품의 스펙을 결정해야 한다. 상품성을 판단할 때는 상품의 품질뿐 아니라 용량, 포장 형태와 디자인도 중요하다. 진열이나 배송 등의 운영 효율을 고려하여 이너케이스 제작 여부나 박스 단위를 결정하는 것이 좋다.

같은 품목에 2개 이상의 SKU를 개발하려 한다면, SKU가 하나 늘어날 때마다 재고가 함께 늘어난다는 것을 염두에 두어야 한다. MOQ로 인해 재고 부담을 피할 수 없는 MD 입장에서는 다양성과 재고 사이에서 여러 고민을 하게 된다. 일례로 C사에서는 마스크팩을 개발하면서 저가의 마스크팩을 모두 정리하고 PB 상품으로만 해당 코너를 운영하기로 방침을 정했다. 그리고 고객들의 마스크팩 구매 행동을 분석해보니 같은 브랜드 내에서도 향이나 성분 등에 따라 다양한 상품을 골고루 산다는 것을 알 수 있었다. 그래서 많은 NB에서는 5~10가지의 다양한 SKU를 출시하곤 한다. 개발 초기에 C사의 MD는 고객의 취향을 생각하면 다양하게 개발하는 것이 좋겠지만, 재고 관리를 생각하면 5개 이상의 SKU는 무리라고 판단했다. 그러나 C사는 오프라인 유통 기반의 회사였기에 매장의 진열과 운영 부분을 고려해야만 했다. 매장의 곤돌라 사이즈를 고려하고, 직원들의 진열 및 운영 방식, 매장 내 고객들의 구매 행동 등을 고려하니 곤돌라 한 단에 자사 브랜드의 상품으로 다양하게 보여주는 것이 가장 좋겠다는 판단 하에 7개 SKU를 개발했고, 결과적으로 성공적인 매출을 이끌어냈다.

제품 포장 디자인과 관련해 한 가지 언급하자면, 유통업체마다 PB 상품에 대해 나름대로의 가이드라인을 갖고 있는 경우가 많다. 예를 들어 내가 근무했던 첫 번째 회사에서는 제품 전면 상단 중앙 또는 좌측에 브랜드 로고를 넣어야 했고 그 외 제품 포장 디자인은 상품에 맞춰 다양하게 변주할 수 있었다. 그래서 PB 상품을 모아놓으면 로고 외에 딱히 통일감은 없었지만 포장에 각 상품별 특징을 담아내기 용이했고 카테고리 내에 진열을 해놓고 보면 상대적으로 자연스럽다는 장점이 있었다. 반면 두 번째 회사는 PB의 포장 디자인에 대한 가이드라인이 보다 엄격해서 하나의 확정된 디자인을 여러 상품에 일괄 적용하는 체제였다. 그러다 보니 어느 카테고리에서든 PB 상품이 바로 구분되고 통일감이 있다는 장점이 있었지만 상품에 따라서는 그 디자인이 어울리지 않는 경우도 있었고 동종 카테고리 내 경쟁 상품 대비 특장점을 표현하기엔 다소 어려움이 있었다.

MD는 포장 디자인에도 신경을 써야 하는데 포장 재질에 따라, 인쇄 종류에 따라 그 비용의 차이가 크므로 원가 구조를 알기 위해서는 포장과 인쇄에 대해서도 알아야 한다. 첫 번째 회사에서 PB 상품을 개발할 당시에는 제품 생산업체뿐 아니라 디자인업체와 각종 인쇄업체까지 쫓아다니며 제품에 어울리는 디자인을 선정하고 포장 인쇄 시 원래의 디자인대로 색상이 나오는지 확인하는 작업도 필수여서 힘들기는 했지만 그 시기에 새로이 배운 지식과 체득한 경험이 여러모로 도움이 된 것도 사실이다.

상품을 개발해 출시한 이후에는 정기적인 리뷰를 통해 계획 대비 판매량을 확인하고, 판매량 증대를 위한 노력을 해야 한다. 그래야만 원가 절감의 여지가 마련되기 때문이다.

PB 상품이 론칭되면 유사한 NB 상품을 갖고 있는 제조업체에서는 PB 상품으로 인해 자사 상품의 매출이 줄어들까 염려해 이전과는 다른 좋은 조건의 행사를 제공하기도 하므로 MD가 이를 잘 활용할 필요가 있다. PB 상품을 보호한다는 명목 하에 좋은 조건으로 받을 수 있는 NB 상품을 마다할 필요도 없지만 그렇다고 전략 없이 업체의 제안을 다 수용하다 보면 애써 개발한 PB 상품을 효과적으로 운영하지 못할 수도 있기 때문이다.

PB 개발 초기엔 제조업체들이 유통업체의 PB 상품을 생산해 납품하는 것에 대해 부정적인 견해가 많았다. 이유는 여러 가지 겠지만 그중 가장 큰 것은 자사 브랜드가 아닌 유통업체의 브랜드로 납품하는 것에 대한 반감 때문이었다. 그러나 경쟁 제조업체에서 납품하는 PB 상품이 성공적으로 운영되는 것을 본 제조업체들은 다른 상품에 대한 PB 납품 제안이 들어왔을 때 반감이 줄어들 확률이 높다. 실제로 유통업체의 PB 상품을 제조했던 업체들을 살펴보면, 과거엔 A급 제조업체를 찾아보기 힘들었으나 최근에는 대형 제조업체들도 유통업체와 전략적으로 PB 상품을 개발하는 경우가 많아졌다.

단일 상품을 개발해서 판매가 성공적인 경우, 프로모션용으로 묶음 상품을 한시적으로 추가 생산하기도 하고, 다른 향, 다른 맛, 다른 용량 등의 시리즈 형태로 상품을 개발하기도 하면서 해당 카테고리 내 PB 상품의 입지를 굳혀나가는 경우가 많다. 그런데 불행히도 계획대로 판매가 되지 않아 실적이 저조하다면, 판매 부진 사유가 상품 품질에 근거한 것인지, 가격 때문인지, 소비자의 트렌드가 개발 전후로 달라진 것인지, 사내 커뮤니케이션이 충분치 않아 상품 운영이 원활치 않은 것인지, 아니면 유사한 NB 상품의 영향 때문인지 객관적으로 살펴볼 필요가 있다. 그 원인에 따라 계획했던 마진을 다소 포기하거나 마케팅 비용을 추가로 투자하는 방식으로 어떻게든 판매량을 늘릴 방안을 모색해야 한다.

보통 PB 상품은 개발 시 타깃으로 삼은 NB 상품 대비 판매 가격이 낮아 매출 수량이 같아도 매출액 면에서는 NB 상품보다 실적이 낮을 수밖에 없다. 개당 이익률이 높다 해도 실제 매출 이익률이 높으려면 판매량이 더 많아야 하는데 이것이 쉬운 일은 아니다. 일반 제조업체의 경우도 신상품 성공률이 20%를 밑돈다는 사실을 고려할 때 실패를 툭툭 털고 딛고 일어서지 않으면 PB 상품 개발은 그야말로 멀고도 험한 길이 될 것이다.

실패를 통해 배우면서 내 상품 카테고리 실적에, 회사에, 그리고 고객에게 더 나은 상품을 제공하고자 하는 기본 마음을 잊지 않고 협력업체와 함께 노력한다면, 그 상품을 사기 위해 시간과 노력을 들인 고객을 만족시키고 더 나아가 충성도 높은 고객을 창출하는 대박 PB 상품을 만든 MD로 기억될 수 있을 것이다.

세계는 넓다, 글로벌 소싱

PB와 더불어 글로벌 소싱은 유통업체의 머천다이징 전략 중 가장 고난이도 전략이라 할 수 있다. 글로벌 소싱을 사전에서 찾아보면 '기업의 구매 활동 범위를 범세계적으로 확대하여 외부 조달 비용의 절감을 시도하는 구매 전략'이라고 되어 있다.

제조업체와 유통업체 모두 머천다이징이란 용어를 사용하지만 그 포커스는 다소 다르다는 점을 앞서 이야기했다. 글로벌 소싱 역시 머천다이징의 한 부분으로 제조업체나 유통업체에서 모두 사용하는데 이 역시 포커스에는 다소 차이가 있다.

제조업체의 글로벌 소싱은 제품 생산에 필요한 부품이나 인건비, 물류비 등의 경쟁력 있는 가격으로 제품을 생산하고 공급하는 데 역점을 둔 '글로벌(global)+아웃소싱(out sourcing)'의 의미가 더 크다. 이에 비해 유통업체의 글로벌 소싱은 보다 경쟁력 있는 원가로 제품을 공급할 수 있는 거래선 발굴과 경쟁점과의 차별화를 위한 브랜드와 상품을 공급할 수 있는 거래선 발굴,

즉 가격경쟁력 확보와 차별화를 구현하기 위한 소싱에 더 포커스가 맞춰져 있다.

괜히 어려울 것 같고 뭔가 복잡할 것 같은 글로벌 소싱! 사실 그리 어렵고 복잡한 것만은 아니다. 합리적인 소비 트렌드가 점점 더 확대되는 상황에서 유통업체 간 경쟁은 치열해질 수밖에 없으며, 이런 상황에서 유통업체들은 누구나 다 취급하는 NB 상품만 가지고 가격 경쟁을 하기에는 어려움이 따른다는 것을 잘 알고 있다. 이에 유통업체들은 NB 상품에 대해서는 어떻게든 낮은 원가로 상품을 들여오려고 노력하고 이와 동시에 더 낮은 가격으로 상품을 공급할 수 있는 벤더를 발굴하거나 그 단계를 축소해 제조업체나 생산업체와의 직거래를 모색하게 된다. 또한 경쟁점과는 차별적으로 운영할 수 있는 독점적인 상품 개발에 나설 수밖에 없다. 다만, 이러한 모든 과정을 단지 국내만이 아니라 세계를 대상으로 하는 것이 바로 글로벌 소싱이라고 이해하면 될 것이다. 앞에서 설명한 PB 상품의 경우에도 제품을 생산해 납품할 업체를 국내뿐 아니라 해외에서 모색해 해외로부터 납품을 받는다면 글로벌 소싱의 PB 상품이 되는 것이다.

국내 백화점 채널의 경우, 전통적으로 직매입 거래보다는 특약매입을 통해 브랜드를 유치하는 방식으로 운영을 해오고 있지만, 의류와 패션잡화 매출이 반 이상이다 보니 패션 부문의 차별적인 브랜드 운영을 위해 해외의 브랜드를 직접 들여오거나 독점 운영권 확보에 심혈을 기울이고 있다. 최근엔 이렇게 브랜드 단위가 아니라 특정 타깃과 콘셉트에 맞는 브랜드의 상품을 수입해 편집숍을 직접 운영하기도 한다.

국내 대형마트 채널의 경우, 대형화에 따른 판매력을 바탕으로 글로벌 소싱을 통해 가격경쟁력을 확보하기 위해 회사 내 별도 전문 조직을 갖추고 주요 해외 거점에 바잉 오피스(buying office)를 두는 등의 노력을 해오고 있다. 지금은 주인이 바뀌었지만 원래 영국의 테스코 사와 합작법인으로 탄생한 홈플러스는 글로벌소싱팀을 구성하여 영국 테스코 사의 다양한 PB와 와인류를 직수입함으로써 경쟁사와의 차별화를 꾀하기도 했다. 초기엔 브랜드 로열티가 상대적으로 낮은 잡화류나 소형 가전제품 등이 글로벌 소싱의 주요 대상 상품이었지만 이제는 그로서리와 농산품 등 그 품목에 거의 제한이 없으며, 특히 의류 PB의 경우에는 거의 글로벌 소싱을 하는 추세다.

홈쇼핑과 온라인 쇼핑몰에서도 독점 상품 확보에 주력하면서 소싱처를 해외로 확대한 지 이미 십수 년이 되었다. 또 최근엔 한 편의점에서도 자체 브랜드 상표를 부착한 와인을 직수입해 판매하는 등 모든 소매업체들이 가격경쟁력을 위해서든, 차별화된 독점 상품을 위해서든, 아니면 이 둘 다를 위해서든 글로벌 소싱을 확대하는 추세다.

　PB와 마찬가지로 매출과 이익을 동시에 얻을 수 있는 머천다이징 수단으로서 글로벌 소싱이 활용되고는 있지만 그렇다고 장점만 있는 것은 아니다. 국내 상품을 운영할 때도 마찬가지이긴 하지만 글로벌 소싱에는 그보다 훨씬 큰 불확실성이 존재하기 때문이다. 대표적인 예로 환율 변동을 꼽을 수 있으며, 소싱국의 정세 역시 큰 영향을 미친다. 심지어 소싱국에 태풍 등의 천재지변이 발생해 한동안 예상치 못한 수입 중단 상황이 벌어지기도 한다.

　글로벌 소싱은 국내 NB 상품을 소싱할 때와는 달리 추가적으로 고려해야 할 사항들이 몇 가지 있다. 우선, 해외에서 활발히 유통되는 상품들 중 국내에는 수입이 아예 불가능한 것들이 있다. 이는 수입국과 국내의 상품 관리 및 유통에 관한 법들의 기준이 서로 다르기 때문이다. 예를 들면 수입국에서는 아무 이상 없이 판매되는 과자에 국내 식품위생법상 허용되지 않는 첨가물이나 색소가 함유되어 있는 경우, 그 첨가물이나 색소를 제외하고 한국 수출용으로 별도로 생산하지 않는 이상 국내 수입은 불가능하다. 특히 건강기능 식품류에 있어서는 허용 원료의 성분이나 그 함유량에 대한 기준이 국가별로 상당한 차이가 있으므로 주의해야 한다.

다음으로, 관세 및 세금 문제도 고려해야 한다. 수입하는 상품의 종류에 따라 관세가 달라지며 어떤 상품의 경우에는 관세 외 별도의 세금이 부과되는 경우도 있으므로 수입 통관 시 이에 관해 사전에 확인해보아야 한다. 또한 수입량에 따라 구매하는 원가도 달라지겠지만, 수입 조건과 수입량에 따라 부담해야 하는 관련 비용들도 달라지므로 원가에 영향을 미친다.

그리고 고려해야 할 요소 중 특히 중요한 것으로 리드타임이 있다. 국내 상품의 경우 PB 상품이나 별도 기획 상품의 리드타임은 아무리 길어 봤자 원부자재 확보나 생산 스케줄 등을 감안하기 위한 리드타임 정도다. 일단 생산이 되고 나면 배송까지는 그 생산지가 제주도라 해도 천재지변이 있지 않는 한 일주일 이상 걸릴 이유가 없다. 그런데 수입 상품의 경우, 수입국이 어디냐에 따라 그리고 운송 수단에 따라 리드타임이 달라진다. 미국이나 유럽에서 배를 이용해 운송을 한다면 최소 2~3개월 정도가 소요된다. 그러니 유통기한이 중요한 식품은 말할 것도 없고, 비식품인 경우에도 생산 시점과 리드타임 모두를 고려해야만 한다.

한편, 수입하고자 하는 상품이 유명 브랜드이고 이미 국내에 인지도가 있는 경우라면 모르겠지만 일반적으로 차별화를 위해 독점적으로 수입하고자 하는 브랜드나 상품은 국내 소비자들에게 잘 알려져 있지 않을 확률이 더 높다. 이 경우에는 이 브랜드의 소비자 인지도를 높이기 위해 유통업체가 일부 또는 전적으로 비용을 부담하면서 마케팅 활동을 해야 하는 경우도 있다. 소비자가 알아주지 않는 차별화된 상품은 국내 상품이건 해외 상품이건 '차별화를 위한 차별화'일 뿐 경쟁력 제고에는 도움이 되지 않기 때문이다. 이러한 마케팅 활동에 드는 비용은 기업에 따라 제품 원가에 산입을 하는 경우도 있고 그러지 않는 경우도 있는데, 어떠한 경우라도 이는 상품 운영에 필요한 비용이므로 MD는 고려해야만 한다.

이외에도 상품 카테고리에 따라, 수입 조건에 따라 추가로 고려해야 할 사항은 수도 없이 많다. 이렇듯 상품 개발 과정이나 수입 과정이 까다롭다 보니 PB 개발이나 글로벌 소싱을 전담하는 조직을 만들어 업무를 수행하는 유통업체들이 많다. 그렇다 하더라도 이 업무들은 MD가 수립한 카테고리 전략 하에 수행되고 운영되어야 하기에, 결국 MD의 업무인 것이다. 이제는 전담팀에서 개발하고 수입한 PB 상품이나 직수입 상품을 하나의 NB 대하듯 하는 낮 뜨거운 실수는 범하지 않았으면 좋겠다.

4장

상품 관리_
현명한 MD의
상품 관리 기법

"저는 아동복 MD입니다", "저는 과자류와 면류 담당 MD예요"에서 알 수 있듯이 일반적으로 MD는 해당 기업의 상품 분류 체계에 따라 한 개 또는 그 이상의 카테고리를 담당하게 된다. MD에게 상품 관리란 담당하는 카테고리의 성과 관리를 위한 개별 브랜드와 단품의 성과 관리를 의미한다. 단품이 나무라면 카테고리는 숲이라고나 할까. 물론 MD가 카테고리 운영을 잘하기 위해서는 자신의 카테고리에 대한 이해에 앞서 더 큰 숲인 매장 전체에 대한 이해를 해야 하고, 그에 앞서 채널에 대한 이해, 그리고 이보다 먼저 유통 환경과 고객에 대한 이해가 필수라는 것은 이제 더 말하지 않아도 알 것이다.

MD는 평소에 누가 시키지 않아도, 보고와 관계없이, 담당 카테고리 내의 서브 카테고리 단위로 또는 서브 카테고리를 더 세분화한 단위로 구분해서 매출과 이익, 재고 등을 분석하면서 그 추이를 늘 인지하고 있어야 한다. 그러는 과정에서 자연스레 주요 단품들에 대한 움직임을 포착하게 된다. 물론 내부 보고의 종류와 주기에 따라 MD는 정기적으로 자신이 다루는 모든 단품의 실적을 세세히 분석하고 보고해야 한다. 담당하는 카테고리에 따라 다르겠지만 MD는 수십 개 협력업체의 수백 개 또는 천 개가 훌쩍 넘는 많은 수의 단품을 사입하거나 관리한다. 시스템이 받쳐주질 않아 대부분의 분석을 MD의 수작업에 의존하던 시절에는 관리상의 효율을 위해 단품이 아닌 카테고리 단위로 관리를 해야 했지만 요즘에는 대체로 단품의 매출이나 재고 현황도 실시간으로 확인할 수 있다. 그럼에도 불구하고 카테고리 단위의 관리를 얘기하는 이유는, 상품에 대한 소비자의 흐름을 잡아내기 위해서라도 카테고리 단위로 관리하는 것이 필요하기 때문이다. 그리고 이때의 카테고리는 단순히 기업에서 지정한 대중소 분류의 카테고리만을 의미하는 것이 아니라, 소재든, 용량이든, 상품 콘셉트의 특징이든 MD가 판단하기에 소비자에게 의미 있는 카테고리도 포함하는 개념이다.

MD의 성과 관리를 위한 지표에는 어떤 것이 있을까? 성과 지표는 채널과 기업에 따라 세부적으로는 다를 수 있지만, 채널과 기업을 막론하고 공통적으로 MD에게 주어지는 책임은 매출과 이익 창출일 것이다. 여기에 직매입을 하는 경우에는 매출과 이익 못지않게 재고 관리가 중요하다. 이외에도 차별화 머천다이징 구현 정도나 협력업체와의 관계 관리 수준, 전환율 등을 MD의 KPI(성과관리지표)에 포함시키기도 한다.

이 장에서는 수요 예측과 발주 관리, 재고 관리, 협력업체 관리, 상품 효율 분석 등 MD의 상품 관리를 위한 주요 항목들에 대해 설명해본다.

수요 예측과 발주 관리

"결품은 죄악이다"라는 말은 "매출이 곧 인격이다"라는 말과 더불어 유통업 MD로 발을 들여놓는 순간부터 귀가 따갑도록 듣는 말이다. 직장생활 초기 시절, MD로서 매일 아침 챙겨 보는 각종 리포트들 중 하나가 전일 발생한 결품 리스트였다. 그리고 결품 난 상품에 대해 그 사유와 재입고 가능한 날을 파악해 알고 있어야 부장님 호출 시 그나마 조용히 넘어갈 수 있었다. 만약 사유를 모르거나 결품이 지속될 경우 "네가 그러고도 MD냐", "책상머리에만 앉아 있지 말고 업체 사무실로 출근을 해라" 등등 호통을 들어야 했다.

결품을 방지하기 위해서는 수요 예측이 기본이고, 여기에 더해 협력업체의 대응력이나 리드타임 등 협력업체 상황까지 고려해 발주 업무를 잘 해야 한다. 발주는 고객이 원하는 상품을 결품이 발생하지 않도록 제때 필요한 양만큼 갖추기 위한 업무로, 단순히 팔린 상품에 대한 보충만 생각할 수 있지만, 사실은 더 팔 수 있는 기회를 찾아내는 보다 적극적인 개념이다. 이처럼 발주는 매출과 직결된다는 점에서 중요한 업무다. 그런데 알고 보면 발주는 이익 관리에도 큰 영향을 미치며, 그렇기에 더욱 조심스럽고도 중요한 업무라 할 수 있다.

어느 유통업체에서 시행한 조사에 의하면, 결품이 발생할 경우 해당 상품을 찾는 고객들의 절반 정도는 매장 내에서 타 상품을 대체 구매하지만 나머지 고객은 구매를 포기하거나 다른 매장에서 구매한다고 한다. 특히 인지도가 높고 잘 팔리는 소위 A급 상품에 대해서는 대체 구매가 더 적게 이루어진다고 한다. 따라서 매장은 결품으로 인해 당장의 매출 기회를 잃어버릴 뿐만 아니라, 고객이 찾는 상품을 못 사는 경험을 반복하게 되면 향후에도 그 매장을 다시 찾을 확률이 낮아지기 때문에 미래에까지 악영향을 미치기도 한다.

유통업체들은 취급하는 전체 상품에 대한 결품을 관리하지만, 관리 효율을 위해 시즌별(또는 분기별)이나 월별로 특별 관리 대상 상품 리스트를 만들어 결품을 관리한다. 관리 대상 상품을 선정할 때는 파레토 법칙에 따라 매출의 80%를 차지하는 20% 정도의 SKU를 기본으로 하고 여기에 전략적으로 운영할 브랜드와 상품, 시즌 상품 등을 추가하는 것이 일반적이다.

결품과는 반대로 너무 과한 양을 발주해 팔림새에 비해 재고가 많을 경우에는 해당 상품에 대한 매출 기회 손실은 없지만 재고를 소진하기 위해 추가로 가격 인하를 하게 되므로 이익률 하락의 원인이 된다. 또한 매장 내 어딘가에 필요 이상의 진열을 하거나 상품을 빼내야 할 시점에 빼지 못하고 판매를 유도하는 노력을 해야 하며, 해당 상품 대신 판매가 더 잘 되는 상품을 진열해 더 팔 수 있는 기회를 놓치게 되기도 한다.

보통, 행사가 아닌 일반 상품의 발주량을 산정할 때 고려해야 하는 요소는 최근 매출 동향, 발주 주기 및 협력업체의 리드타임, 최소 재고량(진열량)과 현재 재고 수준 등이다.

적정 발주량=

일평균 판매 수량×(발주 주기+리드타임)+최소 재고량−현 재고−입고 예정 수량

여기서 일평균 판매 수량은 최근 일정 기간의 판매 수량을 말하는데 이 기간은 상품 특성별, 시기별로 다르다. 특히 신상품이라든지 한동안 취급하지 않다가 다시 취급하게 되는 상품들 그리고 과거의 매출 트렌드와는 전혀 다른 트렌드가 예상되는 상품들에 대해서는 정확한 발주량 산정이 어려우므로 별도 처리해야 한다. 또한 최근 행사를 했던 상품이라든지, 시즌이 끝나가는 무렵의 시즌 상품들의 경우도 마찬가지다.

발주 주기란 일주일에 그 상품을 몇 회 발주하는지를 말한다. 배송의 효율을 위해 상품의 특성과 판매량에 따라 어떤 상품은 심지어 하루에 두 번도 발주하지만 어떤 상품은 주 1회 발주를 하기도 한다. 리드타임은 발주 후 상품 입고까지 걸리는 시간을 말하며, 이는 협력업체의 배송체계와 대응 능력에 따라 달라진다. 또한 최소 재고량은 웬만한 판매 변동에도 품절을 어느 정도 방지하고 진열을 가능하게 하는 재고량을 의미하며 상품군별로, 특히 회전율의 높고 낮음에 따라 그 의미를 달리하여 관리하는 것이 일반적이다.

일반적으로 MD의 발주량은 예측치와 의지치의 합이다. 예측치란 과거의 판매 실적과 현재 재고량 등에 근거해서 계산된 양을, 그리고 의지치는 행사 계획이나 MD의 특별 기획 등 추가적인 요인에 의해 발생하는 수요량을 의미한다.

1년에 한두 번 재고 조사를 해서 실제 재고와 장부 재고를 맞추던 예전에는 회사 내 시스템상의 현재 재고 정보량에 대한 신뢰 수준이 매우 낮았고, 판매 실적 역시 자료는 있지만 회사의 시스템이 받쳐주지 않으면 MD가 필요한 시점에 해당 자료를 원하는 형태로 받기가 어려웠다. 그러니 MD는 자료를 받아 수작업을 하든 엑셀 작업을 하든 각자의 방식으로 자료를 참고하고, 여기에 각자의 경험과 의지치를 반영해 발주량을 산정할 수밖에 없었다.

내가 신입사원 때 발주하던 모습을 떠올려보면, 협력업체 담당자에게 전화를 걸어 "2일 뒤에 신라면 200박스 넣어주세요. 아니다, 주말마다 A점포에서 꼭 대량으로 구매해가는 손님이 계시니 한 30박스 더 하는 게 좋겠어요. 230박스 보내주세요" 하는 식이었다.

그러나 최근에는 빅데이터를 이용한 분석을 활용하여 앞에서 언급한 기본 수식에 들어가는 요인들 외에도 요일별 매출 트렌드, 날씨, 계절 지수, 행사 여부 등의 요인들을 추가로 고려해 권고 발주량을 산정하여 MD들에게 제공하기도 한다. 이를 바탕으로 MD의 수정을 거쳐 발주량을 최종 확정하기도 하고 권고 발주량 자체의 정확도가 일정 수준 이상인 경우 MD의 수정도 필요 없이 자동으로 발주량을 확정하기도 한다. 이때 MD는 보다 정확한 수요 예측과 적기 공급을 위해 협력업체와 협력 체계를 공고히 해 리드타임을 줄이고 발주 주기를 더 짧게 하는 노력을 병행해야 한다.

그러나 앞서 설명했듯이 유행성 상품이라든지, 시즌 상품, 기획 상품, 신상품, 행사 상품 등은 여전히 MD에 대한 의존도가 높을 수밖에 없다.

요즘에는 발주와 관련된 별도 부서를 만들어 발주와 재고를 전담으로 관리하는 경우가 많다. 이 부서에서는 매출 수량, 결품률, 재고일수 등을 통해 현재 생성되고 있는 권고 발주량이 적정한지를 검토한다. 카테고리의 특성에 따라 권고 발주량의 산정 수식을 일부 변형해야 하는 경우도 있다.

그런데 이렇게 발주 업무를 다른 전담 부서에서 담당한다 하더라도 결품과 재고로부터 결코 자유로울 수 없는 것이 MD의 운명이다. 발주 업무를 본인이 하든 다른 부서에서 하든 수요 예측을 위한 관련 정보의 수집, 실적 관리, 그리고 유관 부서와의 정보 공유는 MD의 일상 중 하나일 수밖에 없다.

재고 관리

유통업에서 일을 하다 보면 "앞으로 남고 뒤로 까진다"라는 말을 종종 듣곤 한다. 이런 결과가 나오는 원인은 다양하겠지만 재고 관리가 문제인 경우가 많을 것이다. 예를 들어, 계절 상품을 기획하면서 초기 상품 입점 시의 마진은 평균 이상으로 높여 기획을 했는데 시즌 중 계획 이하의 가격으로 판매를 하거나, 심지어 재고 소진을 위해 원가 이하의 가격으로 판매를 해 결과적으로는 예상보다 턱없이 낮은 이익률이 나오는 경우가 있다.

상품성이 낮아서, 상품 출시 시기가 적절치 않아서, 경쟁점이나 유사 상품의 무모한 가격 행사에 대응하느라 또는 상품을 홍보하기 위한 마케팅 비용이 예상보다 많이 들어서 등등 여러 가지 이유가 복합적으로 작용해 이런 결과를 야기하기도 하지만, 재고 관리 미흡으로 인한 경우가 많다.

제조사의 경우 재고 관리는 영업 MD가 담당하는 경우가 많고, 유통사의 경우 발주와 재고 관리를 하는 부서가 따로 있다면 일반적인 상황에서는 MD가 발주를 하지 않으나, 결국에는 재고가 모자란 상황이든 남는 상황이든 책임과 처리는 MD의 몫으로 돌아오는 경우가 많기 때문에 MD는 자사와 협력업체의 재고 상황에 언제나 신경을 쓰고 있어야 한다.

기본적인 상품의 재고 관리

상대적으로 고객들의 수요가 연중 발생하는 기본적인 상품의 발주는 적정 재고량을 유지하기 위해 최근에 팔려나간 수량만큼 채워 넣는다는 개념이 기본이며, 여기에 판매 추이와 행사 등으로 인한 추가 예상 수요량을 고려하면 된다. 또한 업체와 사전에 협의된 발주 주기 및 리드타임도 중요한 고려 사항이다. MD가 아무리 정확하게 발주량을 산정했다 하더라도 사전에 협의된 시점에 공급이 되지 못한다면 판매 기회 손실이 발생할 수 있으므로 협력업체의 공급 안정성을 감안해야 한다.

기본적인 상품이라 해도 연중 수요가 일정한 것이 결코 아니며, 특히 계절적으로 수요가 급변하는 상품이라면 사전에 제품을 확보할 필요는 없는지 협력업체와 긴밀한 협의가 필요하다. 왜냐하면 협력업체에도 제품별 생산 계획이 있고 그 협력업체가 나에게만 상품을 공급하는 것이 아니라 나의 경쟁업체를 포함한 다양한 유통 채널에 상품을 공급하고 있기 때문이다.

특히나 유통업체에서는 1년 365일 행사가 없는 날이 없는데 협력업체가 공급하는 상품 중 행사 상품에 대해서는 사전에 필요량과 재고 확보 시점을 협의할 필요가 있다.

그리고 간혹 MD는 행사를 위해서든, 시즌 상품의 안정적인 공급을 위해서든, 또는 추가 이익 확보를 위해서든 일반적인 상황에서의 발주량을 훨씬 상회하는 비축 구매를 하는 경우도 있다. 그런데 평소의 구매 패턴과 다른 대량 구매는 회사의 현금흐름에 부정적인 영향을 미칠 수 있기 때문에, MD는 비축 구매의 조건과 사유가 그러한 부정적 영향을 뛰어넘는 이익을 창출할 수 있는지, 비축 물량의 재고 소진 기간은 얼마나 될지, 기간 내 어떤 가격으로 판매해서 매출 및 이익을 도모할 것인지 반드시 시뮬레이션을 해보아야 한다. 또한 비축 구매 이후에도 해당 상품이 계획대로 판매되고 있는지, 만일 그렇지 않다면 어떤 방법을 강구할 수 있는지 지속적으로 상황을 살펴야 한다.

PB 상품, 직수입 상품의 재고 관리

MD 입장에서는 가격 경쟁 상황이나 이익, 그리고 차별화 전략 차원에서 반드시 필요한 것이 PB 상품이나 직수입 상품들이지만 때로는 '이런 걸 왜 만들었나. 그냥 NB 상품으로 운영할 걸' 하는 생각이 절로 들 정도로 재고가 부담스러운 경우도 발생한다. 그만큼 유통업체 입장에서는 NB만 운영할 때보다 관리에 더 많은 노력이 필요한 것이 PB 상품이다.

일반적으로 PB 상품과 직수입 상품의 재고 관리가 어려운 이유는 MOQ와 리드타임 때문이다. 앞에서도 잠깐 언급했듯 MOQ란 제조업체가 요구하는 최소 발주량으로, 이는 업체의 생산 상황에 따른 일일 생산량과 밀접한 관계가 있다. 유통업체의 매출 규모가 크다면 MOQ를 크게 개의치 않겠지만, 유통업체가 PB 상품의 중요성을 알면서도 쉽사리 개발하지 못하는 이유 중 하나가 바로 이 MOQ라는 점을 감안해보면 제품을 생산해주는 협력업체가 요구하는 MOQ 수준은 MD에게 있어 무척이나 중요하다. 이 MOQ가 일정 기간의 예상 평균 판매량을 훨씬 상회하는 경우(여기서 '일정 기간'은 상품군에 따라 달리 설정해야 하는데 제품의 유통기한을 필히 감안하여 그 분석 기간을 설정해야 한다) 특히 세심한 관리가 필요하다. 그만큼 PB 상품과 직수입 상품들은 자사의 판매량에 따라 적절한 시기에 프로모션을 걸어주거나 진열을 변경하면서 매출 트래킹(tracking)을 해가면서 재고를 관리해야 한다.

PB 상품의 경우는 MD가 직접 원부자재의 재고까지 신경 써야 하는 경우도 있어, 이를 관리하기 위해 PB 제조업체와 완제품뿐 아니라 원부자재 재고 관리 시스템을 만들어 공유하는 것이 필요하며, 시스템 개발이 어려운 경우에는 이를 대체할 수 있는 공동 관리 방법을 마련해야 한다.

애써 개발한 PB 상품이 판매가 한창 잘 될 때 리드타임의 문제로 적시에 상품을 공급하지 못하는 것처럼 안타까운 순간도 없다. 그리고 리드타임이 긴 경우 아차 하는 순간에 발주 시점을 놓치면 결품 기간도 NB 상품보다 훨씬 길어질 수 있다. 그러므로 초기 물량을 대량으로 받아놓았다고 안심하지 말고 판매 추이를 잘 관찰하면서, 때로는 재고 소진을 위해 행사를 걸어 판매량을 늘리거나 제품 소진 시기를 예측해 적기에 재발주를 하는 등 판매 기회 손실이 일어나지 않도록 관리해야 한다.

유행성 상품의 재고 관리

패션잡화나 의류 등의 유행성 상품은 일반적으로 두 시즌 정도 앞서 상품을 기획하며, 취급하기로 확정된 SKU에 대해 판매량을 예측하고 이에 따라 사전에 생산을 하게 된다. 그리고 매장별로 취급 SKU별 재고를 할당하고 매출을 트래킹한다. 이러한 과정은 PB 관리 과정과 거의 동일하다.

시즌에 앞서 해당 시즌에 판매할 상품을 기획하고 생산량을 결정하여 생산하면 그 이후 추가 생산이 그리 쉽지 않은 경우가 많은데, 판매가 너무 좋아 시즌이 끝나기도 전에 처음 기획했던 정상가로 판매하면서 재고가 소진된다면 소극적인 기획에 대한 아쉬움이 남을 것이다. 이런 경우엔 행사용 상품을 추가 기획하거나 매입해서 공백을 메운다.

그러나 일부 SKU에 대해서는 예상 외로 많이 남게 되는 사태가 발생하게 마련이다. 시즌 초기 판매를 해보면 어떤 상품이 시즌 후에도 재고가 남을지 대략 예측할 수 있다. 상품에 따라 성수기 때 혹은 성수기를 살짝 넘긴 시점에 가격 할인 행사를 하면서 재고 소진 계획을 세워야 한다. 때로는 1, 2차로 나누어 할인율을 달리하면서 가격 행사를 진행해 그 시즌 내에 재고를 소진할 수 있도록 해야 한다.

당해 연도에 판매를 하지 못한 재고를 그 다음 해까지 보관했다가(carry-over) 다시 판매하는 경우도 있기는 하지만, 아무래도 상품 보관 상태에 따라 상품성이 현저히 떨어질 수도 있고 또한 유행에 민감한 패션 상품은 다음 해에는 당해 연도보다 판매가 더 어려울 수도 있어 가급적 제 시즌 내에 판매하려는 노력이 필요하다.

일반적으로 백화점의 의류 브랜드들이 언제 어떤 정도로 세일을 하는지를 생각해보자. 겨울 옷은 이미 추석이 끝나는 9, 10월부터 진열되기 시작해 판매가 되는데 일반적으로 1월에 진행되는 백화점의 정기 바겐세일 전까지는 브랜드별로 매출 극대화를 위한 세일이나 증정 프로모션들이 있다. 이때는 재고 소진의 개념이 아니라 매출 극대화의 목적이 더 크다고 할 수 있다. 1월에 진행되는 정기 바겐세일은 매출 극대화와 더불어 일부 상품들의 재고 소진에도 목적을 두며, 2월엔 재고 소진을 주 목적으로 초특가 세일을 단행한다. 2월 중순 이후엔 봄 신상품을 입점시키면서 한편에서 시즌 정리 개념으로 초특가 행사를 진행하며 한겨울 옷을 판매한다. 간혹 일부 모피나 파카 등의 겨울 옷을 놓고 오히려 한여름에 50% 이상, 심지어는 90% 할인이라는 자극적인 문구를 써가면서 재고 소진 행사를 하기도 하는데, 이는 고객 입장에서는 알뜰 쇼핑을 한다는 만족감을 느끼며 구매를 하게 하는 효과가 있기도 하다. 그러나 의류나 패션잡화는 유행이 빠르다 보니 웬만하면 해당 시즌에 판매를 해야지 해를 넘겨 다시 판매를 하는 것은 쉽지 않다.

재고 관리에 있어 관심을 갖고 눈여겨보면 좋을 사례는 자라, 유니클로와 같은 SPA업체들의 상품 개발과 SCM 기법이다. 전통적으로 의류패션업체들은 두 시즌 앞서 기획 생산을 하며 1년에 4~5회 정도 신상품을 출시하는 데 비해 이들 SPA 브랜드들은 2주 단위로 신상품을 출시하고 리드타임 역시 2~5주 수준으로 관리한다. 이렇게 빠른 속도 때문에 '패스트 패션'으로도 불린다. 국내 패션업체들의 상품회전율이 연 6회 정도 그치던 시절, 글로벌 SPA 브랜드들의 상품회전율은 연 12~24회까지도 나왔다고 하니 그들의 SCM 체계가 얼마나 긴밀하고 효율적이었는지 가늠해볼 수 있을 것이다.

재고는 고객의 수요를 충족시키기 위해, 즉 판매를 위해 보유하고 있는 물품이라는 의미로 전혀 부정적인 뉘앙스가 없는 단어임에도 불구하고 유통업체 MD들에게 '재고'라는 용어가 괜히 심리적인 부담으로 다가오는 이유는 바로 앞에 언급한 상황들 속에서 '앞으로 남고 뒤로 까지는' 쓴 경험을 한두 번씩은 해봤기 때문일 것이다. 재고 관리의 중요성을 인식하고 끊임없이 시장 변화 상황을 파악해가면서 협력업체와 긴밀한 협의를 통해 이런 상황을 최소화해나가는 것이 매출과 이익을 창출하는 MD로 성장하는 길이다.

앞에서 설명한 대로 직매입을 주로 하는 유통업체에게 있어 재고란 고객의 수요를 충족시키기 위해 수요를 예측하여 그에 합당한 매출을 일으키고자 미리 자본을 투자하여 구입해놓은 자산을 의미한다. 재고가 적절히 확보되지 못하면 매출을 더 올릴 수 있는데도 판매할 상품이 없어 매출을 올리지 못하는 결과를 낳을 것이고, 또 반대로 과하게 재고를 확보했다면 이를 처분하는 데 추가 비용을 지불해야 할 뿐 아니라 재고를 처분하느라 다른 상품을 판매할 수 있는 기회를 잃는 결과를 초래하게 된다. 그러니 재고 관리는 첫째, 결품 없게 공급이 잘 이루어지고 있는지, 둘째, 불필요한 재고 없이 적정한 재고 수준을 유지하고 있는지, 이 두 가지 측면을 관리하는 것이다.

일반적으로 결품은 결품률이나 주문 대비 납품률 등의 지표로 관리를 하며, 불필요한 과다 재고는 재고회전율이나 재고회전일수 등의 지표로 측정한다. 결품률은 현재 자사의 재고 현황에 대한 평가로, 특정 시점에서 취급하는 SKU 중에서 결품이 발생한 SKU가 몇 개인지로 측정한다. 이때 대형마트와 같이 취급하는 SKU가 많은 경우, 파레토 법칙에 의해 매출의 80% 수준을 차지하는 SKU 위주로 집중적으로 관리하기도 한다. 주문 대비 납품률은 협력업체에게 주문한 상품 대비 실제 협력업체가 납품 완료한 상품 비율을 의미하며, 수량과 금액 기준으로 관리한다. 이는 협력업체 관리 지표로도 사용된다.

앞에서도 언급했지만 MD에게 있어 '결품은 죄악'이다. 결품이 생기면 영업 현장에서 당장 매출 기회 손실이 난다고 아우성을 친다. 매장에서는 결품 안내를 해야 하고, 온라인이나 모바일상에서도 마찬가지다. 특히나 행사를 기획해놓은 상황에서 결품이 발생한다면 그야말로 빠져나갈 구멍이 없어진다. MD 입장에서는 부담이 아닐 수 없다. 그래서 안전 재고를 너무 충분히 고려해 과다 발주가 나가는 경우도 많다. 그러나 겪어보면 과다 재고로 인한 문제가 더 심각하다. 그렇기에 재고 수준에 대한 관리 역시 소홀히 할 수 없다.

재고 수준을 관리하는 대표적인 지표인 재고회전율은 일정 기간 동안의 재고의 출고금액과 재고금액의 비율을 의미하며 이 비율은 일정 기간, 예를 들면 1년에 몇 번 재고가 회전했는지의 속도를 의미한다. 1회전이란 자금을 투자하여 확보한 재고가 고객에게 판매되어 자금이 한 차례 회수되는 것을 의미하며 다음과 같이 계산한다.

$$\text{재고회전율} = \frac{\text{기간 중 출고액}}{\text{기간 중 평균 재고액}} \times 100(\%)$$

여기서 재고의 출고액이란 결국 상품의 매출액을 의미하기에 경우에 따라서는 상품회전율과 같은 개념으로 보기도 한다.

이렇게 계산해서 나온 재고회전율이 400%라고 한다면, 1년 간 재고가 4회전했다는 것을 의미한다. 만약 같은 비용을 투자하여 A와 B 두 상품의 재고를 확보했는데 연간 회전율이 각각 3회전, 5회전이라면, 상품 B는 구매에 투자한 금액을 그만큼 더 빨리 회수할 수 있다는 말이다. 일반적으로 재고회전율이 높은 상품은 그렇지 않은 상품에 비해 판매가 더 잘 되는 상품이라고 보긴 하지만, 그렇다고 좋게만 판단할 수는 없다. 재고회전율을 높이려고 재고를 너무 적게 가져가는 경우 결품이 발생할 수도 있기 때문이다.

재고회전율을 높이기 위해서는 매출액을 늘리거나 재고액을 감소시키면 된다. 재고액을 늘리더라도 매출액을 더 높여 재고회전율을 높여나가는 전략을 사용하는 경우도 있고, 매출이 정체 또는 감소 추세에 있다면 재고를 줄여 재고회전율을 높여나가야 한다. 재고회전율 그 자체보다 상품의 특성과 추이를 잘 이해하는 것이 중요하다.

또 다른 지표인 재고회전일수는 현재의 재고액으로 미래에 얼마 동안이나 판매할 수 있는지를 나타낸다. 그런데 여기서 '미래에 얼마 동안'이라는 개념으로 인해 이 수치가 상당히 주관적으로 계산될 수 있다. 이로 인한 혼란을 막기 위해 일반적으로 미래의 판매 추이는 과거(최근)의 그것과 같다고 가정해 계산하는 경우가 대부분이며 이때 계산식은 아래와 같다.

$$\text{재고회전일수} = \frac{\text{기간 중 평균 재고액}}{\text{기간 중 매출액}} \times \text{일수(기간)}$$

물론 경우에 따라서는 미래의 매출액, 즉 차월 또는 차년도의 매출액을 예상하여 계산하는 경우도 있지만 수천, 수만 개의 SKU를 취급하며 SKU별 재고를 관리하는 유통업체의 경우에는 단품별로 미래의 매출액을 예상하기가 어려울 수밖에 없으므로 주로 최근의 매출 실적으로 이를 대체한다.

만약, A라는 상품의 재고회전일수가 30일이고 B라는 상품의 재고회전일수는 15일이라면 현재 보유하고 있는 재고가 A는 향후 30일간 판매할 수 있는 양이며, B는 15일간 판매할 수 있는 양이라는 의미다. 각각의 상품의 절대 매출액과 절대 재고금액 및 미래의 수요에 대비해 과거의 수요 이상으로 미리 확보한 재고인지 아닌지 등등 고려해야 할 요소는 많지만, 일반적으로 말하자면 재고회전일수가 짧을수록 판매가 잘 되는 상품이며 투자 대비 효율이 높은 상품이라고 할 수 있다.

보통 유통업체에서는 이러한 재고 관리 지표를 통해 매월 당월 실적과 누적 실적 및 월별 트렌드를 관리한다. 물론 요즘엔 IT의 발전으로 일별 관리까지 가능한 회사가 많으며 계절 상품이라든지 특별한 이유로 비축 구매를 한 경우에는 별도로 관리한다.

재고회전율이 높다고 무조건 좋은 것이 아니듯 재고회전일수도 마찬가지다. 재고회전일수가 낮은 이유가 매출은 높은데 그에 알맞은 재고를 확보하지 못해서라면 이 역시 결품을 초래할 수 있기 때문이다. 또한 업체의 리드타임 이하로 재고일수가 떨어진다면 위험할 수 있다. 반대로 재고일수가 높다고 다 부정적으로 해석할 수도 없다. 예를 들면 6~8월이 극성수기인 상품이 있다고 하자. MD는 그 상품의 수요를 예측하고 협력업체와 상품 공급에 대해 협의를 하게 될 텐데, 업체의 생산 계획을 고려해볼 때 이 상품을 4월부터 미리 재고를 확보하는 것이 안전하다고 판단해 4월에 미리 대량 구입을 해놓았다고 한다면 이 상품의 4월, 5월 재고자산 회전일수는 상당히 높을 수밖에 없다. 그러나 6~8월 사이 확보된 재고를 다 판매한다면 오히려

4, 5월의 높은 재고회전일수는 전략적인 의사결정으로 인한 결과치인 것이다.

그러므로 재고회전일수를 분석할 때는 상품의 절대 매출액 및 재고액, 리드타임을 포함한 업체에 대한 발주 대응력, 계절성을 감안한 상품의 매출 트렌드나 MD의 판매 기획 의도 등을 감안하여 수치를 해석할 필요가 있다.

MD로 일하다 보면, 회사의 시스템에 따라 다소 다르기는 하겠지만 매출이나 이익률 지표는 매일, 매월 바로 화면에서 조회가 되는 등 그 관리의 정도가 매우 높으며 결품 역시 바로 눈에 띄는 지표임에 반해 상대적으로 재고회전율이나 재고회전일수는 그렇지 않기 때문에 자칫 소홀해지는 경우가 있다. 그러나 MD가 소홀히 한 재고 관리로 인해 그 재고자산이 더 이상 가치 있는 자산이 아닌 소위 '똥재고'가 되는 경우도 허다하며, 이를 처분하기 위해 보통은 원가 이하의 가격 할인이나 심지어 폐기를 하는 경우도 있다. 즉 잘못된 재고 관리가 결국 이익에 막대한 손실을 끼치게 되는 것이다. MD에게 있어 재고 관리는 매출과 이익 관리 못지않게 중요하다는 것을 명심하자.

공급망 관리라고도 불리는 SCM(Supply Chain Management)은 원재료 조달에서 최종 고객에게 인도되는 시점까지 제품이나 서비스, 관련한 데이터 및 자금의 흐름을 관리하는 활동을 의미하며, 이는 제품의 조달과 제품의 수명주기 관리, 재고 관리, 운송 및 차량 관리, 주문 관리 등을 포함하는 매우 포괄적인 활동이다. 여기서는 그중에서 수요 예측과 재고 관리 측면을 중심으로 얘기하고자 한다.

최근에는 익일배송은 기본이고 당일배송, 2시간배송, 지정배송, 새벽배송 등 고객 주문에 대한 정확하고 빠른 배송이 기업의 경쟁력이다. 유통업체가 이렇게 정확하고 빠른 배송을 해내기 위해서는 물류센터와 배송시스템 구축과 효율적인 운영이 뒷받침되어야 한다. 특히나 수요에 대처할 재고가 확보되어 있지 않으면 아무리 최신 기술을 적용한 배송 차량과 경쟁사 대비 많은 배송 인력이 준비되어 있어도 무용지물이 된다. 이것이 수요 예측과 재고 관리를 SCM 활동의 핵심이라고 말해도 무리가 아닌 이유다.

앞에서도 얘기했지만, MD의 수요 예측과 재고 관리에는 협력업체와의 협업이 필수적이다. 이러한 협업 체제의 구축은 MD

가 주도적으로 해나가는 경우가 대부분이며, 설사 발주와 재고 관리를 하는 별도의 부서가 있다 하더라도 MD의 관여는 불가 피하다.

많은 유통기업들이 이런 협업 체제를 위해 협력업체와 정기적으로 미팅을 진행한다. 미팅의 구성원은 주로 유통업체의 MD 와 발주와 재고 관리를 담당하는 SCM 담당자, 그리고 협력업체의 영업 담당자와 SCM 담당자가 된다.

이 미팅에서는 우선, 그 협력업체의 상품에 대해 전월(또는 전 분기)의 매출과 결품률, 재고회전율 등의 재고 지표를 점검하고 문제가 있는 경우 대책을 수립한다. 또한 현재 진행 상황을 보면서 가까운 미래에 문제가 예상되는 상품은 없는지 확인한다. 무엇보다도 결품이 생기면 안 되는 매출 주력 상품과 행사가 진행 중이거나 예정인 상품에 대해서는 특별히 더 세심한 점검을 한다. 만약 공급에 차질이 예상되는 상품이 있다면, 이를 대체할 상품을 마련함으로써 당초 계획했던 목표를 달성하도록 노력한다. 이를 위해 협력업체는 생산이나 수입과 관련된 정보를, 그리고 유통업체는 최신 매출 자료와 고객 트렌드 정보 등을 서로 공유하는 것이 중요하며, 그렇기에 신뢰가 바탕이 되어야 한다.

MD가 관리하는 모든 업체와 이러한 미팅을 주기적으로 진행하기란 현실적으로 쉽지 않기에, 취급 SKU와 매출 규모에 따라 미팅 대상 업체를 정하고 미팅을 월별로 할 것인지, 분기별로 할 것인지를 서로 협의한다. 여기에도 파레토 법칙을 적용할 수 있다. 그리고 신규 업체의 경우에는 초기에 서로 기대치와 관리 수준을 맞추기 위해서라도 이러한 미팅을 가질 필요가 있다. 여기서 중요한 팁을 하나 제공하자면, 협력업체에 대한 물류 관련 지표를 협력업체들과 직접 미팅을 하지 않더라도 공유는 하는 것이 좋다. 정기적으로 지표를 공유하는 것만으로도 서로의 관심과 관리력을 높일 수 있기 때문이다.

예전에 실무에 있을 때의 경험을 되돌아보면, 이런 미팅을 통해 평소 협력업체의 영업 담당자로부터는 정확히 들을 수 없는 상품 수급 관련 정보를 협력업체의 SCM 담당자를 통해 듣기도 하고, 협력업체의 애로사항을 듣기도 하며, 무엇보다 협력업체의 최근 마케팅 정책과 전략에 대한 정보를 제공받기도 했다. 그리고 이를 통해 해당 업체의 배송 주기나 리드타임을 개선하기도 하고, 상품의 포장 방식이나 박스 단위 등 상품에 대한 개선안까지 나오기도 하는 등, 미팅을 통해 얻는 이득이 미팅 준비의 번거로움보다 훨씬 컸다.

협력업체와 유통업체는 납품 가격이나 프로모션 지원 등 많은 부분에 있어서는 서로 상반된 목표를 가지고 있다. 그러나 최종적으로는 고객에게 선택 받아야 한다는 공동의 목표를 지닌다. 이를 위해 최적의 협력 체제를 구축하여 제품의 생산에서부터 배송, 진열 그리고 고객의 장바구니에 들어가는 전 과정을 효율적으로 관리해야 할 것이다.

상품 효율 분석

과연 상품의 효율은 어떻게 평가하는 것이 맞을까? 어떤 상품이 회사의 이익에 기여도가 큰 상품일까? MD라면 누구나 이런 고민을 해봤을 것이다. 특히 오프라인 매장의 MD는 한정된 공간에서 최적의 상품 구성을 해야 하기 때문에 주기적으로 취급을 중단할 상품을 선정해야 하므로 그 고민이 더 클 것이다. 여기서는 몇 가지 용어에 대한 설명과 더불어 일반적으로 상품 효율을 관리하는 지표와 그 분석 방법에 대해 설명하고자 한다.

상품회전율

앞서 재고회전율을 설명하면서, 재고회전율은 재고의 출고액을 평균 재고액으로 나누어 계산하는데 여기서 재고의 출고액은 결국 상품 매출액으로 볼 수 있기 때문에 상품회전율과 같은 개념으로 보기도 한다고 말했다. 물류센터를 운영하는 유통기업의 경우, 전사 재고회전율이나 각 매장의 재고회전율인 경우는 재고의 출고액이 상품 매출액일 테고, 물류센터의 경우라면 일반적으로 유통회사에서 말하는 상품 매출액이 아닌 실제 재고의 출고액일 것이다. 그러나 물류센터를 하나의 독자적인 기업으로 친다면 재고의 출고액이 상품 매출액이 될 테니 여전히 유사한 의미라고 이해하면 되겠다. 실제 상품회전율은 아래의 수식으로 계산한다.

$$상품회전율 = \frac{연간\ 매출액}{연평균\ 재고액} \times 100(\%)$$

여기서 매출액은 꼭 연 단위로 할 필요는 없고 분석하는 기간에 맞춰 월간, 분기, 반기 등으로 잡으면 된다.

상품의 효율을 분석하는 가장 대표적인 지표는 단연코 매출과 관련한 매출 수량과 매출액, 그리고 이익과 관련한 이익액과 이익률일 것이다. 그러나 MD라면, 특히 직매입을 주로 하는 MD라면 재고까지 고려한 상품 효율 분석이 반드시 필요하다.

상품의 1회전은 재고회전율과 마찬가지로 상품을 매입하

는 데 들어간 자금이 판매를 통한 매출로 돌아와 다시 상품을 매입하게 되는 것을 말한다. 그러니 기업의 현금 흐름 측면에서 볼 때, 회전수가 낮으면 초기 상품 구입을 위해 투자된 자금의 회수가 그만큼 늦어진다는 의미이므로, 이익률이 아무리 높다 하더라도 회전율이 낮은 상품이라면 그리 환영할 만한 상품은 아닐 것이다. 반대로 회전율이 높다는 것은 투자한 자본의 회수기간이 짧아 투자 효율이 높은 상품이라고 이해할 수 있겠다. 판매 상황에는 변화가 없더라도 어떤 이유로든 재고가 늘면 상품회전율이 저하되는데, 이때 매출액이나 이익률만으로 상품 효율을 분석한다면 그 변화를 감지하지 못할 수도 있다. 그러나 기업의 입장에서는 늘어난 재고를 위한 재고 비용이 투자된 것이므로 상품회전율이 저하된다는 것은 중대한 경고신호일 수 있다.

일반적으로 상품회전율이 높은 상품은 박리다매의 전략을 취할 수 있지만 상품회전율이 낮은 상품은 이익률을 중시해야만 상대적으로 긴 투자 회수기간으로 인한 손실 부분을 보충할 수 있다.

GMROI(Gross Margin Return on Investment, 총 재고투자 대비 수익률)

그러면 매출이 높은 상품, 이익률이 높은 상품, 상품회전율이 높은 상품이 있다면, 이 중 어떤 상품이 회사의 이익에 더 많은 기여를 하는 것일까? 물론 매출도 높고, 이익률도 높고, 상품회전율도 높은 상품이라면 두말할 필요 없이 효자상품이다. 이를 분석하기 위한 지표가 바로 GMROI이다.

$$GMROI = 매출\ 이익률 \times 상품회전율$$
$$= \frac{매출\ 이익액}{매출액} \times \frac{매출액}{평균\ 재고액}$$
$$= \frac{매출\ 이익액}{평균\ 재고액}$$

GMROI가 높다는 것은 재고를 위해 투자한 투자금액 대비 이익액이 높다는 의미로 상품의 생산성 효율 지표와 같은 성격을 지닌다.

얼핏 어떤 제품의 회전율이 높아지면 매출 이익률도 함께 증가할 것이라고 생각하기 쉽지만, 수식을 살펴보면 매출 이익률과 상품회전율은 각각 상품 매출액을 분모, 분자에 두고 있다. 그러므로 이 두 지표를 동시에 높이는 것은 그리 쉬운 일이 아니다.

이를 높이기 위해서는 원가 협상이나 프로모션 조건 등의 개선을 통해 이익률을 높이거나 적정 발주를 하고, 적정 발주를 위한 발주단위 조정 등을 통해 평균 재고액을 낮추어야 한다.

상품 공헌도

카테고리 내 상품의 매출액, 이익률, 재고금액 등의 실적을 통해 계산된 GMROI에 상품 매출 구성비를 곱해주면 각 상품이 해당 카테고리 내 이익에 얼마나 기여했는지 상품별 공헌도를 계산할 수 있는데 이 숫자는 높을수록 좋다.

공헌도의 계산 방식을 아래 표를 통해 정리하면 다음과 같다.

상품명	매출액	매출 구성비	이익액	이익률	재고 금액	회전율	GMROI	공헌도
	①	②	③	④	⑤	⑥= ①/⑤	⑦= ④*⑥	⑧= ②*⑦
A	2,700	14.7%	945	35.0%	386	7.0	244.8	36.0
B	3,600	19.6%	1,080	30.0%	528	6.8	204.5	40.1
C	3,150	17.1%	788	25.0%	234	13.5	336.8	57.7
D	5,400	29.4%	972	18.0%	450	12.0	216.0	63.5
E	2,025	11.0%	304	15.0%	202	10.0	150.5	16.6
F	1,500	8.2%	180	12.0%	150	10.0	120.0	9.8
합계	18,375	100.0%	4,269	23.2%	1,950	9.4		

D상품은 회사 이익에 기여도가 무척 높은 상품이다. 그런데 그 내용을 보면 매출 구성비는 높은데 상대적으로 GMROI가

약간 낮으므로 회전율을 높일 수 있는 방법을 찾으면 그 기여도가 더 높아질 것이다. 매출은 이미 높으므로 이익률을 높이거나 재고를 낮추어야 할 텐데 매출이 높으면 상대적으로 이익률이 낮은 것이 일반적이라 재고를 낮추는 방법을 찾는 것이 더 쉬운 접근일 수 있겠다.

A상품은 GMROI는 비교적 높지만 매출 구성비가 낮아 공헌도가 상대적으로 낮은 경우이므로, 매출액을 증가시키는 방안을 연구해보는 것이 좋겠다.

F상품은 공헌도가 매우 낮은데 매출 구성비도 낮고 이익률도 낮은 상품으로, 지속적으로 취급할 필요가 있는지 심각하게 고려해봐야 하는 상품이라 하겠다.

상품의 취급 여부를 결정하는 데 있어서는 수치화하기 어려운 협력업체와의 관계, 신뢰 등도 중요한 요소다. 따라서 객관적인 수치와 분석이 밑받침되면서 거기에 정성적인 요소들을 고려할 때 합리적이고 신뢰할 만한 MD라는 평가를 받게 될 것이다.

5장

진열 관리_
과학과 예술의
절묘한 조화

같은 상품이라도 어느 매장에 어떻게 진열하느냐에 따라 매출이 다르다고 하면, '에이, 설마. 같은 상품인데 어디에 진열하느냐가 뭐 그리 큰 영향이겠냐'라고 생각하는 사람들이 있을지도 모르겠다. 그런데 우리는 가끔 '같은 옷 다른 느낌'과 같은 기사를 접하곤 한다. 그런 기사에서 같은 옷을 입은 유명 연예인 두 명의 사진을 보면, 같은 옷인데 입는 사람에 따라 느낌이 어쩜 이렇게 다를까 싶은 경우가 많다. 어디 그뿐이랴. 같은 원두를 사용한다는 카페라도 카페의 분위기에 따라 우리는 커피 맛을 다르게 느낄 확률이 높을 뿐 아니라, 서로 다른 가격에 대해서도 우리는 기꺼이 수용한다. 같은 옷이라도 마네킹에 입혀놓는 경우와 매대에 쌓아놓는 경우, 우리는 자연스레 옷의 품질과 가격을 서로 다르게 추측하게 된다.

이는 매장의 분위기와 상품의 진열 방식에 따라 사람들이 상품의 품질이나 가격에 대해 다르게 예측하거나 다르게 받아들일 수 있으며, 그에 따라 구매 욕구도 달라질 수 있다는 것을 의미한다. 여기서는 오프라인 유통 매장에서 구사하는 진열 전략을 살펴보고 온라인에서는 어떻게 적용할 수 있는지 알아보자.

먼저 용어를 정리하고 넘어가자.

레이아웃(lay-out): 고객에 대한 계획적 유도와 회유를 고려해 매장 내 동선과 상품군을 배치하는 작업을 말한다. 이를 위해서 우선 상품 판매를 위한 영업 공간과 창고나 사무실, 휴게 공간 등의 비영업 공간, 출입구와 계산대 위치 등을 결정한다. 이때는 매장이 단층인지 복층인지, 매장 형태가 직사각형인지, ㄱ자형인지, 층고는 높은지 낮은지, 매장 내 기둥의 개수와 크기 등 매장의 조건과 형태를 고려해야 한다. 그리고 동선을 결정하고 상품군을 배치하게 되는데, 먼저 대분류 수준에서 상품군을 배치하고 이후 대분류 내 중분류 단위로 배치한다. 이때 직원의 동선 역시 반드시 고려해야 한다.

조닝(zoning): 중분류 단위로 상품군을 배치하는 레이아웃 작업이 완료된 후 이보다 훨씬 세분화된 상품 카테고리 단위, 소분류나 세분류, 경우에 따라서는 별도의 기획 코너를 포함하여 진열 공간을 세분화하는 작업을 조닝이라 한다.

진열 계획도(Plan-O-Gram, POG): SKU별 진열 계획도를 말하며, 보통 대형마트나 슈퍼마켓, 편의점 등의 매장은 단품 하나하나에 대한 진열 계획을 수립한다. 이때 하나의 SKU를 옆으로 몇 줄 진열할까를 결정하는 것을 페이스(face) 수를 결정한다고 하며 이를 페이싱(facing)이라고 한다. 이를 사진으로 나타내면 다음과 같다.

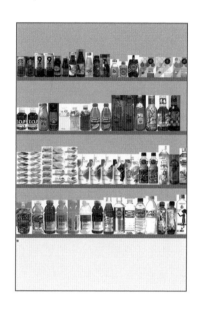

레이아웃은 앞의 정의에서 보았듯이 고객의 이동을 고려해 매장 내 적절한 공간에 상품군을 배치하는 일이며, 이때 어떤 상품군을 어디에 그리고 다른 어떤 상품군과 인접하여 배치하는 것이 더 효과적인지 판단해야 한다. 예를 들면 음료는 매장 입구에 두는 것이 나을지 매장 안쪽에 두는 것이 나을지, 그리고 음료 맞은편에는 스낵류를 놓는 게 나을지 즉석 식품류를

놓는 게 나을지 등등을 결정해야 한다. 좋은 레이아웃을 기획하기 위해서는 업태의 특성과 상권, 매장의 형태, 상품군의 특성, 고객의 심리 등 다양한 요소를 고려해야 한다.

그렇다면 잘 된 레이아웃이란 무엇일까?

무엇보다 고객의 매장 진입이 쉽고 자연스러울 수 있도록, 그리고 매장을 다니면서 불편함이 없도록 동선의 폭과 길이가 계획되어야 한다. 대형마트를 생각해보면, 대부분의 고객들은 큰 쇼핑 카트를 밀고 매장 입구에서 자연스레 과일과 채소가 진열된 코너를 따라 이동을 하기 때문에 이 주 동선의 폭은 최소 5미터는 확보한다. 그리고 매장 안쪽의 곤돌라 사이는 쇼핑 카트 2개가 교차하는 데 무리가 되지 않는 선에서 동선의 폭을 결정하게 된다. 동선이 좁으면 고객이 편한 마음으로 매장에 진입하기 어렵기 때문이다.

그리고 고객이 매장에 들어와서 자신이 구매하고자 하는 상품이 있는 코너를 쉽게 찾을 수 있어야 한다. 이를 위해서는 스토리 있는 상품 배치를 하고, 인접한 상품군 간의 연관성이 높아야 한다. 예를 들면 슈퍼마켓의 경우 매장 초입에는 그 색상들만으로도 식감을 돋우며 눈을 즐겁게 해주는 제철 과일을 주로 두고(외국의 경우에는 생화로 그 역할을 대신하는 경우가 많다) 슈퍼마켓의 주 고객인 주부들이 장을 편리하게 볼 수 있도록 벽면을 따라 기본 식재료인 채소, 그날의 주 메뉴가 될 수 있는 생선, 정육, 반찬과 델리 코너 등을 배치한다. 그리고 이와 인접한 내부의 곤돌라에는 가공식품과 잡화류 등을 배치한다. 고객들은 쇼핑할 때 자신이 구매하고자 하는 상품이 어디쯤 진열되어 있는지, 어느 상품 주변으로 가면 발견할 수 있는지에 대해 대략적으로 예측을 하고 움직이는데, 상품군의 배치가 자연스레 이에 부응해야 한다.

백화점에서도 상품군 간의 연관성을 고려한 매장 배치 사례를 많이 찾아볼 수 있다. 5~10년 전만 해도 백화점 내 구두 매장은 여성 구두, 남성 구두를 모두 1층에 위치시키고 여성 의류는 2~3층, 남성 의류는 4층에 배치하는 것이 전형적인 모습이었다. 그러나 최근엔 남성 구두는 남성 의류와 같은 층, 여성 구두는 여성 의류와 같은 층에 배치하는 매장이 대부분이다. 이는 의류를 구매할 때 구두와의 매치를 염두에 두는 고객의 구매 행태를 감안한 결과라 할 수 있다.

레이아웃이 잘 기획된 매장에서 고객들은 사전에 구매 계획을 했던 상품이 있는 코너는 물론, 그 인근 코너까지 자연스레 눈이 가고 발길이 가서 매장의 구석구석을 돌아보며 매장에서 좀 더 오래 머무는 경향이 있다. 이를 위해서는 매장 내 적절한 위치에 고객 휴게 공간이나 체험 공간을 마련하고, 연관성 높은 상품군이 서로 인접하도록 배치해야 하며, 고객들의 시선을 사로잡고 충동구매를 유도하는 행사 매대를 적절히 배치해 고객을 매장 안쪽으로 이끌 수 있어야 한다.

또한 좋은 레이아웃을 위해서는 사람들의 심리와 행동 패턴에 대한 이해가 필요하다. 예를 들면 대부분의 사람들은 쇼핑카트를 밀거나 쇼핑 바구니를 들고 쇼핑을 할 때 반시계 방향으로 이동하는 것을 편하게 여긴다고 한다. 대형마트나 슈퍼마켓을 떠올려보면, 대부분의 매장들이 매장의 오른편에 출입구가 있어서 매장으로 진입한 후 반시계 방향으로 이동하도록 설계되어 있다는 것을 알 수 있을 것이다.

그리고 전방으로 이동하는 데 불편한 요소가 있다는 것을 인지하면 아예 피해가는 경향이 있다. 예를 들면, 큰 기둥이 있고 기둥 옆 통로 폭이 넓지 않은데 이미 다른 고객이 있는 상황이라면 '나중에 와야겠다'고 생각하며 아예 그 통로로는 진입하지 않는다. 그렇게 해당 통로를 지나치고 난 후에는 그쪽에 진열된 상품을 꼭 사야만 하는 상황이 아니면 다시 돌아가는 고객들이 많지 않다.

또한 매장 통로의 경우 상품은 양쪽에 진열되어 있으나 고객은 양쪽 모두에 주의를 기울일 수 없으므로 곤돌라에 행사 상품이나 특화 코너를 배치할 때 지그재그 형태로 강약을 조절하며 배치하는 것이 좋다. 고객은 당연히 일반 상품보다는 행사 쇼카드나 POP가 부착된 행사 상품에 눈길이 더 많이 가게 마련이지만, 너무 많은 행사 상품이 계속해서 진열되어 있으면 더 이상 고객의 눈길을 끌지 못한다.

어느 연구기관의 조사에 의하면 고객이 매장 내에서 머무르는 시간이 길수록 매출이 올라가는 경향이 있다고 한다. 그러나 여기서 또 다른 조사 결과를 눈여겨봐야 한다. 미국의 한 조사에 의하면 고객들은 무의식적으로 업태별 쇼핑 제한시간을 갖고 있는데 편의점은 5분 이내, 슈퍼마켓은 30분 이내, 대형마트는 한 시간 이내라고 한다. 쇼핑은 즐거운 일이기도 하지만 대형마트나 슈퍼마켓 등에서 일상생활에 필요한 기본적인 상품을 구매하는 일은 하나의 해결해야 할 과제이기도 하다. 이런 경우 고객은 일을 효율적으로 해내고 싶어하기 때문에 고객이 예상하는 쇼핑 시간을 초과하는 것을 불편하게 생각한다고 한다. 그러므로 고객을 매장에 더 머물게 하는 요인이 편리한 동선과 연관성 높은 상품군의 배치, 요소요소에 구매욕을 높여주는 행사 매대 배치여야지, 억지로 동선을 제한해서 특정 방향으로 동선을 유도한다거나 하면 오히려 역효과가 날 수 있다는 것을 기억해야 한다.

예를 들면 한때 어떤 백화점에서 매 층마다 고객 에스컬레이터의 방향을 반대로 해두었던 적이 있었다. 아마도 의도는 1층에서 3층에 올라갈 때 2층 매장을 한 바퀴 돌고 3층으로 올라가게 만들려는 것이었겠지만 고객의 불만이 증가하자 다시 바꾼 경우가 있었다. 물론 전략적으로 개점 초기엔 매장을 둘러볼 수 있게 하려고 그런 배치를 했다가 일정 기간이 지난 후 고객 편의 우선으로 변경했을 수도 있지만 말이다.

보통 MD들이 경쟁점 시장조사를 가면 자신이 담당하는 상품 부분만 집중적으로 보고 끝내는 경우가 많다. 하지만 다른 매장을 둘러볼 때 매장 구성이 전체적으로 어떻게 되어 있는지, 상품군의 배치와 행사 매대의 배치 등 매장 전체적인 배치와 구성을 먼저 머릿속에 넣고 이해하는 훈련을 한다면 나무만 보지 않고 숲을 이해하면서 나무를 가꾸는 MD로 성장할 수 있을 것이다.

진열의 과학_ 고객의 구매 의사결정 과정을 고려한 진열

미국의 한 백화점에서 브랜드별로 진열하던 패션의류를 세일 기간 동안 우선 사이즈별로 구분한 후 그 안에서 브랜드별로 진열하는 방식으로 진열을 변경하여 매출이나 고객 만족도 면에서 크게 효과를 보았다는 내용의 기사를 해외 유통 단신에서 읽은 적이 있다.

　일반적으로 패션의류의 경우 브랜드 입장에서는 자사의 브랜드 이미지를 위해 브랜드를 제대로 노출시키기를 원하고, 소비자에게도 '브랜드'가 구매에 큰 영향을 미치는 요소 중 하나다. 그래서 평소에는 브랜드별로 매장을 구분하고 그 안에서 디자인별, 색상별, 사이즈별 진열을 하는 경우가 많다. 그런데 그 백화점은 세일 기간 중에 특별히 사이즈를 우선 분류의 기준으로 하고 그 다음에 브랜드별, 디자인별, 색상별로 진열 방식을 변경했던 것이다. 그랬더니 고객 입장에서는 자신에게 맞는 사이즈에 어떤 브랜드의 의류가 남아 있는지 쉽게 알 수 있게 되어, 기껏 브랜드 매장에서 디자인까지 골랐는데 정작 사이즈가 없어서 구매를 포기하는 불쾌한 상황을 피할 수 있었다. 또 이런 방식으로 상품을 선택함으로써 쇼핑 시간이 단축되었고 같은 고객 수가 내점했음에도 덜 붐벼서 상대적으로 쾌적한 쇼핑을 할 수 있었으며 덕분에 매장 직원도 고객에게 더 좋은 서비스를 제공할 수 있었다고 한다. 이는 같은 공간에서 같은 상품을 가지고도 진열 방식을 달리할 수 있다는 이야기이며, 이에 따라 고객의 만족도도 달라질 수 있고 결과적으로 매출도 달라질 수 있음을 의미한다.

'고객의 입장에서 생각하겠습니다', '눈높이 교육' 등의 광고 문구를 많이 볼 수 있는데 유통업체야말로 고객의 입장에서 상품을 선택하고, 진열하고, 가격을 책정하는 등 모든 업무를 고객의 시각으로 보면서 일을 하지 않으면 안 된다.

그렇다면 상품을 진열하는 데 있어서 고객의 입장에서 생각해봐야 할 것은 무엇일까? 아마도 고객들이 어떤 상품을 구매하기까지 어떤 요소들을 어떤 순서로 고려하며 의사결정을 하는지, 즉 고객의 구매 의사결정 과정을 이해하고 이를 진열에 반영한다면 고객이 매장에서 상품을 고르는 데 있어 보다 쉬운 선택을 할 수 있을 것이다.

예를 들면 의류를 구매할 경우 브랜드, 디자인, 색상, 사이즈, 가격 등이 구매 시 고려하게 되는 요소들일 것이다. 인스턴트 라면을 구매할 때는 브랜드, 맛(매운맛/순한맛), 가격 등이 기준일 것이며 여기에 부가적으로 제조회사, 영양정보나 원산지를 고려하는 고객들도 있을 것이다. 와인의 경우라면 화이트, 레드, 로제 등의 종류, 원산지, 품종, 생산연도, 용량, 가격 등을 주로 고려하여 선택을 할 것이다.

이렇게 상품마다 고객들이 구매를 결정할 때 고려하는 요소들이 다르고 그 우선순위가 다르다. 따라서 우리 매장의 주 고객들이 담당 카테고리의 상품을 구매할 때 어떤 요소들을 우선시해서 구매 의사결정을 하는지 파악하고 가장 먼저 고려하는 요소로 상품을 1차 그루핑하고 그 다음 요소로 다시 한 번 그루핑하는 일을 두 번에서 서너 번 정도 반복해 상품을 분류하고 이를 진열에 반영한다면 고객들이 상품을 쉽게 선택할 수 있을 것이다.

고객의 의사결정 과정을 진열에 어떻게 반영하는지 예시를 통해 알아보자. 떠먹는 요구르트를 구매할 때 고객이 고려하는 요소가 브랜드(A, B, C), 맛(딸기, 포도, 플레인), 사이즈(소, 대) 세 가지라고 단순화해 살펴보기로 하자.

A매장에서는 맛이 가장 우선적인 고려 요소라고 판단했고 B매장에서는 브랜드가 가장 우선적인 고려 요소라고 판단했다면 두 매장의 진열은 다음과 같을 것이다.

	←딸기맛→	←포도맛→	←플레인→
소	AAABBC	AABC	AB
중	AAABBC	AABC	AB
대	AAABBC	AABC	AB

주: A, B, C는 브랜드

	←브랜드 A→	←브랜드 B→	→브랜드 C
소	딸딸딸포포플	딸딸포플	딸포
중	딸딸딸포포플	딸딸포플	딸포
대	딸딸딸포포플	딸딸포플	딸포

주: 딸: 딸기맛, 포: 포도맛, 플: 플레인

이처럼 MD가 어떤 근거에 의해 어떻게 진열하느냐에 따라 같은 상품을 같은 면적에 진열한다 하더라도 그 모습은 달라질 수 있으며, 고객은 상품을 고를 때 의식을 하든 못하든 어느 한 매장을 더 편하게 생각하게 된다.

그렇다면 MD는 진열에 있어 가장 우선시되어야 하는 고객의 구매 의사결정 과정을 어떻게 확인할 수 있을까? 해당 인더스트리 내의 많은 조사내용을 참고하기도 하고 협력업체가 제품 개발 시 조사한 소비자조사 자료를 참고하기도 하며 또 매장에서 해당 카테고리를 구매한 고객을 대상으로 간단한 설문조사를 시행하기도 한다. 협력업체도 진열에 대한 의견을 적극적으로 피력하기도 하는데, 당연히 자사의 브랜드를 우선해서 좋은 위치에 진열해주기를 원한다. 그래야 브랜드가 소비자들 눈에 잘 띄기 때문이다. MD는 이런 자료들과 자사의 실제 매출 데이터, 그리고 자신의 통찰력 등을 바탕으로 진열 방식을 결정할 필요가 있다. 그리고 필요하면 고객들의 의견을 적극적으로 수용해보는 것도 하나의 방법이다.

이와 관련한 실제 경험 중 하나를 공유해보자. 이전에 근무했던 회사에서 여성 위생용품 카테고리 진열 방식을 두고 협력업체와 다소 의견이 엇갈리는 일이 있었다. 당시 회사에서는 고객들이 여성용품을 구매하는 데 있어 가장 우선적으로 고려하는 요소가 사이즈라는 설문조사 결과를 바탕으로 우선 사이즈로 그루핑을 한 후 그 하위 단계로 브랜드와 제품 형태, 두께 등의 기타 요소들을 고려해 진열을 했다.

그런데 한 협력사에서 브랜드를 우선하는 진열 방식이 더 효과적이라는 고객조사 자료 및 타사, 해외 유통사 사례들을 들이밀었다. 타사나 해외 선진 유통사의 자료를 보니 그 역시 근거 없는 주장은 아닌 것 같았다. 이에 다시 한 번 고객조사를 통해 진열에 따른 매출 변화를 볼 필요가 있다고 판단해 업체와 공동으로 고객조사를 하기로 하고 다음과 같은 방법을 동원했다.

우선 매출 패턴과 매출 규모, 고객 프로파일이 유사한 두 개의 점포를 대상으로 실험에 참여할 고객 패널을 확보했다. 그리고 한 매장은 사이즈를 우선 요소로, 다른 한 군데는 브랜드를 우선 요소로 하여 진열을 하고 패널들에게 일정액의 쇼핑 지원금을 지급해 실제 해당 카테고리에서 상품을 구매하도록 했다. 쇼핑 전후로 간단한 설문조사를 통해 구매 의사결정에 영향을 미치는 요소와 더불어 어떤 타입이 고객 입장에서 원하는 상품을 찾기 쉬운 진열이었는지에 대해 일차적으로 확인했다. 그리고 두 매장에서 각각의 진열을 일정 기간 유지하면서 일반 고객의 반응과 매출 변화를 확인한 후 최종적으로 그 결과에 따라 다른 전 매장의 진열을 변경했다. 결과도 결과지만 그 과정에서 배우고 느낀 점이 무척 많았다. 온라인 몰의 경우엔 이러한 비교 테스트(AB테스트)를 훨씬 용이하게 수행할 수 있다. MD 가 섣불리 주관적인 판단을 하기보다는 이러한 테스트를 통해 고객의 니즈를 확인해보기를 바란다.

실제 MD 업무를 하다 보면, 늘 다람쥐 쳇바퀴 돌 듯 해도 해도 끝이 없는 업무에 치여 어느 순간 기계적으로 머천다이징 업무를 하고 있는 자신을 발견할 수도 있다. 그러나 MD는 사소해 보이는 것이라도 자신의 의사결정이 고객의 쇼핑에 영향을 미치고 결과적으로 회사 매출과 이익에 직결된다는 점을 상기하면서, 늘 고객을 관찰하고 이를 의사결정에 반영하도록 노력해야 한다.

진열의 과학_ 객단가를 높이는 연관 진열

상품별 진열 위치와 면적은 매출에 매우 큰 영향을 미치기 때문에 MD뿐 아니라 상품을 납품하는 협력업체에게도 아주 예민하고 중요한 문제다. 그렇기에 더더욱 객관적인 기준으로 결정을 해야 하는데, 이를 위해서는 고객의 구매 의사결정 과정 외에도 자사의 머천다이징 전략, 매출 트렌드, 상품의 용량과 사이즈, 포장 방식 등 고려해야 할 점이 상당히 많다.

우선, 매출 수량(매출액)이 높은 상품에 진열 면적을 더 할애하는 것이 일반적이다. 이는 고객이 많이 찾는 상품인 만큼 눈에 띄게 풍성하게 진열해놓을 필요도 있고, 잘 팔리는 상품이 적게 진열되면 매장 직원들이 계속해서 해당 상품에 대한 보충 진열을 해야 하는데 적시에 보충을 못해 발생하는 문제를 최소화하고 또한 해당 상품의 보충 진열에 너무 많은 시간을 빼앗기지 않도록 하기 위함이기도 하다.

또한 신상품이나 이익률이 높은 상품, PB 상품 등 머천다이징 전략상 해당 시기에 매출을 올려야 하는 상품들도 눈에 잘 띄는 골든존에 면적을 늘려 진열하기도 한다. 아무래도 눈에 많이 띄면 고객의 선택을 받을 확률도 높아지기 때문이다.

매출과 연계해서 진열 위치를 정하긴 하지만, 고객이 보기에도 좋고 안정적인 진열을 위해 상품의 용량이나 사이즈가 작은 상품은 위쪽에, 크고 무거운 상품은 아래쪽에 놓는 것이 일반적이다. 그리고 가격을 중요시하는 대형마트의 경우 일반적으로 가격이 낮은 상품을 왼편에, 높은 상품을 오른편에 진열하는 경향이 있는데 이는 고객이 매대 앞에 섰을 때 일반적으로 시선이 왼쪽에서 오른쪽으로 이동하기 때문에 시선이 처음 닿는 왼쪽에 낮은 가격의 상품을 배치함으로써 가격에 대한 이미지를 좋게 할 수 있기 때문이다. 또한 패션 매장의 경우엔 고객의 관심을 끌기 위해 고객의 시선이 처음 가는 왼쪽에 밝은 색을, 오른쪽으로 갈수록 점차 어두운 색상의 상품을 진열하기도 한다.

앞서 상품의 진열은 매출과 관련이 있다고 했는데 보통 한 매장의 매출액은 객수와 객단가의 곱으로 계산하며, 객수와 객단가는 각각 다음의 공식으로 산출한다.

객수=입점고객 수×구매율

객단가=구매 수량×단품당 평균 단가

생각해보면 진열은 입점고객 수와 단품당 평균 단가에는 영향을 미치지 못한다. 대신 보기에 좋고 비교하기 편리하며 선택하기 쉽게 진열을 함으로써 입점한 고객의 구매율을 높이거나 구매 수량을 높일 수 있다. 이때 보다 효과적으로 객단가를 올릴 수 있는 방법이 있으니 바로 연관 진열이다.

연관 진열은 크로스 머천다이징이라고도 한다. 앞서 레이아웃을 설명할 때, 연관된 상품군을 인접시키는 것이 중요하다는 얘기를 했다. 연관 진열도 이와 같은 개념으로, 서로 다른 상품군에 속한 상품이지만 고객이 상품을 사용하는 방식이나 상황상 함께 사용하는 빈도가 높다면 함께 진열해주는 것을 말한다. 이를 통해 A를 구매하는 고객이 연관 진열된 B상품을 추가로 구매할 수 있도록 유도하는 것이다.

대표적인 사례로, 해외의 어느 대형마트에서 고객의 구매 이력을 조사해보니 기저귀를 구매한 고객이 맥주를 같이 구매하는 경향이 있다는 것을 알게 되었다. 내용을 확인해 보니 아내의 부탁으로 아기 기저귀를 구매하러 온 남편들이 자신이 마실 맥주도 함께 구매해갔던 것이었다. 이 데이터를 근거로 기저귀와 맥주의 조합을 생각해냈고 기저귀 매장 근처에 캔맥주를 연관 진열한 결과 맥주의 판매량이 30% 이상 증가했다고 한다.

요즘 국내 식품 매장들 중에도 고객들의 라이프스타일에 맞춰 진열을 제안하느라 얼마나 고심했는지를 알 수 있을 정도로 연관 진열을 잘 해놓은 사례가 많다. 와인의 대중화에 발맞춰 정육 코너에 레드 와인을, 회 코너에 화이트 와인을 진열하는가 하면 라면 매대 주변에 양은냄비를 진열한 곳도 눈에 많이 띈다. 자동차용품 전문코너에 졸음 방지용 껌을 진열한 모습과 아웃도어 매장에 세제 코너에나 있을 법한 아웃도어용 울샴푸가 진열된 모습에 '역시나!' 하고 감탄을 하기도 했다. 나 역시 얼마 전 동네 슈퍼마켓에서 막걸리 옆에 양은으로 만든 막걸리 잔을 같이 진열해놓은 것을 보고 재미 삼아 양은으로 만든 막걸리잔 두 개를 사오기도 했다. 이러한 연관 진열을 통해 고객들은 매장을 구경하면서 재미도 느끼고 필요한 상품을 잊지 않

| 막걸리와 양은으로 만든 막걸리잔을 함께 진열해놓은 연관 진열의 예

않고 구매할 수도 있으며, 매장 입장에서는 매출을 올리는 일석삼조의 효과를 누릴 수 있다.

한편 연관 진열도 계절에 따라 변화를 주어야 한다. 자외선 지수가 높은 시기에 자동차 핸들 커버 주변에 자외선으로부터 팔을 보호하는 팔 토시를 진열해 평소보다 세 배 이상 판매고를 올린 매장도 있고, 캠핑족의 증가 추세에 맞춰 휴가 성수기에 냉장 삼겹살 코너 주변에 숯과 나무젓가락, 쌈장 등 캠핑에 필요한 상품들을 같이 진열해 특히 숯의 매출이 2배 이상 증가했다는 매장도 있다.

비단 식품 매장뿐 아니라 가전 매장을 가봐도 카메라를 진열하면서 카메라 가방과 미니 삼각대, 스트랩을 같이 진열한다든지 아이패드나 갤럭시 노트를 진열하면서 그 옆에 케이스나 액정 필름을 두어 같이 구매할 수 있도록 제안하는 등 관련된 상품을 함께 노출시키고 있다.

연관 진열을 위한 아이디어는 어디에서 찾을 수 있을까? 고객의 라이프스타일과 심리를 이해하고 어떤 상황에서 어떤 상품들을 필요로 하며 어떻게 사용하는지를 알아야 한다. 매장 내에서 고객의 구매 행태를 관찰하면서 힌트를 얻을 수도 있고, 무엇보다 유통업체가 가지고 있는 강력한 자산인 고객의 장바구니 데이터를 잘 활용하면 재미있고도 유용한 아이디어를 얻을 수 있을 것이다.

진열의 목적이 고객의 감성과 이성에 호소해 상품에 관심을 갖도록 만들고 결과적으로 장바구니에 그 상품을 넣게 만드는 것이라는 점을 상기한다면 진열 위치와 진열 면적은 말할 것도 없고 라이프스타일과 상황별 구매 행태에 따른 연관 진열을 통해 고객이 재미와 더불어 스마트한 쇼핑을 할 수 있도록 도와주는 것도 MD의 임무 중 하나일 것이다. 게다가 결과적으로 매출까지 오르니 소홀히 할 이유가 없지 않겠는가.

'보기 좋은 떡이 먹기도 좋다'는 말이 있다. 같은 떡이라도 어디에 어떻게 담겨 있는지에 따라 어떤 사람은 '내가 대접받고 있구나'라고 느끼며 맛있게 먹을 수도 있겠고 그 반대일 수도 있을 것이다.

마찬가지로 같은 상품을 취급하는 매장이라도 매장을 어떻게 연출하고 상품을 어떻게 진열했는지에 따라 그 느낌은 천차만별일 수 있고 그로 인해 고객들의 구매 욕구 역시 달라질 수 있다. 즉, 상품 그 자체도 중요하지만 상품을 어떤 공간에서 어떻게 보여주는지 등의 시각적인 요소도 매우 중요하다.

VMD(Visual Merchandising)는 Visual(시각적인)과 Merchandising(상품 기획)의 합성어로, 기업들이 생산하고 제공하는 상품과 서비스의 품질이 상향 평준화되고 특별한 차별점을 내세우기 쉽지 않은 요즘 많은 기업들이 자사의 경쟁력을 고객에게 시각적으로 어필하기 위해 적극 활용하는 부분이다. 그리고 이러한 트렌드는 패션업계뿐 아니라 화장품, 향수, 스포츠용품, 자동차, 외식, 서비스업계 등 산업 전반에 걸쳐 나타나고 있다. 특히 어디서 무엇을 보고 무엇을 사든지 인증샷을 남기고 공유하는 요즘의 트렌드는 기업들이 VMD에 대한 투자를 더욱 강화하도록 부추기고 있다.

　VMD는 단순히 머천다이징 전략에 따라 상품을 진열하는 것을 넘어 상업 공간 전반에 걸쳐 전략을 시각화함으로써, 고객에게는 점포와 브랜드의 정체성을 각인시키고 상품의 특장점을 보다 효과적으로 전달하는 수단이다. VMD가 잘 된 매장은 고객들이 흥미를 갖고 먼저 찾아가게 만드는 힘이 있고, 매장 내에서도 상품을 선택하고 구매하기 쉽게 만들어줌으로써 효율적인 매장 운영을 가능하게 해준다. 죽 늘어선 의류 매장들 중에 계절감 있게 연출된 매장 쇼윈도와 세련되게 매치해 옷을 입혀 놓은 마네킹을 보고 이끌리듯 매장에 들어서본 경험이 다들

| 다양한 VMD 사례

몇 번은 있을 것이다. 바로 이것이 VMD의 힘이라 할 수 있다.

또한 매장 내에서도 MD가 시의 적절하게 기획한 프로모션에 이를 강조하고 돋보이게 만들어주는 POP나 연출물, 진열 소도구 등이 곁들여진다면 고객의 주의를 끌 가능성이 훨씬 높을 것이다(그림 참조).

유통업계에서는 단연 백화점이 VMD에 신경을 가장 많이 쓴다. 이를 위해 얼굴 격이라 할 수 있는 쇼윈도와 주변 공간, 매장 내 이벤트 공간과 곳곳의 공용 공간에 백화점의 콘셉트와 아이덴티티를 보여줄 수 있는 시즌별, 이벤트별 연출에 공을 들인다. 백화점에 입점된 각 브랜드들의 경우 자사 매장 공간은 자사 브랜드의 VMD 기준과 방침에 따라 연출하도록 하지만 실행하는 방식에 있어서는 백화점 VMD 방향에 맞추도록 하는 등 백화점은 VMD를 매우 중시 여긴다. 그러다 보니 백화점의 경우 MD와 VMD 담당자가 구분되어 있고 그 역할도 확연히 다르다. 주어진 공간에 어떤 브랜드를 어디에 위치하게 할지를 결정하고 그 브랜드의 실적을 관리하는 것이 MD의 주요 업무라면, VMD의 주 업무는 앞에서 언급한 대로 매장 전체적으로 일관된 이미지가 확립되도록 하고 고객에게 효과적으로 메시지를 전달하는 것이다.

상품의 구색과 저가격을 경쟁력으로 하는 대형마트, 슈퍼마켓, 편의점이나 로드숍의 경우, 예전에는 상품을 하나라도 더 진열하는 것이 매출에 도움이 된다는 생각으로 곤돌라를 일률적으로 배치하여 상품만 빽빽하게 진열해놓곤 했다. 그러나 요즘엔 특화시키고자 하는 상품군의 진열 공간은 다른 느낌이 들도록 바닥재질과 조명, 집기 타입을 달리하는가 하면 매장 전체적으로 통일된 사인물과 POP를 사용하여 고객에게 소구하고자 하는 메시지를 일관되게 전달하는 경우가 많다. 또한 단순히 상품만 얹어놓던 곤돌라에도 특정 상품이나 신상품을 부각시킬 수 있는 진열 소도구나 상품 설명 POP 등을 활용해 상품을 전략적으로 고객에게 노출시키기도 한다. 기본적으로 진열 위치나 진열 면적은 매출과 이익 등의 실적을 기준으로 하지만 여기에 상품의 크기, 높이, 색상 등 시각적인 면까지 추가로 고려해 최종 진열 계획을 세운다.

예전에는 대형마트나 슈퍼마켓 등의 매장에서는 MD가 VMD 업무까지 포함해 MD 전략을 수립하는 경우가 많았다. 즉 MD가 상품 진열에 따른 코너 신설이나 집기 관련해서는 인테리어팀과, 그리고 POP나 쇼카드 등 진열 소도구와 관련해서는 마케팅팀과 협업을 하곤 했는데, 최근에는 VMD팀을 별도로 두어 좀 더 전문적이고 디테일한 매장 연출을 맡기는 추세다. 오프라인 매장의 역할이 점차 고객 경험 향상 쪽으로 변화하고 있기 때문이다.

　업태에 따라 MD, VMD, 마케팅, 인테리어 등 유관 부서들의 역할 비중에는 다소 차이가 있으나, 유관 부서와의 사전 계획 공유와 협력이 없이는 성공적으로 이루어질 수 없는 부분이 바로 VMD다. 누구는 진열이 과학이라고도 하고 누구는 예술이라고도 하지만 결국은 예술과 과학이 잘 융화되어 고객의 발길과 시선을 끌고 여기, 이곳에서 사고 싶다는 생각이 들게끔 만들며, 고객이 상품을 탐색하면서 상품에 대해 제공된 정보를 통해 그 상품의 가치를 느끼고 최종적으로 즐거운 마음으로 구매를 하게 될 때 비로소 잘 된 VMD, 잘 된 진열이라고 할 수 있겠다.

온라인과 모바일에서의 진열

오프라인 매장에서 쇼핑을 할 때 우리는 우선 매장의 외관과 바깥에서 보이는 매장 내부의 VMD를 보고 내가 찾는 상품을 잘 갖춘 매장일지 어느 정도 판단을 하게 된다. 그리고 매장에 들어서고 나면 레이아웃에 따라 매장을 이동하며 상품을 구경하게 될 것이고, 진열 상태와 방식에 영향을 받게 되며 특정 상품들에 눈길을 빼앗기곤 한다. 이러한 레이아웃과 진열, VMD 관련 사안을 온라인에서는 어떻게 적용할 수 있을까?

온라인이나 모바일에서 쇼핑할 때를 생각해보자. 쇼핑몰 사이트에 들어가보면 전체적인 색감이나 분위기 등을 통해 내가 필요로 하는 상품이 제대로 갖춰져 있을지 대략적인 감을 잡을 수 있다. 그리고 내가 찾는 상품이 있을 만한 카테고리를 클릭한 뒤 배치된 상품 이미지를 보면서 상품을 선택한다. 여기서 온라인 몰의 카테고리 구성은 오프라인 매장의 레이아웃과 조닝의 개념과 유사하고 사이트 내 상품 이미지의 배치는 오프라인 매장의 상품 진열 방식에 해당한다고 볼 수 있다.

일례로 의류의 카테고리 분류를 생각해보자. 의류의 카테고리는 상의, 하의, 패션 액세서리 등으로 구성할 수도 있고, 오피스룩과 캐주얼, 이지웨어 등 용도별로 구성할 수도 있으며, 빅사이즈와 휴가지 추천 패션, 홈파티 패션 등 특정 상황별로 카테고리를 구성할 수도 있다. 오프라인 매장의 경우 상품 구성이 진열과 연계되어 있어서 담당하는 카테고리 내에서의 진열 변경은 쉽지만, 그 이상의 진열 변경은 쉽지가 않다. 진열을 변경하기 위해서는 상황에 따라 매장 공간이나 집기 등을 교체해야 하는 경우가 있기 때문이다. 반면 온라인에서는 카테고리 변경이나 신규 카테고리 생성이 오프라인보다 용이하다.

한편 오프라인 매장에서는 곤돌라의 길이나 배치 방향, 높낮이를 달리하며 매장에 역동감을 불어넣곤 하는데, 온라인의 경우 상품을 배치할 때 전략 상품과 일반 상품의 사이즈를 달리하거나 일반적인 사진 대신 움직이는 사진이나 동영상을 활용해 의외성과 역동성을 살리기도 한다. 그리고 이러한 의외성과 역동성은 해당 상품의 가시성을 높여 고객의 더 많은 클릭을 유도하곤 한다.

오프라인 매장에서 프로모션의 비중이 매우 높고 행사 상품의 진열 위치가 아주 중요하듯이, 온라인 채널에서도 특히 프로모션은 매우 중요하다. 프로모션의 테마를 어떻게 잡고 가격 행사나 증정 행사 등의 행사 종류는 어디에 어떻게 표시할지, 광고할 상품의 배너 구성은 어떻게 할 것인지, 배너 이미지에는 어떤 상품을 대표로 내세울지 등에 따라 소비자의 관심도가 달라지고 당연히 매출에도 크게 차이가 난다. 오프라인 매장에서는 애써 준비한 프로모션이 초기에 기대보다 반응이 저조할 경우 이미 준비해둔 물량, 대체 상품 수급과 매장으로의 배송, 매장 진열 변경 등의 문제로 매출 활성화를 위한 대안을 계획하고 실행하기가 그리 만만치는 않다. 그에 비해 온라인 채널에서는 소비자에게 노출되는 프로모션 배너를 변경하는 식으로 상대적으로 발 빠른 대처가 가능하다는 이점이 있다.

앞서 얘기한 바와 같이 오프라인 매장에서는 매장 내 고객들의 행동이나 반응을 직접 살펴보면서 이를 매장의 레이아웃이나 진열 방식, 상품에 반영하기도 하고, 고객의 트렌드를 추적해 대대적이거나 또는 부분적으로 매장 리뉴얼을 진행하곤 한다. 온라인이나 모바일에서도 이와 유사한 작업을 해줘야 한다. 즉 검색 과정에서부터 구매에 이르기까지 고객의 행동을 상대적으로 쉽게 트래킹할 수 있고 AB테스트를 용이하게 수행할 수 있다는 장점을 활용해 쇼핑몰 사이트나 앱의 사용자 경험을 개선시켜야 한다.

이러한 작업들을 온라인 MD가 직접 수행하지는 않지만, 온라인과 모바일에서의 고객 심리와 행동에 대한 이해를 바탕으로 고객들이 더 선호하고 구매로 이어질 만한 화면 구성 방식이나 상세페이지의 상품 설명 방식을 MD가 잘 인지하고 있다면 협력업체를 리드하면서 매출 증대 방안을 현명하게 제시할 수 있을 것이다.

6장

가격 관리_
MD의 존재 이유

MD의 업무 중 가격 관리는 소비자에게 판매하는 판매가격과 협력업체로부터 구입하는 가격인 원가의 결정과 관리를 포함하며, MD는 이를 통해 이익의 기초가 되는 상품 마진을 관리하게 된다. MD에게 있어 가격 관리는 MD의 존재 이유와 직결된다고 할 수 있는 아주 중요한 업무다. 재무적 관점에서 기업의 존재 이유는 이익 창출인데, 유통기업에서는 MD가 담당 상품군의 매출과 이익을 책임지기 때문이다.

그런데 가격 결정이라는 것이, 많이 팔고 싶다면 이익을 좀 덜 보고 가격을 싸게 매기면 되고, 가장 싼 매장이라고 광고하고 싶으면 모든 상품의 가격을 경쟁점보다 10원이라도 낮추고, 또 비싸다고 욕먹고 싶지 않다면 그냥 남들 가격에 맞추면 되지 않을까. 가격 결정이 그렇게 단순한 일이라면 MD의 존재 이유까지 운운할 일은 아닐 것이다. 이 장에서는 쉬운 듯 보이지만 그리 녹록지 않은 MD의 가격 관리에 대해 알아보자.

MD는 늘 고객 중심으로 업무를 해야 한다. 가격 관리라고 예외는 아니다. 원가와 목표 이익률로 정해지는 공급자 중심의 가격 관리와 달리 고객 중심의 가격 관리란 고객의 입장에서 기꺼이 지불할 만한 가격인지에 초점을 맞추고 이를 위해 목표 원가를 달성하는 것을 말한다. 그런데 이 지점에서 MD의 가격 결정에 대한 운신의 폭은 그리 넓지 않으며, 협력업체가 대형 제조사일수록 더 그런 경향이 있다.

MD에게는 달성해야 할 매출 목표뿐 아니라 이익률, 이익액 목표가 있다. 그렇기에 MD는 가격을 결정할 때 먼저 소싱하고자 하는 상품에 대한 적절한 판매가격을 설정하고 이것이 협력업체가 제안하는 판매가격과 차이가 클 경우 이를 먼저 조율한다. 그리고 여기에 목표 이익률을 감안하여 계산한 원가와 협력업체가 제시한 원가를 비교해, 최소한 목표 이익률을 맞추기 위한 협상을 진행한다.

이렇게 간단하게 판매가와 원가가 결정되면 좋으련만, 이 외에도 고려해야 할 요소들이 너무나 많다. 경쟁점에서는 어떻게 판매하고 있는지(할 예정인지) 외부의 경쟁 상황도 확인해야 하고, 내가 담당하는 카테고리 내 유사 상품의 가격과 이익률, 매출액 등 카테고리 내 경쟁 상황도 살펴야 한다. 자칫 잘못하면 카테고리 내 유사 상품끼리 매출을 서로 갉아먹는 관계가 될 수도 있기 때문이다. 해당 제품에 대한 수요와 공급 수준 역시 판매가격에 영향을 미치는데, 규격화된 상품보다는 신선식품류처럼 생산이 불규칙한 경우 특히 그 영향이 크다. 규격화된 상품이라 해도 사회적으로 불안한 여건이 조성되거나, 수요 예측의 실패로 공급이 수요를 따르지 못하는 현상이 지속되면 판매가격은 오르게 마련이다. 사회적 가치와 규제도 판매가격에 영향을 미친다. 일례로 2020년 초 코로나 확산으로 마스크 수요가 급증하고 공급이 달리던 상황을 되돌아보면 이해가 쉬울 것이다. 당시 마스크 가격이 하늘 높은 줄 모르게 치솟았지만, 공공의 이익을 고려해야 한다는 사회적 가치 기준을 감안해 정부가 개입하고 상품을 확보한 판매업체들도 적정한 수준에서 가격을 통제하면서 결국엔 위기를 모면했다.

어디 이뿐이랴. MD의 매입 형태에 따라 판매가격 결정에 대한 MD의 영향력이 달라진다. 특약매입이나 수수료 형태로 매입을 하는 경우, 해당 제품에 대한 판매가격은 협력업체가 결정하게 된다. 물론 MD가 해당 브랜드의 포지셔닝과 이미지 등을 고려해 자사 매장에 입점하기에 적합하다고 판단하여 계약을 하기 때문에 대략적인 판매가격대에 대해서는 이미 동의했다고 볼 수 있다. 다만 MD는 해당 브랜드의 매출 추이를 보면서 브랜드 세일이나 기획 특가 등을 제안하는 방식으로 판매가격에 영향을 미칠 수 있다. 이에 비해 직매입은 판매가격에 대한 MD의 영향력이 훨씬 크다.

상품군의 특성 역시 MD의 가격 결정에 많은 영향을 준다. 규격화되지 않은 채소, 과일, 생선, 고기류와 같은 신선식품의 경우 판매가격 설정에 있어 MD의 판단과 결정이 절대적이라면, 규격화된 가공식품이나 비식품류의 경우에는 협력업체의 영향력도 꽤 크다. 내가 MD로서 처음 받았던 가격 관련 교육에 의하면, MD는 각 상품에 대해 고객에게 어필할 수 있는 판매가격을 책정해서 매출을 극대화해야 하며, 동시에 이익 창출을 위해 업체로부터 최적의 가격에 상품을 공급받아야 한다고 했다. 그래서 직매입으로 들여온 상품의 판매가격은 전적으로 MD가 책정하는 것이라고 이해했으나 현실이 꼭 그렇지는 않았다. 여기에 얽힌 이야기는 다음 섹션에서 따로 얘기해야겠다. 그만큼 사연이 많았으니 말이다.

가격 결정을 두고 벌이는 MD와 협력업체 사이의 줄다리기

라면류 MD들과 얘기를 해보면 "우리가 아니라 N사가 갑이에요"라며 너스레를 떠는 경우가 종종 있다. 아마도 많은 MD들에게는 이와 같이 큰 영향력을 행사하는 협력업체들이 몇몇 있을 것이다. 대체로 매출 규모가 크고 브랜드 인지도가 월등히 높은 브랜드를 보유하고 있는 업체들이다. 이들은 자사 전략에 따라 브랜드 이미지를 공고히 하고 채널 내 통제력을 강화하기 위해 MD의 권한이라 할 수 있는 매장 내 판매가격 결정에도 지대한 영향을 미친다.

MD로 일할 당시 나 역시 그런 경험이 많았다. 한번은 A사가 라면류 가격을 인상했을 때 내가 통상 가격보다 개당 10~20원 정도씩 낮은 가격으로 판매가를 책정하면서 A사와 마찰을 빚은 적이 있었다. A사가 가격을 올리지 않으면 상품 공급을 하지 않겠다는 협박(?)을 해오기에, "공급 원가를 낮춰달라고 한 것도 아니고, 서로 협상한 가격에 제품을 사서 우리 회사 마진을 낮춰 판매하겠다는데 무슨 상관이냐, 판매가격 결정은 유통업체에서 하는 것 아니냐"며 심각하게 실랑이를 벌였지만, 결국 제조업체의 의도대로 가격을 변경해야만 했었다.

화장품류를 담당할 때도 가격과 관련해 유사한 경험이 있었다. 화장품류는 제조업체에서 유통 채널별로 브랜드를 구분해 유통시키고 있어서 소위 백화점 브랜드로 분류된 브랜드는 대형마트에서 취급하고 싶어도 취급할 수가 없다. 판매가격 역시 권장소비자가격이 표시되어 있는 것은 아니지만 제조업체에서 결정한 가격으로 판매를 하는 것이 통상적이어서 백화점 브랜드의 상품이면 어느 백화점에 가도 같은 가격으로, 대형마트에 유통되는 브랜드라면 어느 대형마트에 가도 같은 가격으로 판매하고 있었다.

내가 대형마트에 근무할 당시 있었던 일이다. 고객들 사이에 이슈를 만들어 매장 방문을 유도하기 위해 오픈점 행사에 백화점 브랜드 상품을 행사 상품으로 넣을 계획을 세웠다. 화장품업계의 관례를 모르는 게 아니었기에, 행사의 파장을 짧고 굵게 만들고자 전국 매장이 아닌 오픈 매장에만 국한해서 행사를 진행하기로 했다. 해당 브랜드사와 협의를 했으나 예상했던 대로 백화점 브랜드를 대형마트에는 절대 납품할 수 없다는 답변만 돌아왔다. 그렇다고 그대로 물러설 수는 없었다. 해당 브랜드를 병행 수입하는 업체를 물색해 상품을 구했고, 오픈 행사 전단에 "B브랜드 화장품 한정 판매"라고 대대적으로 행사 내용을 알렸다. 그런데 오픈 당일 해당 브랜드사 직원들이 매장을 오픈하자마자 행사 제품을 모두 사버렸다. 그 바람에 정작 일반 고객들에게는 제품을 하나도 판매하지 못했다. 1인당 구매 수량 한정이라는 제한도 없었고 매장 판매가격으로 구매해간 것이니 그들을 제재할 명분은 없었다. 그 협력업체와 얘기를 해보니, 우리 측에서 상품을 조달하는 것까지는 막을 수 없지만 해당 브랜드의 제품을 백화점이 아닌 대형마트에서, 그것도 백화점보다 낮은 가격에 판매한다면 브랜드의 이미지가 훼손될 수 있어 고객들이 상품을 구매하기 전에 직접 다 구매했다는 것이다.

이 정도까지는 아니더라도 많은 협력업체들은 상품 입점에 대한 협의를 할 때 특정 판매가격이나 대략적인 판매가격대에 대한 의견을 제시하고 있고, MD들 역시 시장 내에서 굳이 가격으로 인한 문제를 만들지 않기 위해 앞서 얘기한 담당 카테고리의 전략과 그에 따른 목표 이익률, 경쟁 상황, 수요와 사회적 가치 등에 크게 문제되지 않는다면 판매가격에 대해서는 협력업체의 의견을 수용해서 경쟁 매장들과 동일하게 책정하고, 원가나 장려금, 행사 지원 등의 거래 조건 협상에서 우위를 점하려 하기도 한다. 한편 이런 모습들로 인해 한때 그런 상황이 유통업체들 간의 가격 담합은 아닌지, 그로 인해 소비자물가가 오히려 높아지는 건 아닌지 하는 질타를 받기도 했다. 물론 요즘엔 온라인과 모바일 채널까지 합세한 채널 간 무한 경쟁으로 인해 수그러들긴 했지만 말이다.

권장소비자가격 vs. 오픈 프라이스

요즘에는 찾아보기 어렵지만 예전엔 과자나 라면류, 아이스크림 등의 제품 포장 겉면에 '권장소비자가격 OOO원' 또는 '희망소비자가격 XXX원'이라는 문구가 있었다. 이는 제조업체에서 아예 판매가격의 가이드라인을 명시한 것이었고, 그 당시에는 권장소비자가격을 기준으로 슈퍼마켓은 10%, 대형마트는 20% 낮게 판매가격을 책정하는 것이 관례였다.

여기서는 권장소비자가격 제도와 이에 반대되는 개념인 오픈 프라이스 제도에 대해 알아보기로 하자.

권장소비자가격은 제조사가 유통업체에 납품하기 전에 판매가격을 결정해서 미리 제품 포장에 인쇄해둔 가격으로 '권장소비자가격', '희망소비자가격' 등으로 표현되었다. 처음에 이런 문구를 접했을 때는 별 생각 없었으나 나중에 관심을 갖고 들여다보니, 이것은 대체 누가 누구를 위해 권장하는 가격이며, 희망소비자가격은 또 누가 희망하는 가격인가 싶어 다소 우습다는 생각이 들기도 했다. 사실상 이 권장소비자가격 표시 제도는 공급업체의 유통 관리를 용이하게 하기 위한 지극히 공급업자 중심의 마인드에서 만들어진 제도다. 물론 이 제도는 해당 가격이 제품에 대한 상한선의 역할을 한다는 점에서 순기능도 없지는 않다.

그러나 권장소비자가격이 제품의 상한선 역할을 하기는커녕, 오히려 애초에 터무니없는 가격으로 책정했다가 소비자들에게 선심 쓰듯 50%, 70% 등 대폭 할인해서 판매하는 현상이 만연해 가격에 대한 소비자의 불신이 매우 높았다. 이에 이러한 문제점을 해소하고자 권장소비자가격 표시를 금지하는, 소위 '오픈 프라이스 제도'를 도입하게 되었다. 제조업체가 권장소비자가격을 통해 유통 과정의 가격 결정에 개입할 여지를 없애고, 실효성 없이 높게 설정된 가격으로 소비자들이 혼란을 겪는 일이 없도록 하자는 취지다. 이 제도의 도입은 최종 판매가격의 결정권이 유통업체에게로 넘어가 유통업체 간 경쟁을 통해 가격이 결정되는 구조로 바뀌는 것을 의미한다. 우리나라의 경우, 1999년 화장품에서부터 시작해서 의약품, 가전제품, 의류, 가공식품 등으로 그 대상 범위를 점차 확대해왔다.

오픈 프라이스 제도는 유통업체 간 경쟁을 촉진시켜 상품 가격이 낮아지는 긍정적인 효과를 가져다주는 장점도 있지만, 판매가격의 기준이 되는 권장소비자가격에 익숙했던 소비자와 유통업체 모두에게 제품 가격에 대한 기준이 없어짐으로 인해 많은 혼란과 불편을 초래하기도 했다. 대표적으로 과자, 라면, 빙과, 아이스크림류 등 가공식품에서 그 불편함이 두드러져 이 품목들은 소비자가격 표시 금지품목에서 제외시키기도 하는 등 소비자의 보호와 공정한 거래를 궁극적 목표로 제도가 정비되고 있다.

미국, 영국, 프랑스, 일본 등 주요 선진국들의 경우, 오픈 프라이스 제도로 인해 제조업체는 가격에 직접 관여하지 않는 대신 SCM(공급망 관리)에 집중하면서 품질 좋은 제품을 생산하고 공급하는 데 주력하게 되고, 유통업체의 경우에는 경쟁사 대비 가격에 따른 명확한 체제를 구축하여 소비자의 합리적인 소비를 가능하게 하는 등 제조업체와 유통업체 간의 역할이 명확해졌다. 일례로, 내가 대형마트에서 MD로 일할 당시 P&G 사는 식품과 생활용품 브랜드에 대해 전형적인 오픈 프라이스 제도를 적용한 영업을 하는 업체였다. P&G의 경쟁사인 국내 제조사 영업사원들이 매번 유통업체 행사 시 협상하느라 적지 않은 시간과 노력과 비용을 투자할 때, P&G는 해외 선진국에서의 유통 경험을 토대로 유통업체의 발주 단위에 따른 가격할인제, 유통업체와의 S&OP(Sales and Operation Plan) 등을 도입하여 사전 기획에 의한 생산과 공급, SCM의 효율화를 추구하며 판매가격, 행사가격은 전적으로 유통업체에 일임하고 있었다. 결과적으로 경쟁사 영업사원들은 엄청난 시간과 비용과 노력을 들여 행사 품목과 가격에 대한 협상을 하고 난 이후에도 다른 유통사의 행사 내용과 비교당하면서 행사 이후에도 끊임없이 유통업체 MD들과 마찰을 빚었던 반면, P&G 사의 경우 그 행사 결과가 고스란히 MD의 기획력에 의한 것이었기에 아무런 마찰도 겪을 필요가 없었다.

우리나라의 오픈 프라이스 제도 도입과 확대에 있어 일부 실패한 품목들이 있긴 하지만 유통업체와 제조업체가 상생하면서 궁극적으로 합리적인 소비를 이끌어내는 방향으로 가기 위해서는 제조업체, 유통업체뿐 아니라 소비자는 물론 정부나 소비자원 등에서도 함께 노력하고 견제하면서 각자의 기능을 강화해나가야 할 것이다. MD의 입장에서, 현실적인 업계의 관행이나 대형 제조업체의 무언의 압력 등 여러 가지 어려운 점은 있겠지만, 우리나라 소비자들의 합리적인 소비활동을 이끌어내는 것도 MD의 임무라는 사실을 자각하면서 일하면 좋겠다.

가격과 관련된 소비자 심리

소비자들은 가치를 느낄 때 해당 제품이나 서비스를 구매하게 된다. 그리고 이 가치란 소비자들이 해당 제품이나 서비스에서 얻게 될 것이라고 판단하는 혜택과 그들이 지불하게 되는 비용의 차이를 말한다. 비용에는 금전적 비용 외에도 시간과 노력과 같은 비금전적 비용도 있다. 그러나 구매 시점에는 가격이라는 금전적 비용이 상대적으로 큰 영향을 미친다. 숫자로 표기되어 있는 가격은 누구에게나 똑같지만, 소비자 개개인의 상대적이고 주관적인 판단에 따라 그 가격은 적정하다거나 높거나 혹은 낮다고 평가된다. 그렇기에 소비자들의 평가 방식과 이에 영향을 미치는 요인, 그리고 관련된 소비자 심리에 대한 이해 역시 중요하다. 소비자 심리에 바탕을 둔 몇 가지 가격 전략을 소개하면 다음과 같다.

9,900원의 비밀, 단수 가격 전략(odds pricing)

단수 가격 전략은, 판매가격을 책정할 때 천단위나 만단위로 딱 떨어지게 하지 않고 9로 끝나게 해 앞자리 숫자를 바꾸는 방식을 말한다. 예를 들면 1,000원이 아니라 990원으로, 1만 원이 아니라 9,900원으로 가격을 책정하는 것이다. 여기서 단수란 홀수를 의미하기 때문에 990원, 9,900원처럼 9로 끝나게 하는 것을 말하지만, 우리나라에서는 9로 끝내는 것이 야박하다거나 속이 보인다고 느끼는 경우가 있어 980원, 9,800원처럼 8로 마무리하는 경우도 있다.

단수 가격을 활용하면 가격상의 큰 차이가 없음에도 불구하고 고객은 훨씬 저렴하게 느낀다. 많은 소비자들이 가격을 인식할 때 9,900원을 만 원을 넘지 않는 가격으로, 1만 9,900원은 거의 2만 원임에도 불구하고 만 원대라고 인식하게 되기 때문이다.

기준이 되는 가격을 제시하라, 준거가격(reference price)

어떤 상품이나 서비스에 대해 소비자가 제품의 실제 가격을 평가하기 위해 이용하는 기준이 되는 가격을 준거가격이라 한다. 준거가격에는 내적 준거가격과 외적 준거가격이 있는데, 내적 준거가격은 소비자의 마음속에 이미 존재하는 기준 가격으로 주로 소비자들의 경험에 의해 형성된다. 일례로 어떤 상품의 이전 구매 가격을 기억하는 소비자라면 이것이 기준이 되어 현재의 상품 가격을 판단하게 된다. 한편 외적 준거가격은 외부에서 주어진 자극과 정보를 바탕으로 형성되는 기준 가격을 말한다. 프로모션을 진행할 때 행사가격(예: 4만 9,000원)만이 아니라 함께 제시하는 정상가격(예: 9만 8,000원)이 대표적인 예이다.

소위 가격을 '꺾는다'고 말하는 정상가격과 행사가격을 동시에 표시하는 방식은 소비자의 구매 욕구를 높이기 위한 매우 효과적인 방법이지만, 아예 처음부터 행사를 염두에 두고 정상가를 높게 책정한 후 시종일관 행사가격으로 판매하는 것은 일종의 소비자 기만 행위라 할 수 있다. 이는 앞서 얘기한 권장소비자가격의 경우와 같은 상황이다. 그래서 공정거래위원회에서는 '표시광고법'에 의거하여 정상가격과 행사가격을 동시에 표시하기 위해서는 행사 이전에 일정 기간 동안 정상가격으로 판매한 이력이 있어야 한다든지, 가격을 비교하는 데 있어서도 자사의 종전 가격이 아닌 시중 가격이나 타사 가격과의 비교를 금지하는 등의 부당한 표시·광고 행위를 제재하고 있다. MD는 이러한 관련 법규도 올바르게 인지할 필요가 있다.

흔히 판매되는 제품이나 알려져 있는 제품에 대해서는 소비자들이 이미 준거가격을 가지고 있는 경우가 많지만, 신제품의 경우에는 준거가격이 아직 형성되어 있지 않을 것이다. 이 경우 소비자들은 해당 상품이 속한 카테고리 내의 이미 알고 있는 유사 상품과 비교해서 준거가격을 형성하게 된다. 그래서 신상품에 있어서는 소비자들이 그 상품을 어떤 카테고리로 인지하는지, 그리고 유사 상품 대비 어떤 차별적인 혜택이 있는지에 따라 소비자들의 준거가격이 높게 형성되기도 하고 낮게 형성되기도 한다.

무난한 선택을 유도하라, 중간 가격 전략(Goldilocks Pricing)

올리브유를 사든, 비타민을 사든, 안경을 사든, 셔츠를 사든 일반적으로 소비자들의 구매 상황은 다양한 유사 상품들 중에서 무언가 하나를 골라야 하는 경우가 대부분이다.

스마트폰을 구매할 때도 저장용량이 16G(기가), 64G, 128G가 주어졌을 땐 64G가 무난한 것 같더니 64G, 128G, 256G가 제시되면 왠지 64G는 용량이 부족할 것 같다는 생각이 들지 않는가. 최근엔 그 선택지가 64G, 256G, 512G로 바뀐 모델도 나왔다. 이런 경우 대다수 고객들은 자신의 사용 패턴과 무관하게 256G를 선택할 확률이 높다.

친구들과 마실 와인을 한 병 사러 마트에 간다고 해보자. 매장 점원이 9,900원짜리, 1만 9,900원짜리, 2만 9,900원짜리 와인을 추천해준다면 고객들은 어떤 선택을 할까? 그 매장에서 이미 9,900원짜리 와인을 구매해봤고 그 상품에 만족했던 경험이 있거나, 매장에 대한 신뢰가 있어서 이 매장에서 추천하는 것이라면 9,900원짜리도 좋다고 생각하는 고객들은 9,900원짜리 와인을 구매할 수도 있고, 또 구매에 실패하지 않으려면 가장 비싼 것을 고르는 게 안전하다고 생각하는 고객들은 2만 9,900원짜리 와인을 선택하기도 할 것이다. 그러나 대다수 고객들은 제일 싼 와인에 대해서는 '싼 게 비지떡'이라며 망설이고 제일 비싼 것에 대해서는 가성비 측면에서 너무 떨어진다는 생각으로 중간 가격인 1만 9,900원짜리 상품을 선택할 것이다.

그런데 만약 점원이 추천한 상품이 1만 9,900원, 2만 9,900원, 4만 9,900원짜리였다면 어떨까. 선호가 불분명할 때는 가운데 타협안을 선택하려는 성향으로 인해 역시나 중간 가격대인 2만 9,900원짜리 제품을 선택하는 고객들이 많을 것이다.

여기서 우리는 주어진 유사 상품들의 가격이 준거가격으로 작용하게 된다는 것을 알 수 있다. 그리고 이런 효과를 이용해, 주력으로 판매하고자 하는 상품의 가격대보다 높은 상품군과 낮은 상품군을 함께 배치해 중간 가격의 상품 구매를 유도하는 가격 전략을 중간 가격 전략이라고 한다.

심리적 가격 수용 범위를 고려하라

명품 핸드백에는 수백만 원을 지불하는 고객이라도 콩나물 한 봉지에 2~3만 원을 지불하지는 않을 것이다. 지불할 용의가 있는 가격 범위가 상품에 따라 다르기 때문이다. 그렇기에 가격을 제시할 때도 고객의 심리적 가격 수용 범위 내에 있을 때 효과가 있다. 앞에서 얘기한 중간 가격 전략을 쓸 때도 제시하는 고가가 고객의 심리적 가격 수용 범위 내에 들어 있으면 최고가의 상품을 선택하는 고객도 존재하지만, 이를 훌쩍 넘기는 고가의 상품은 아예 고객의 외면을 받게 되므로 MD에게는 결국 악성 재고로만 남게 된다.

예전에 TV 뉴스에서 치킨 가격이 2만 원을 넘어섰다는 소식을 다룬 적이 있다. 그 이전에도 치킨 가격 인상이 논란이 된 적이 있었지만 이번 인상의 주 이슈는 '2만 원선'이었다. 유난히 치킨을 좋아해 국민간식이라 불리는 치킨에 대해 그 당시 국민들이 공통으로 가지고 있던 수용 가능한 가격 상한선이 2만 원이었던 것이다.

물론 소비자 개개인이 갖는 이러한 가격 상한선은 개인의 경험과 기준 등에 따라 다르며, 사회경제적 환경, 개인의 생활 여건의 변화 등에 따라 변하기 마련이다. 그럼에도 MD는 타깃 고객들의 상품에 대한 심리적 가격 수용 범위를 고려한 상품 소싱과 가격 책정을 해야 한다.

세트 상품, 묶음 상품을 통한 객단가 제고

매장의 매출은 객수×객단가다. 매출을 올리기 위해서는 객수를 늘리거나 객단가를 올려야 하는데 이 중 가격과 관련이 있는 객단가를 살펴보자. 객단가를 높이기 위해 단순히 개별 상품의 가격을 올리는 것은 좋은 방법이 아니다. 하나만 살 사람이 두 개를 사게 만들거나 A를 살 사람이 B도 사게 만드는 등 고객 한 사람의 구매액을 늘려야 한다. 이를 위한 효과적인 전략이 바로 세트 상품이나 묶음 상품이다.

대형마트나 편의점에서 흔히 보는 1+1, 2+1과 같이 할인을 이용한 판매 방식이 대표적인 묶음 판매 형태다. 이외에도 삼각김밥을 사면 음료를 50% 할인해주거나, 샴푸와 린스, 상의와 하의 등 2~3개의 상품을 세트로 만들어 판매하기도 한다. 이처럼 동일한 단품을 묶거나, 함께 사용하는 빈도가 높은 상품들을 세트로 만들어 개별 상품을 판매할 때보다 가격 메리트를 주면 지금 당장 두 개가 필요하지 않거나 지금 당장은 샴푸만 필요해도 묶음 상품이나 세트 상품을 선택하는 고객들이 많다.

이렇게 상품들로 묶음 판매나 세트 판매를 하기 어려운 경우에는 상품 대신 사은품을 넣어 세트 상품으로 만들기도 한다. 예를 들어 어린이를 타깃으로 하는 과자에 장난감을 넣거나 화장품에 파우치나 손가방 등을 포함하여 세트 상품을 만드는 식이다.

가격에 대한 결정권을 갖고 있는 MD는 효과적인 가격 책정을 위해 소비자의 심리를 잘 알고 활용하는 것이 중요하다. 특히 MD는 담당 카테고리 내에서 여러 브랜드의 상품을 다루는 사람이니만큼 한 상품의 가격을 변경할 때 다른 상품에 미치는 영향까지 잘 고려해야 한다. 그래야 카테고리 내 매출과 이익을 극대화할 수 있기 때문이다.

유통 환경이 날이 갈수록 치열해지는 요즘의 상황에서는 '가격 설정' 업무의 중요성이 점점 더 커질 수밖에 없다. 경쟁점을 의식해서 모든 상품의 가격을 낮게 하자니 이익률이 망가질 게 뻔하고 이익률을 생각해 판매가격을 고수하자니 매출이 떨어진다고 영업 현장에서 아우성을 친다. 이런 상황에서 필요한 것이 바로 현명한 '마진 믹스'다.

마진 믹스를 얘기하기에 앞서 많은 이들의 관심을 끄는 블라인드 테스트 얘기를 잠깐 해보자. 브랜드를 보여주면서 맛 테스트를 할 때는 코카콜라가 맛있다고 답했던 사람들이 브랜드를 가리고 블라인드 테스트를 하자 맛있다고 고른 콜라가 펩시콜라라는 사실을 알고 놀라는 장면이라든지, 평소 고급스러운 커피 취향을 자랑하던 사람들을 대상으로 고급 브랜드 커피와 편의점의 저렴한 커피를 블라인드 테스트했는데 자신이 평소 좋아한다는 커피가 아닌 저렴한 편의점 커피를 선택해서 참가자들이 당황하는 모습을 담은 유튜브 영상들을 많이 찾아볼 수 있다. 이는 일반인들이니 그럴 수 있다고 치자. 그런데 와인 전문가인 소믈리에를 대상으로 같은 와인을 여러 브랜드의 와인 병에 담아 테스트를 했는데 대부분의 와인 소믈리에들이 서로 다르게 평가를 했다는 웃지 못할 결과도 있다.

왜 이런 결과들이 나오는 걸까? 우리말로 주로 지각 혹은 인식으로 해석되는 영어 단어 퍼셉션(perception)에서 그 해답을 찾아볼 수 있다. 퍼셉션은 어떤 상황이나 사물 등에 대한 정보들을 나름의 방식으로 조직하고 해석하여 인식하게 되는 과정이나 그러한 과정을 통해 얻은 인식이라는 의미다. 즉 어떤 상황이나 사물 그 자체가 아니라 각자의 방식으로 이해한 것이거나 인식하는 과정이기 때문에 사실(Fact)과 다를 수도 있다. 마케팅의 아버지라 불리는 필립 코틀러(Philip Kotler)는 저서 《마케팅 관리론》에서 "마케팅에서는 퍼셉션이 실제보다 중요하다. 왜냐하면 소비자의 실제 행동에 영향을 줄 수 있는 것은 퍼셉션이기 때문이다"라고 말했다.

소매 유통 매장이 가격이 싸다는 인식을 심어주기 위한 가장 간단한 방법은 모든 상품의 가격을 경쟁점보다 낮게 책정하는 것일 수 있다. 그러나 이런 식의 가격 경쟁은 경쟁사가 가격을 낮추면 그에 대응해서 또 가격을 낮춰야 하는, 끝도 없는 가격 전쟁으로 이어질 수 있다. 뿐만 아니라 그런 방식으로는 목표하는 이익을 얻기 어렵다. 게다가 '퍼셉션'이라는 말의 의미를 잘 이해했다면, 설사 우리가 이익을 포기하고 모든 상품의 가격을 경쟁사보다 다만 얼마씩이라도 낮게 책정했다 하더라도 고객은 여전히 경쟁사가 가격이 싸고 좋다고 인식할 수도 있다는 슬픈(?) 사실도 쉽게 이해할 수 있을 것이다.

그렇기에 모든 상품을 경쟁사보다 싸게 판매하는 방식보다는 이익을 포기하고 가격경쟁력을 가져갈 상품과 이익을 확보할 상품을 전략적으로 선정하는 것이 현명한 방법이다. 그래서 MD는 대부분의 상품 이익률은 적정한 수준으로 하되, 특정 상품은 이익률을 전략적으로 낮추고 가능한 몇몇 상품에 대해서는 오히려 높임으로써 매출뿐 아니라 이익률 목표도 달성할 수 있도록 관리하는데 이러한 전략을 마진 믹스라고 한다.

이때 '어떤 상품'을 가격경쟁력의 대상으로 삼고 또 '어떤 상품'으로 이익률을 확보할 것인지를 잘 선택하면 고객들은 매장에 대한 긍정적인 가격 퍼셉션(price perception)을 가지게 된다. 일반적으로 긍정적인 가격 인지를 위해서는 판매 수량이 많은 상품, 누구나 가격을 알고 있는 유명 NB 상품, 단기간 판매가 많은 계절 상품 등은 경쟁점보다 낮거나 최소한 동등한 가격을 책정하는 것이 좋다. 그리고 카테고리 내 가장 싼 가격의 상품(Entry Price point Product, EPP)은 경쟁점의 EPP보다 낮은 가격으로 책정하는 것이 고객들로 하여금 '이 매장이 가격이 싸구나' 하는 느낌을 갖도록 하는 데 도움이 된다. 이때 잘 알려진 NB 상품은 EPP로 하기에는 어려움이 많아 저가격을 목표로 만든 PB

상품을 EPP로 활용하는 경우가 많다.

가격경쟁력 확보를 위한 상품을 정했다면, 이제 가격이 변동해도 판매 수량이 민감하게 변하지 않는 상품들, 상대적으로 판매 수량이 적은 상품들을 중심으로 경쟁점 대비 판매가격이 필요 이상 낮게 책정되지는 않았는지 확인하고 필요시 일부 가격을 인상하는 조치를 취한다. 이렇게 마진 믹스를 위해 가격경쟁력을 갖춰야 하는 상품과 이익 확보를 위한 상품들을 결정하고 가격 변경을 시행한 다음에는 목표 기간을 두고 변경 전후 매출과 이익률 변화 추이를 반드시 확인해야 한다. 또한 가격경쟁력을 갖춰야 하는 상품 리스트는 시기별, 계절별로 달리해야 그 의미가 있으므로 이 역시 주기적으로(보통 분기별 또는 계절별로 나누어 연 3~4회) 관리해야 한다는 것을 기억하자.

7장

프로모션 기획_
MD가 주도적으로
행사를 기획하는 법

마케팅 믹스 변수의 하나로서 프로모션은 광고, 홍보, 인적 판매, 판촉 모두를 포함하는 광의의 개념이지만 좁게는 판촉을 의미하며 MD의 업무 단위로서 프로모션 기획도 주로 이 판촉을 의미한다. 그러나 최근 온·오프라인의 경계가 희미해지고, 모바일 채널이 급부상하며, 고객과의 커뮤니케이션에서 동영상 콘텐츠가 중요해지면서 광고와 판촉의 구분 역시 모호해지고 있다. 이에 따라 MD와 마케팅, 영업 간의 업무 경계 역시 허물어지는 추세이다 보니 프로모션 업무에 있어서도 MD는 더 많은 요소를 고려해야 하고 유관 부서와의 협업이 그 어느 때보다 중요해졌다.

여기서는 MD 업무 중 최소 절반을 차지한다고 해도 과언이 아닌 프로모션 관련 업무에 대해 알아보자.

1년 365일 진행되는 프로모션

처음 MD 업무를 시작했던 당시를 기억해보면 두 달 뒤의 행사를 준비하느라 업체들과 협의하고 겨우 일정에 맞춰 행사 기획안을 내는 한편, 바로 다음 차수의 행사 전단(당시에는 행사를 알리는 커뮤니케이션 수단으로 전단이 매우 중요하고 유효했다)을 2~3회에 걸쳐 확인하는 작업을 하며, 현재 진행 중인 행사 상품 실적은 잘 나오는지 결품은 없는지 챙겨야 하고, 매장에서 수시로 오는 긴급 요청에 대응해야 했다. 그러면서 바로 직전 실시했던 행사에 대한 결과를 분석하고 보고하는 업무까지 포함하면 기본적으로 최소한 4차수의 행사에 대한 업무를 동시에 챙겨야 하는 상황이었다.

그런데 이렇게 사전에 계획된 행사만 있는 게 아니라 긴급하게 떨어지는 경쟁점 대응 행사, 매장 오픈 행사, 부진점 매출 활성화 행사 등등 도대체 무슨 행사가 어떻게 진행되고 있는지도 모를 정도로 여러 개의 행사 기획안을 동시에 제출하고 챙겨야 했다. 게다가 당시 팀 내에서 행사 담당을 맡고 있어서 이런 각종 행사에 대해 MD별 행사 기획안을 취합하고 마케팅팀과의 전단 업무를 조율하는 일까지 하다 보니 하루 일과가 행사로 시작해서 행사로 끝나는 듯 느껴지는 날도 많았다.

MD의 업무를 분석해보면 행사 관련 업무가 50%를 훌쩍 넘을 것이다. 행사 기획, 행사 상품 물량 확보, 전단 수정, 경쟁사 행사 동향 파악 등 행사와 관련된 업무를 하지 않는 날이 거의 하루도 없다고 단정 지어도 틀리지 않다. 우리가 평소 자주 들르는 오프라인, 온라인 점포만 생각해봐도 초특가, 1+1, 특별 사은행사, 기간이나 수량 한정 행사 등등 행사 공지가 없는 날이 1년 365일 단 하루도 없다는 것을 쉽게 알 수 있다.

행사 업무를 효과적이면서도 효율적으로 하기 위해 여러 매장을 운영하는 체인 스토어와 대규모 유통업체는 일반적으로 매년 4사분기 즈음 다음해의 연간 행사 계획을 수립한다. 예를 들어 대형마트는 2주 단위로, H&B 스토어는 3주~1달 단위로 행사 기간별 테마와 주력 상품군을 개괄적으로 수립한 후 이를 보통 2~3달 전에는 협력업체들과 구체적으로 협의를 한다. 이후 행사 시작 4~6주 전에는 최종 행사 품목과 가격 및 물량, 행사 위치 등을 포함한 행사 기획안을 확정한다. 그리고 이 행사 기획안에 맞게 전단, 쇼카드, 각종 VMD물과 행사 물량을 확보하고 매장 배송, 행사 상품 진열 후 행사가 시작된다. 행사 기간 중 일부 상품에 대한 조정이 필요한 경우도 있고, 상품을 대체해야 하는 상황도 발생하는 등 긴급히 대응 처리가 필요한 경우도 흔히 발생한다. 행사 후에도 행사에 대한 결과를 분석해 이후 행사에 반영할 만한 사항들을 포함해 세부 계획안을 수정하는 것이 일반적인 프로모션의 프로세스라고 할 수 있다. 이를 도식화하면 다음과 같다.

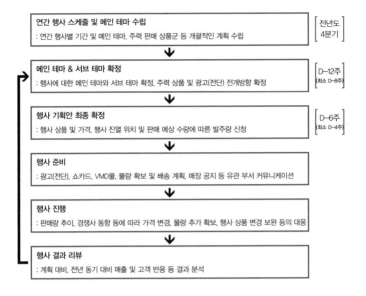

연간 행사 스케줄 및 메인 테마 수립 : 연간 행사별 기간 및 메인 테마, 주력 판매 상품군 등 개괄적인 계획 수립	[전년도 4분기]

↓

메인 테마 & 서브 테마 확정 : 행사에 대한 메인 테마와 서브 테마 확정, 주력 상품 및 광고(전단) 전개방향 확정	[D-12주 (최소 D-8주)]

↓

행사 기획안 최종 확정 : 행사 상품 및 가격, 행사 진열 위치 및 판매 예상 수량에 따른 발주량 신청	[D-6주 (최소 D-4주)]

↓

행사 준비
: 광고(전단), 쇼카드, VMD물, 물량 확보 및 배송 계획, 매장 공지 등 유관 부서 커뮤니케이션

↓

행사 진행
: 판매량 추이, 경쟁사 동향 등에 따라 가격 변경, 물량 추가 확보, 행사 상품 변경 보완 등의 대응

↓

행사 결과 리뷰
: 계획 대비, 전년 동기 대비 매출 및 고객 반응 등 결과 분석

여기서 언급한 일정은 회사 규모와 운영하는 매장 수, 카테고리의 특성, 행사의 중요도 등에 따라 달라질 수 있다. 회사 규모가 크고 운영하는 매장 수가 많으면 행사를 위해 움직이는 물동량이 큰 만큼 사전 준비에 시간이 더 많이 들 것이다. 온라인 쇼핑몰 역시 사전에 행사를 기획하고 준비하지만 상대적으로 오프라인 매장보다는 준비 기간이 짧은 편이다.

사전 준비 기간은 상품 특성에 따라서도 달라지는데 생산의 변동폭이 상대적으로 큰 신선식품의 경우에는 개괄적인 행사 스케줄이나 메인과 서브 행사 테마를 미리 잡기는 하지만 실제 행사 상품과 이에 대한 예상 물량과 발주량을 산정하는 일은 행사에 임박해서 해야 할 것이다. 반면 업체에서 기획 생산하는 패션 제품의 경우엔 상대적으로 긴 시간이 필요하다.

또한 행사의 중요도가 높을수록 일정이 더 앞당겨진다. 예를 들어 1년에 한 번 진행되는 창립 행사와 같은 중요한 행사의 경우에는 해당 매장만을 위한 차별화된 행사 상품을 기획하게 되는데, 이 경우에는 협력업체와의 협상에도 많은 시간이 필요하고, 대부분 협력업체가 기존에 운영하는 상품이 아닌 별도의 용량이나 기획 패키지 상품을 생산해야 하기 때문에 상품을 생산하는 데도 더 많은 시간이 필요하므로 행사 계획을 수립하는 단계부터 전반적으로 일정이 앞당겨진다고 할 수 있겠다.

대형마트의 경우 매출이 높은 추석, 구정 등의 명절 선물세트, 크리스마스 행사는 6개월 전부터, 길게는 1년 전부터 단독 상품을 포함한 상품 구성을 기획하고 4~5개월 전부터 수차례에 걸친 품평회를 하면서 전사 주요 부서의 의견을 수렴하여 최종 상품 구성을 하는 등 단지 MD부서만의 일이 아니라 전사적인 협업 아래 진행되기도 한다. 편의점의 경우엔 밸런타인데이나 화이트데이, 빼빼로데이가 일명 3대 명절이라 불리는 행사로, MD들이 특히 더 공들여 기획하는 매출 비중이 높은 행사에 속한다.

오프라인 매장의 행사는 고객들의 매장 방문 빈도, 상품회전율, 행사 상품 물량 등을 고려하여 주말 행사로 2~3일, 또는 7~14일, 3주~한 달을 행사 기간으로 정해 진행한다. 이에 비해 온라인의 경우에는 시간 단위, 일 단위로 움직이는 경우가 많다. 물론 오프라인에서도 타임세일을 진행하고 온라인에서도 특정 시즌에는 일주일이나 그 이상의 기간 동안 행사를 진행하는 경우도 있다.

행사 프로세스는 채널별, 유통업체별로 차이가 있을 수 있다. 그렇기에 MD는 회사의 가이드라인에 맞춰 업무를 하면서, 협력업체와도 충분한 시간을 두고 협의를 시작할 필요가 있다. 카테고리별 특성은 물론 협력업체별 특성에 따라 프로모션 협의에 시간이 좀 더 필요한 경우들이 존재하기 때문이다. 협력업체도 나름의 신제품 출시 일정과 각 제품에 대한 매출 증대 프로그램을 가지고 있는데 MD가 충분한 시간을 두고 사전에 협의를 하면 협력업체의 매출 증대 프로그램과 유통사의 행사 일정을 조율해서 양사가 시너지를 낼 수도 있다.

협력업체와의 원활한 행사 협상과 준비를 위해서, 차별화된 경쟁사 행사에 어쩔 수 없이 내 마진을 깎아가며 가격 인하로 대응하지 않기 위해서, 남들이 단기간에 쉽게 따라 하지 못할 기획 행사 상품으로 경쟁력을 확보하기 위해서 필요한 것은 MD의 사전 기획이다. 아무리 다람쥐 쳇바퀴 돌 듯 정신없이 돌아가는 행사 업무라 하더라도 MD가 행사 준비에 끌려다니지 않기 위해서는 MD가 주도적으로 사전에 행사를 준비하는 길 외에 다른 해법이 없다는 것을 명심해야 한다.

성공적인 행사를 기획하는 법

일반적으로 MD가 행사와 관련해 일하는 방식을 보면, 우선 협력업체에 테마와 행사 목적, 기간 등의 정보를 담은 '프로모션 레터'를 보낸다. 그러면 협력업체는 시즌이나 자사의 상황에 맞춰, 그리고 타 유통업체에게 제공한 행사안과의 균형을 감안해 행사 품목과 할인율 등을 MD에게 제출한다. 앞에서 설명한 대로 MD가 행사 일정 및 프로세스를 숙지하여 이러한 커뮤니케이션 과정을 충분한 시간을 갖고 사전에 하지 않으면 협력업체도 유관 부서도 모두 혼란에 빠지기 십상이다.

이 과정에서 중요한 것은 MD는 협력업체가 보내주는 프로모션 내용을 단순히 취합하는 사람이 아니라는 것이다. 협력업체가 자기 스스로 파격적인 가격을 제안하거나 또는 다른 유통업체에게는 제공하지 않는 특별 프로모션팩이나 증정품을 나에게만 줄 리가 없지 않겠는가. MD는 행사 종류와 테마에 따라, 그리고 최근의 업체별 행사 진행 내용에 따라, 경우에 따라서는 다음 번 행사까지 염두에 두고 협력업체에서 보내준 행사 내용을 보고 재조정하고 재협의해야 한다.

그리고 재조정하고 재협의하는 과정에서 MD는 나름의 방향을 잡고 아이디어를 내면서 협의를 해나갈 필요가 있다. 많은 MD들이 "뭐 좀 새로운 아이디어 없냐", "이런 정도로 행사해서 매출이 나오겠냐"며 협력업체에게 행사 내용 기획을 전가하곤 한다. 유통회사 시절을 정리하고 한 중소 제조업체를 컨설팅할 때였다. 하루는 영업 담당자가 나에게 와서는 MD가 하는 일이 영업사원 쪼는(?) 것 말고 뭐가 있는지 모르겠다며 하소연을 했다. 행사 아이디어도 협력업체에게 내라고 하고, 열심히 아이디어 짜서 내면 약하다고 다시 해오라며 화만 내고, MD가 하는 일이라곤 하나 없이 다 협력업체가 하는 거 아니냐는 것이었다. 나 역시 MD로 일할 적에 때론 너무 바빠서, 때론 내가 미리 아이디어를 구체적으로 얘기하는 것보다 협력업체가 더 좋은 조건을 제시할 수도 있으니까 등등의 이유로 영업사원만 쪼아댔던(?) 것이 생각났다. "MD들이 그런 경우가 많죠? 그들도 하는 일 많고 바빠서 그럴 거예요. 좋은 안 하나 내주고 매출 오르면 고마워하지 않겠어요?"라며 다독여주었던 기억이 있다.

　MD가 먼저 제안하고 업체와 같이 협의를 하기 위해서는 소비자의 니즈를 잘 파악하고 있어야 한다. 따라서 MD는 전년도 같은 시기, 그리고 최근의 상품별 팔림새를 잘 추적해 그 시기에 맞는 상품을 잘 파악하고 있어야 한다. 계절 상품이라면 최근의 매출 트렌드보다는 전년 같은 시즌의 매출 트렌드가 더 도움이 될 것이고, 일반 상품이라면 최근의 매출 트렌드가 더 중요한 자료일 수 있겠다. MD가 기획하는 프로모션에는 1+1을 포함하여 가격 할인 행사, 기획 세트, 보너스팩, 시음·시식 행사, 사은품 증정 행사, 샘플링, 쿠폰, 경품 및 크고 작은 이벤트도 포함된다. 그러니 행사 테마와 협력업체의 상황, 그리고 상품의 특성에 따라 다양한 방식으로 행사를 기획할 필요가 있으며, 과거의 자료를 통해 상품군별로 효과적인 행사 방법은 무엇인지를 확인하는 것도 필요하다.

　그런데 이렇게 전년 동기나 최근의 매출 실적, 과거 행사 방법에 대한 파악만으로는 새롭고 혁신적인 행사를 기획하기가 참 어렵다. 신선한 행사 기획을 위해서는 협력업체와 함께 고민하지 않으면 안 되는데, 이런 경우에는 평소 만나서 일을 하는 협력업체의 영업부서 담당과 얘기하는 것보다는 협력업체의 브랜드 매니저나 상품개발부서, 또는 협력업체의 마케팅부서와 협의하는 것이 효과적인 경우가 많다. 왜냐하면 일반적으로 협력업체의 영업부서는 이미 생산된 제품을 많이 판매하는 것이 목표이다 보니 주로 할 수 있는 일들이 원가를 낮게 공급하면서 납품 물량을 늘리는 방식에 익숙해져 있는 경우가 많기 때문이다. 물론 MD가 낸 아주 좋은 제안을 영업부서에서 받아서 회사 내부적으로 검토해 별도 기획 상품을 만들어낼 수도 있겠지만 MD가 혼자 신선하고 파격적인 행사 방법을 계속해서 고안해내는 데는 한계가 있다. 그런데 협력업체 조직 내에서도 상품을 기획하고 개발한 브랜드 매니저나 마케팅부서의 경우는 그 상품의 고객에 대한 더 많은 지식이 있고 자사 상품의 판매 촉진을 위한 방식을 고민하고 제안하는 역할을 하고 있기 때문에 오히려 특별 행사 상품을 기획한다든지 새로운 방식의 프로모션을 협의할 때는 좋은 아이디어로 협업할 수 있는 가능성이 훨씬 높은 경우가 많다.

한편 다양한 방식으로 행사를 진행한다 하더라도 모든 상품을 다 같은 강도로 고객에게 홍보할 수는 없다. 그렇기에 메인으로 내세울 특정 행사 방식이나 특정 상품군을 사전에 정해 협력업체와 협의를 하는 것이 좋다. 예를 들면 이번 행사에서는 보너스팩을 전면에 내세울 예정이니 같은 비용이면 A상품은 1+1보다는 보너스팩을 만들어보자거나, 이번 행사 테마가

코로나로 인한 '슬기로운 집콕생활(집 안에서 즐길 수 있는 상품 모음)' 이니 B상품은 구색으로만 진행하고 C상품을 메인으로 기획해 보자는 식으로, 구체적인 방식은 협력업체가 제안하게 하더라도 MD가 행사의 방향과 본인의 의도를 사전에 커뮤니케이션할 필요가 있다. 협력업체 입장에서도 납품가를 할인하든, 증정품을 구입해서 상품에 끼워주든, 별도 상품을 위해 패키지에 추가 투자를 하든 어떤 방식으로든 비용을 투입해 행사를 진행해야 하는데, 같은 비용이라면 MD와 협의된 방식의 행사를 하는 것이 당연히 효과적일 수밖에 없기 때문이다.

그리고 과거와는 달리 요즘에는 많은 유통업체들이 고객에 대한 귀중한 자료를 보유하고 있는 경우가 많다. 이를 잘 활용하면 고객을 그루핑하여 고객에게 적합한 행사를 제안함으로써 더욱 효과적인 결과를 낼 수도 있다. 특히 온라인 채널의 경우 고객의 구매와 관련한 행동 정보를 쉽게 알 수 있기 때문에 고객이 관심을 보인 상품에 대해 해당 상품과 유사한 상품을 추가로 노출시킨다거나 추가 쿠폰을 제공함으로써 효율적으로 고객의 유입과 구매를 이끌어내기도 한다.

MD 업무를 시작한 지 얼마 안 되는 초보 MD들은 행사 일정에 맞춰 행사 기획안을 제출하기도 벅찬 데다 워낙 긴급한 행사들이 기획되어 촉박한 일정 안에 행사 기획안을 제출해야 하다 보니 심지어는 업체와 협의도 채 마무리 안 된 상태에서 행사가 진행되는 일도 있고 그 뒷수습을 하느라 애를 먹는 경우도 종종 발생한다. 이런 상황에서 협력업체의 영업 담당도 아닌 마케팅부서나 브랜드 매니저까지 만나가면서 행사 협의를 하고 기획을 하라고 하면 너무 무리한 요구일까? 그러나 일정을 주도하지 못하고 끌려다니거나, 업체에 제안은커녕 업체의 제안을 추려내는 정도로 일을 하거나, 남들 다 하듯이 과거나 최근 매출 자료만 파악하는 식으로는 '대박' 행사 상품을 만들어내기란 요원한 일이다. 협력업체와 협업하면서 협력업체가 갖고 있는 능력을 최대한 활용하여 자신의 것으로 만들어나갈 때 MD의 이름을 건 대박 상품이 탄생할 수 있을 것이다.

시즌과 이슈, 숫자에 주목하기

세계 물의 날이 며칠인지 알고 있는가? 그럼 세계 해양의 날, 세계 공정무역의 날, 세계 환경의 날, 세계 동물의 날은? 며칠인지는 정확히 몰라도 이런 날들이 존재하고 있다는 사실은 알고 있는가?

갑자기 무슨 말을 하려는 건가 싶을지도 모르겠다. 일반인들은 이런 날들의 존재조차 모를 수 있지만, 아마도 MD라면 날짜를 정확히 알고 있거나 또 날짜까지는 몰라도 이런 날들의 존재는 알고 있을 것이다. 어디 그뿐이랴. 자신이 담당하는 상품과 뭐라도 관련이 있는, 공식적으로 이름 붙은 날은 뭐가 없을까 찾아봤던 경험이 한두 번은 있을 것이다.

뭔가 특별하고 차별적인 행사를 기획하기 위해서는 시즌과 이슈 그리고 숫자에 민감해야 한다. 우리나라는 사계절이 뚜렷한 탓에 일반식품과 일상용품이라 해도 계절별로 판매 지수에 차이가 있는 경우가 많다. 사계절뿐 아니라 계절과 계절 사이의 간절기도 무척 중요하다. 일반적으로 유통업체에서는, 특히 오프라인 유통업체에서는 계절에 앞서 상품을 미리 전개하기 때문이기도 하며, 그러는 와중에 간절기에 해당하는 시기에 필요한 상품도 함께 제안해서 매출을 올려야 하기 때문이다. 많은 유통업체들의 행사 테마를 살펴보면 계절을 메인 테마로 삼는 경우가 많다. 예를 들면 '시즌 과일 5선'이라든지, '봄에 꼭 먹어야 할 나물 모음전', 또는 여름이라면 '슬기로운 캠핑생활' 등 시즌과 라이프스타일을 고려해 상품을 제안하는 것이 일반적이다.

같은 선크림류를 판매하더라도 봄엔 봄나들이를 테마로 하거나, "봄볕에는 며느리를 내보내고 가을볕에는 딸을 내보낸다"는 우리 속담을 활용해 '봄볕에도 나를 지키자'는 테마로 행사를 할 수도 있겠다. 선크림류의 비수기라 할 수 있는 겨울에는 어떻게 해야 할까. 사용자의 라이프스타일이나 상품의 기능과 효능뿐 아니라 피부, 햇볕 등에 대한 연구를 MD 스스로 해야 한다. 이때 협력업체의 제품 연구개발부서나 마케팅부서와 협업을 통해 보다 정확한 자료를 얻을 수 있다면 좋을 것이다. 일례로 2020년 들어 확산된 코로나19로 외부 생활을 자제하고 집 안에서 보내는 시간이 많아진 상황에서, 실내에서의 조명, 창을 통해 들어오는 햇볕, 컴퓨터 모니터 등의 영향으로 선크림이 필요하다는 각종 정보들이 많았는데 MD는 이와 관련된 보다 정확한 정보를 얻어 프로모션 테마와 상품 정보 제공에 활용할 수 있어야 한다.

MD는 사회적 이벤트와 이슈에도 민감해야 한다. 이 모든 것을 프로모션 테마에 활용할 수 있기 때문이다. 대표적인 것이 구정과 추석 명절이다. 크리스마스, 밸런타인데이, 화이트데이, 빼빼로데이는 이제 전 국민이 아는 이벤트이고, 젊은 층에서는 매월 14일에도 이름을 붙여 즐기고 있다. 영어학원에서 시작한 핼러윈 파티는 밀레니얼과 Z세대들 사이에서 제대로 자리 잡은 이벤트가 되었다. 그러나 이렇게 이미 많이 알려진 사회적 이벤트는 아주 대표적인 프로모션 테마라 다소 식상할 수 있다. 그러다 보니 여러 MD들이 세계 기구들에서 정한 기념일이나 지자체에서 정한 각종 기념일까지 적극적으로 찾아가며 프로모션 테마로 활용하기 시작했다.

또한 행사 테마에는 숫자가 빈번하게 사용된다. 3월 3일을 삼겹살데이라 하여 삼겹살 가격을 30% 할인한다든지, 창립 5주년을 기념해 50개 품목에 대해 50% 세일을 한다든지, 2020년을 맞아 20대 브랜드를 20% 세일하면서 포인트를 2배 적립해주는 식이다.

그동안 봐왔던 경쟁사 행사 중에서 '금요일(Friday)은 후라이데이'라며 계란을 30% 세일하던 것, S자를 5자처럼 바꾸어 써서 '매월 5일은 샐러드데이(Salad day)'로 하자고 제안하던 행사가 유독 마음 짠하게 기억에 남는다. 이걸 만들어내느라 고심했을 MD의 마음이 생각나서 말이다.

| '샐러드데이'와 '후라이데이' 행사

심혈을 기울여 행사 품목을 선정하고 협력업체와 가격 협상을 통해 최종 행사가격을 정했다면, 이를 어떤 방식으로 소비자에게 알릴 것인가 하는 것도 무척이나 중요한 문제다.

앞서 가격 전략에서 설명했던 단수 가격 전략은 일반적인 가격 책정뿐 아니라 행사가격 책정 시에도 많이 활용하는 가격 책정 방식이다.

가격을 할인하는 경우 'OO% 할인'처럼 할인율로 표시할 수도 있고 'OO원 할인'처럼 할인되는 금액을 직접 표시할 수도 있다. 이 경우 원래 가격이 얼마였는지에 따라 같은 혜택인 할인율과 할인액이 다른 느낌으로 받아들여질 수도 있다. 예를 들면, 아래와 같이 원래 가격이 1,750원인 상품을 20% 할인한다고 해보자.

이때 20% 할인이나 이를 계산한 350원 할인이나 결과적으로는 같은 혜택이지만, 소비자 입장에서는 마치 20% 혜택이 더 나은 조건인 듯 보일 수 있다. 350원이라는 절대 가격이 너무

적게 느껴지기 때문이다. 그러면 원래 가격이 1만 7,500원인 경우는 어떨까?

이때는 20% 할인율을 환산한 3,500원 할인이 더 나은 혜택처럼 인식될 수 있다. 3,500원이라는 가격이 소비자들에게는 더 현실적으로 와 닿을 수 있기 때문이다. 이처럼 정상가격이 높을 때는 같은 할인이라도 할인율보다는 할인 금액으로 표시하면 소비자 입장에서는 절약할 수 있는 금액이 부각되면서 구매하고자 하는 욕구가 더 높아질 수 있다.

또한 가격 할인율을 표시할 때는 10단위나 5단위로 표현하는 것이 좋다. 예를 들면 원래 가격이 8,600원이었는데 이를 5,900원에 판매하기로 했다고 가정해보자. 이를 할인율로 표시하려고 계산해보면 31.4%이다. 할인율은 반올림해서 표현할 수 없으니 31% 또는 31.4%로 표현해야 할 텐데 이 경우에는 오히려 할인율 표시를 '30%'라고 하거나 '30% 이상'으로 하는 것이 낫다. 만약 할인율을 계산했을 때 26%나 27%가 나왔다면 마찬가지로 25%로 표시하는 것이 낫다. 너무 정확한 숫자로 할인율을 표현하면 소비자 입장에서는 계산이 복잡해진다.

계산이 쉬울 때 할인 가격에 대한 인지율이 높아진다고 한다.

한편, 고가의 상품인 경우에는 행사가격을 분할된 가격으로 표시하게 되면 소비자들로 하여금 가격에 대한 부담감을 덜 갖게 만들 수 있다. 결과적으로 같은 가격을 지불하게 된다 하더라도 당장 적은 금액을 지불하면 되는 할부 금액으로 표현했을 때 소비자는 더 큰 혜택을 느끼게 된다. 그래서 고가의 가전 제품 등의 광고에는 특히 월 할부 금액으로 광고하는 경우를 많이 볼 수 있다. 이렇게 분할 표시를 일 단위로까지 하면서 소비자들을 깜짝 놀라게 하는 경우도 있었으니 바로 기아자동차가 그랬다. 2017년 기아자동차는 하루 커피 한 잔 값에 해당하는 5,000원이면 모닝이나 레이를 구매할 수 있다는 '커피 한 잔 할부 프로그램'을 선보였다. 물론 특정 모델에 한해 선수금이라든지 할부 기간, 만기 시 상환 조건 등 조건이 충족되어야 했지만 언젠가 혹은 조만간 차를 구입하고 싶다는 생각을 갖고 있던 소비자들이라면 하루 커피 한 잔 가격으로 차를 살 수 있다는 이 광고에 마음이 흔들렸을 것이다.

그리고 MD가 프로모션을 기획할 때 재고를 처분하기 위해 파격적인 가격 할인을 하는 경우도 있을 것이다. 이런 경우 자칫 잘못하면 제품과 브랜드에 대해 싸구려라는 인식이 생기거나 뭔가 문제가 있나 하는 의문이 생겨 오히려 구매를 하지 않는 상황도 발생한다. 그렇기에 그냥 가격 할인만 표시하는 것보다는 그 이유를 함께 적시해주는 것이 좋다. 예를 들면 제품에는 하자는 없으나 단순 고객 변심으로 반품된 상품이라든지, 제품 패키지에 일부 손상이 있어 가격을 할인한다는 식으로 이유를 설명하면 소비자들은 오히려 좋은 기회를 잡았다고 생각하면서 행사 상품을 구매할 것이다.

프로모션의 성패를 좌우하는 유관 부서와의 소통

유통회사 내에서 일어나는 일들은 어느 한 부서에서 기획하고 실행하는 것으로 마무리되는 것이 아니라 관련 부서의 협조 없이는 제대로 수행할 수 없는 일들이 대부분이다. 그중에서도 '프로모션'은 MD팀을 중심으로 마케팅, SCM, VMD와 영업부서는 기본이고 상황에 따라서는 그 외 부서들까지 다 연관된다. 그리고 이 주요 부서들과 연결된 외부 업체들, 예를 들면 상품을 납품하는 제조업체, 각종 홍보물을 제작하는 업체와 배송업체, 매장 내 연출물을 설치하는 시공업체 등 회사 내외부의 여러 회사 및 부서가 다 같이 제 몫을 다할 때, 그리고 최종적으로는 그렇게 수립한 행사 계획을 매장 현장에서 기획 의도대로 잘 수행해낼 때 성공적으로 진행할 수 있다.

회사의 규모와 조직 구성, 부서별 임무와 역할 등에 따라 어느 단계에 어느 부서에서 어느 정도의 역할을 해야 하는지는 달라질 수 있기에 일반화시키기에는 다소 어려움이 있지만 일반적으로는 다음과 같다.

주로 마케팅부서에서 연간 행사 일정과 주요 테마를 결정한다. 이때 마케팅부서에서 단독으로 계획을 하기보다는 영업, MD부서와 협의를 거쳐 결정을 하게 된다.

각 행사별로 관련된 부서, 즉 MD와 마케팅, SCM, VMD와 영업부서에서는 최소 3개월 정도 전부터(행사의 규모와 중요도에 따라서는 6개월 전 또는 1년 전부터 TF팀(Task Force Team)이 결성되기도 한다) 큰 틀의 행사 테마 아래 서브 테마와 상품 운영 및 행사 방법 등에 대해 의견을 제시하고 협의한다. 아무래도 주 테마에 맞춰 전개할 상품이 무엇인가가 핵심이 되기 때문에 MD부서의 의견이 초기엔 매우 중요하다. 예를 들면 MD부서에서는 해당 시기에 론칭 계획이 있는 신규 브랜드나 전략 상품을 행사 기간에 맞춰 운영하고 싶다거나 계절에 맞는 상품군을 별도 행사 매대를 마련하여 협력업체의 판촉사원들까지 동원해 판매했으면 한다든가 하는 등의 의견을 낸다. 각 MD팀이 이렇게 의견을 내고 나면 그 수가 많아 행사를 전개할 공간이 부족한 경우도 발생하고 어떤 경우엔 그 반대일 수도 있다. MD팀 입장에서는 팀에서 관리하는 상품군이 많이 노출되고 좋은 위치에서 행사를 할수록 매출이 올라간다는 것을 알기 때문에 자기 팀에서 낸 의견이 관철되기를 바랄 것이다. 그리고 경우에 따라서는 각 MD팀과는 별개로 기업의 PR을 위해서 전개해야 하는 행사 공간이 필요하기도 하고, 그동안은 없었지만 회사 내 신규 사업팀에서 진행하고자 하는, 예를 들면 신규로 만든 앱을 홍보하기 위한 행사가 있을 수도 있다. 이렇게 여러 부서에서 나온 계획을 수렴하고 매장 전체적인 공간 운영 및 매출 계획 등을 고려해 최종 전개할 행사 및 공간 배치를 한다.

이때 VMD와 SCM 등 유관 부서에서는 이런 회의를 통해 전체적인 행사 전개 방향 등을 알고 어떤 연출물과 사인물들이 효과적일 수 있을지, 별도 제작해야 하는 집기가 필요한지, 어느 부분을 강조해야 하는지, 주요 전개될 상품 중 미리 확보해야 하는 상품은 없는지, 대략적인 물동량은 어떨지 등 전체적인 방향을 잡을 수 있다. 그러니 유관 부서와 서로 사전에 소통이 없다면 각자 애써 준비한 행사를 전개할 공간이나 여력이 안 되어 진행할 수 없게 된다든지, 진행할 수는 있다 하더라도 주변 상품이나 매장 분위기와 어울리지 않는 행사 공간이 연출되기도 해서 그 효과는 투자한 노력이나 비용 대비 기대한 수준에 못 미치는 경우가 많다.

이렇게 행사에 대해 각 부서별로 가닥이 잡히고 나면 일정 시간 후 좀 더 세부적으로 수립된 계획을 갖고 다시 협의를 한다. 이번엔 세부 상품과 운영 방안, 전체적인 매장의 연출물이나 사인물, 특별 행사 공간에 대한 운영안 등을 보다 구체적으로 협의를 하게 되며, 예상되는 어려움과 해결 방안에 대해서도 논의를 한다. 예를 들면 MD팀에서 A제조업체의 신규 브랜드 론칭을 행사 시작일에 맞춰 매장에 전개하려 하는데, 이를 위한 별도의 배송 스케줄에 대해 SCM부서에서의 협조가 가능한지, 신규 브랜드를 소비자들에게 효과적으로 알리기 위해 협력업체에서 준비하고자 하는 브랜드 이미지가 담긴 POP물이나 진열 소도구들이 매장 전체 이미지와 잘 어울리도록 사전에 마케팅부서의 확인을 위해 일정을 어떻게 잡으면 좋을지 등 다양한 협의사안이 발생한다. 이런 준비과정 속에서 사내뿐 아니라 외부의 협력사들과도 긴밀하게 내용이 공유되어야 한다는 것은 너무나도 당연한 일일 것이다.

오프라인 매장을 운영하는 경우, 특히 체인으로 여러 매장을 운영하는 경우엔 이러한 계획을 각 매장에 효과적으로 전달하는 일도 중요하다. 운영 매장 수가 100개 이상인 대형마트나 그보다 훨씬 많은 수의 매장을 운영하는 편의점이나 H&B 스토어도 있는데 이런 경우 여러 매장에서 행사 계획을 같은 수준으로 이해하고 계획에 맞게 실행할 수 있도록 행사 내용과 의도를 전달하는 것이 중요하다.

행사 기획에 대해 본부와 매장 간 역할이 회사마다 조금씩 다르기는 하지만, 여러 매장을 운영하는 경우 전사적 효율을 위해 본부 MD가 행사를 기획하고 이를 각 매장에서 운영하는 것이 일반적이다. 사전에 매장별 행사 매대의 위치를 지정해 곤돌라 엔드나 평대, 기타 행사 집기에 번호를 부여하고 각 집기별 진열해야 할 상품을 정한다. 상품별로 가격 행사인지, 증정 행사인지, 1+1 행사인지 등의 행사 방식, 상품별 부착해야 하는 POP나 쇼카드 종류와 상품별 가격 정보는 기본이다. 그리고 MD가 예상하는 매출 수량과 금액 정보를 포함하여 매장에서도 이 상품과 이 진열 공간에서 매출이 어느 정도 되겠구나 하는 것을 같이 알 수 있도록 해주는 경우가 많다. 이러한 정보는 매장에서 발주를 해야 하는 경우 발주량 산정에 유용하게 쓰인다.

여기에 해당 상품이 박스 커팅 진열인지, 개별 진열인지, 또는 몇 단으로 진열을 할지, 그리고 한 개 이상의 상품을 혼합 진열해야 할 때는 진열 위치 정보도 함께 주어 어떤 상품 옆에 어떤 상품을 진열해야 할지 등 진열 방식까지도 제안해주는 경우가 있다. 엑셀이나 PPT를 활용해서 진열 모습을 이미지로 전달하기도 하고, 본사나 특정 장소에 행사 집기를 설치해놓고 미리 진열한 모습을 사진으로 전송하는 경우도 있고, POG(Plan-O-Gram: 진열계획도) 솔루션을 사용하는 회사의 경우에는 이 솔루션을 활용하여 진열된 이미지를 미리 시스템상에서 구현해 매장에 전달하는 등 최대한 기획 의도대로 매장에서 실행할 수 있도록 정보를 전달한다.

MD는 기획을 총괄할 뿐 제작, 배송, 판매에 이르는 모든 일은 유관 부서에서 담당한다. 그러다 보니 MD는 유관 부서에 여러 가지 사항을 공유하고 요청하는 입장이 된다. 모든 일이 다 그렇듯 사전에 인지하면 대비하고 준비할 수 있지만 갑작스레 요청하면 문제가 발생할 수 있다. 사실 MD가 유관 부서에 요청하는 입장이긴 하지만 마치 지시하는 것처럼 여겨지는 경우도 많기에 더더욱 사전 기획과 사전 공유가 중요하다. 자칫 잘못하면 사내에서 갑질하는 MD가 될 수도 있으니 말이다.

8장

협상 전략_
윈윈을 이끌어내는
MD의 협상법

MD에게 필요한 능력 중 하나로 많은 분들이 협상력을 꼽는다. 1부의 MD에게 필요한 자질에서는 협상력을 커뮤니케이션 능력이라는 보다 포괄적인 개념 안에 포함시켜 설명했지만, 외부 협력업체와 많은 업무를 처리하고 결정하는 MD에게는 그저 의사소통을 잘하는 것 이상의 커뮤니케이션 능력이 필요하다.

협상이란 어떤 특정한 목표를 위해 상대방으로부터 무엇인가를 얻고자 할 때 상대방을 설득하기 위한 자료를 준비하고 적절한 방식으로 커뮤니케이션을 하여 합의에 이르는 것을 말하는데, MD의 업무를 생각해보면 대부분이 협상의 결과라고 할 수 있다.

협력업체와 협상을 한다며 자료 파일과 업무수첩을 들고 성큼성큼 상담실로 향하는 MD의 모습이 꽤 그럴듯하고 멋있어 보이지 않는가? MD는 주로 무엇을 협상하며, 협상 현장에서는 어떤 일들이 벌어지는지, 그리고 결과도 그만큼 멋지게 나오기 위해서는 어떻게 해야 하는지 알아보자.

상품의 도입과 취급 중단, 가격과 물량, 상품 진열(노출), 프로모션 및 광고 등을 결정하는 MD는 이를 독단적으로 해나가는 것이 아니라 협력업체와의 협의를 통해 의사결정을 하게 된다.

얼핏 생각하면 상품을 도입하는 것은 협상할 필요 없이 협력업체가 얼씨구나 하고 받아들일 것 같지만, 협력업체가 자사의 브랜드 전략에 따라 채널뿐 아니라 매장까지도 한정적으로 운영하기로 결정했다면 그 외 채널이나 매장에서는 해당 브랜드와 상품을 취급하기 어려운 경우가 있다. 그럼에도 불구하고 MD가 판단할 때 그 브랜드의 취급이 자사 고객을 위해 필요할 뿐만 아니라 타사와의 차별화 측면에서 꼭 필요하다면 당연히 협상의 대상이 된다.

지금은 어느 H&B 스토어에 가든 쉽게 찾아볼 수 있는 아벤느, 비쉬, 유리아주 등의 더모 코스메틱(Dermo-Cosmetic: 피부과 전문의나 약사가 직접 개발한 전문성 높은 화장품) 브랜드는 10여 년 전만 해도 약국에서만 살 수 있는, 소위 '약국용 화장품'으로 불리던 브랜드들이었다. 당시 올리브영에서는 이 브랜드들의 콘셉트와 특징이 H&B 스토어와 잘 맞을 뿐 아니라 이들 브랜드를 취급하면 고객들이 좋아하리라는 판단 하에 이 브랜드를 유치하고

자 협상을 시작했는데, 약국에서만 판매하던 브랜드를 일반 유통 매장으로 확대하는 것에 대한 약사들의 우려와 반대가 심했다. 협력업체 입장에서는 그 당시 주력 채널이던 약국 채널의 영향력을 무시할 수 없는 상황이라 이들을 설득하는 과정이 필요했고, 이 브랜드들의 입점을 위해 올리브영에서도 매장 레이아웃, 직원 교육, 상품 운영 방식 등 상당히 많은 부분에 변화를 주는 의사결정을 해야만 했다. MD가 노력한다고 해서 늘 성공하는 것은 아니지만 이러한 신규 상품의 도입은 MD의 중요한 협상 대상이다.

신규 상품은 기존 거래하던 협력업체로부터 도입하기도 하지만 아예 협력업체를 신규로 들이게 되는 경우도 많다. 이렇게 신규 협력업체를 도입하기 위해서는 취급할 상품별 원가뿐 아니라 취급 상품에 대한 입점 비용, 대금 지불 조건, 물류 조건과 방식, 이에 따른 물류비용, 각종 장려금 등 거래를 위한 기본적인 조건에 대한 협상이 필요하다. 이러한 조건들은 계약서에 명기되며 계약 기간은 주로 1년 단위이기에 연간 계약을 통해 계약 조건을 갱신하는 것이 보통이다. 특별한 이슈가 없는 한 협력업체와 유통기업 간의 거래는 영속성을 가지며, 기본 거래 조건들은 일반적으로 유통기업의 회계 연도에 맞추어 갱신된다. 이러한 연간 계약 조건에 대한 협상은 MD의 중요한 업무다.

MD는 협력업체별 연간 매출과 이익, 상품 운영 현황, 물류 성과, 마케팅 활동 등을 총체적으로 고려하고, 다음해 자사의 목표와 이에 연계한 머천다이징 전략 하에 협력업체별 상품 운영 및 성장 계획을 수립하여 이를 바탕으로 각종 항목에 대한 협상을 진행하게 된다.

기본 거래 조건이 세팅되어 거래를 시작하게 되면, 상품 운영과 매출 증진을 위한 다양한 활동들을 하게 되면서 이에 관련된 모든 일들이 협상의 대상이 된다. 대표적인 것으로 프로모션 방식과 조건, 광고 집행, 신상품의 도입, 매출 부진 상품에 대한 처리 방안 등이 있다. 특히 프로모션과 광고는 유통기업 입장에서는 1년 365일 늘 진행하게 되며, 매출과 이익에 미치는 영향이 그 어떤 활동보다 지대하다. 게다가 직매입을 할 경우 재고에 미치는 영향 역시 크기 때문에 협력업체와의 협상의 많은 부분이 바로 이 프로모션과 광고에 대한 것이다.

온라인 채널의 경우 오프라인에 비해 입점과 퇴점이 자유로운 편이기 때문에 MD 입장에서는 신규 입점에 따른 부담을 가질 요소는 거의 없다. 그러나 일단 입점을 한 이후의 운영에 대해서는 협력업체와 긴밀한 협의가 필요하다. 특히 요즘은 누구나 쉽게 가격 비교를 할 수 있기 때문에 협력업체 입장에서는 자사 상품의 가격이 어디에선가 무너지는 것이 가장 큰 걱정거리이고 MD 입장에서는 가격경쟁력 확보 차원에서 문제가 될 수 있기에 이는 MD와 협력업체 양쪽 모두 신경 써야 하는 부분이다. 특히 온라인 채널에서는 자사 홈페이지의 UI/UX에 대해 끊임없이 개선 작업을 하고 새로운 상품 노출이나 광고 구좌를 만들어내고 있기 때문에 MD는 이에 대해 협력업체와 끊임없이 커뮤니케이션하면서 신뢰관계 하에 효율을 극대화할 수 있도록 하는 것이 중요하다.

보통 협상이라고 하면 외부의 협력업체와 하는 것으로 생각하기 쉬운데, MD의 경우 내부 협상도 중요하다. MD팀은 카테고리를 담당하는 MD들로 구성되어 있는데, 각 MD들은 각자의 목표를 위해 협력업체와 협상한 결과물들을 실제 매장에서든 온라인 쇼핑몰 내에서든 구현을 해야 한다. 그러나 오프라인 매장이라면 물리적 한계로 인해, 그리고 공간에 제한이 없는 온라인이라 하더라도 좋은 위치는 제한적이기 때문에 여러 MD들의 협상의 결과물을 원하는 방식대로 모두 진행하기는 쉽지 않다. 이 때문에 내부에서도 상사 또는 동료들과 협상이 필요한 경우가 많다. 마케팅, SCM, 영업, VMD 등의 유관 부서와 업무를 진행하는 과정에서도 부서 간 업무 분장만으로는 해결되지 않는 크고 작은 일들이 계속 발생하기에 MD의 업무는 실로 끊임없는 협상으로 이루어져 있다고 해도 과언이 아니다.

얻고자 하는 것과 내어줄 수 있는 것 파악하기

협상에 있어서 가장 중요한 것은 뭐니 뭐니 해도 내 목표를 확실히 설정하는 것이다. 상황에 따라서는 그 목표가 톱다운(top-down) 방식으로 회사에서 정해져 내려오는 경우도 있는데, 이때 MD는 그 목표에 대한 확실한 이해를 통해 스스로가 먼저 설득되어야 한다. 자기 자신이 목표에 대한 설득이 안 되는데 어떻게 남을 설득시키겠는가.

대형마트가 국내에서 한창 성장하던 시절 홈플러스에서 근무할 당시, 회사의 연간 계획에 맞추어 MD에게 매출과 이익 목표가 주어졌는데, 연간 계약을 통해 협력업체들의 장려금을 평균 3%는 올려야 할 상황이었다. 처음 그 목표를 받았을 때 많은 MD들 사이에서 말도 안 되는 목표라며 1% 올리기도 어려운데 3%는 어림도 없다는 불만이 터져 나왔고, 나 역시 그중 하나였다. 이러한 분위기를 알고 MD 전략팀에서 MD들을 모아놓고 회사의 계획을 설명하는 시간을 가졌다. 당시 회사는 공격적인 매장 확장을 계획하고 있었는데, 이러한 매장 확장이

거래 중인 협력업체에게 주는 재무적인 혜택, 홈플러스가 새롭게 도입할 마케팅 시스템과 IT/물류 시스템 개선을 통해 협력업체가 얻을 수 있는 유무형의 혜택, 당시 홈플러스가 가지고 있던 글로벌 네트워크를 활용한 협력업체 수출 지원 방안 등등 홈플러스와 거래를 하는 협력업체들이 내년도 자사와 거래를 함으로써 얻을 수 있는 유무형의 혜택들을 구체적으로 설명해주었다. 뿐만 아니라 그러한 매장 확장, 신규 시스템 도입과 개선 등을 위한 회사의 투자 계획 등에 대한 설명을 통해 MD가 개인적으로 제대로 알기 어렵거나 어떤 면에서는 생각하지 못했을 부분들에 대해 알 수 있었다. 이런 배경 설명을 듣고 나니 평균 3%의 장려금 인상이라는 목표가 그리 허황된 것만은 아니라는 것을 이해할 수 있었다. 남을 설득하기 위해서는 그 협상의 목표의 당위성에 대해 내가 먼저 설득당해야 하며, 그러기 위해서는 그 목표에 대한 정확한 이해가 필수적이라 하겠다.

MD로서 달성해야 할 목표가 확실해졌다면 이제는 상대방인 협력업체가 그 목표 달성에 어떤 도움을 줄 수 있는지, 즉 그들이 나의 목표 달성을 위해 지원할 수 있는 것에는 어떤 것들이 있는지를 알 필요가 있다.

예를 들어 프로모션 지원의 경우에는 정규 할인과 특별 할인과 같은 가격 할인이 있고, 덤 물량 및 증정 물량의 형태로 행사 지원을 하는 경우도 있다. 상품 판촉을 위한 샘플과 테스터, 시음 및 시식용 물품 지원 등 상품의 무상 지원도 있을 수 있다. 더불어 상품의 판촉활동을 위한 판촉사원 파견과 장비 및 집기를 지원하는 형태도 있다. 매장 내 행사와 각종 광고와 관련한 마케팅 비용을 부담하기도 한다. 비단 매장이나 온라인 몰 내에서의 광고 외에도 신문, 잡지, 인터넷 등 다양한 매체를 통해 다양한 방법으로 자사의 상품뿐 아니라 유통업체까지 함께 홍보하는 방식으로 지원하기도 한다. 특정 유통업체를 위해 프로모션용 상품을 기획하고 생산하는 것도 하나의 지원 방식이며 집객 효과를 높일 수 있도록 신상품이 론칭될 때 또는 특정 시기에 자사의 광고 모델을 동원하는 등의 대대적인 이벤트를 준비하는 것도 협력업체에서 제공 가능한 자원이다. 이외에도 유통기업의 고객들을 위한 다양한 체험 이벤트나 유용한 정보 제공을 수반하는 클래스를 운영하기도 하는 등 다양한 형태와 방법의 마케팅 수단이 제공되기도 한다.

장려금의 경우에도 일반적으로는 매입 총액에 대한 정율 형태로 지원을 하지만 양사가 매출 목표를 함께 수립하고 그에 맞는 매입을 달성할 경우 성장 장려금을 지급하기도 하고, 목표 달성률에 따라 지급액을 달리하는 방식을 도입하기도 한다.

특정 품목에 대한 매출과 매입 목표 달성 시 지급하는 특별 장려금의 형태도 있으며 이는 특히 신상품이나 신규 브랜드 입점 시 유용하게 활용되기도 한다. 그리고 유통업체로부터 필요한 정보를 얻는 것에 대한 비용도 협력업체 입장에서는 기꺼이 제공 가능한 항목일 수 있겠다.

그 외에도 가격 할인이나 장려금, 판촉 지원처럼 당장 눈에 보이는 것이 아니어서 MD들이 협상의 대상에서 종종 빼놓는 것들도 있다. 각종 시장 정보와 제품에 대한 전문 지식을 MD에게 제공하거나, 자사의 제품을 보다 효과적으로 판매하기 위한 판매기법을 유통업체 판매 담당들에게 제공하는 등의 일들도 중요한 자원이라 할 수 있는데 이는 실제로 협력업체 입장에서는 상당한 비용이 들어가는 일이기도 하다.

이렇게 다양한 것들이 협력업체로부터 지원 가능한 상황에서 MD가 내놓을 수 있는 협상 카드에는 어떤 것들이 있을까? 혹시 이 지점에서 'MD인 내가 업체로부터 원하는 것을 얻어내기만 하면 되지 내가 뭘 내줘야 하는 거야?'라고 생각하는 MD가 있을지도 모르겠다. 소위 갑을 관계라 불리는 유통업체와 협력업체와의 관계에 있어서는 상대적으로 유통업체 MD가 협상을 하는 데 유리한 입장이라고 할 수 있다. 그래서인지 제조업체나 협력업체의 경우 자사 영업사원을 대상으로 '협상 스킬'에 대한 사내외 교육을 시키는 경우가 많은 데 반해 유통업체 MD 는 상대적으로 협상력 제고를 위한 노력은 덜 하는 것 같다. 그러다 보니 협상이랄 것도 없이 협력업체에게 일방적으로 뭔가를 요구하기만 하며, 원하는 만큼 얻어지지 않을 때는 상품을 빼느니, 거래를 끊어버리느니 하며 큰소리치거나 협박(?)을 하기도 한다. 그러나 깊이 생각하지 않고 내뱉은 협박은 좀처럼 실현되기도 어려울뿐더러, 이런 일이 반복되면 버릇없고 실력 없는 MD로 인식될 뿐 아니라 심지어 신뢰할 수 없는 MD로 전락하게 된다.

사실 MD는 본인이 속한 조직의 힘을 통해 이미 갖고 있거나 본인의 노력 여하에 따라 가질 수 있는 협상 카드가 여러 개 있다. 물론 협상 당시 유통업체의 상황과 협상 파트너인 협력업체의 상황들에 따라 다르긴 하겠지만 말이다. 예를 들면, 유통업체가 업계 선두이거나 선두는 아니더라도 고객에게 좋은 이미지를 갖고 있다면 이러한 유통업체에 상품을 납품하는 것만으로도 협력업체 입장에서는 큰 마케팅 수단을 얻는 셈이 될 수 있다. 요즘에는 유통기업이 제공하는 선도적인 기술과 각종 서비스를 협력업체도 충분히 활용할 수 있는데, 이 역시 협력업체 입장에서는 비용을 줄이면서 매출을 올릴 수 있는 기회가 될 수 있으니 MD 입장에서는 협상 카드로 활용할 수 있다. 혹은 해외에 매장을 둔 유통업체라면 협력업체에게 해외 판로를 개척할 기회를 제공할 수 있어, 이 역시 MD 입장에서는 강력한 카드가 아닐 수 없으며 동시에 협력업체의 의존도와 충성도를 높일 수도 있다.

그리고 소비자에게 직접적으로 어필할 수 있는 공간을 가진 유통업체 입장에서는 일반적으로는 진열의 위치, 진열 면적 등 매장 진열에 있어서의 브랜드와 상품의 노출 정도, 쇼카드, POP, 그 외 각종 진열 소도구 등의 활용을 통한 브랜드와 상품의 노출 방식, 전단이나 DM 등을 통한 브랜드와 상품의 노출 등이 가장 강력한 지원 방식 중 하나라 할 수 있다. 실제 전단 전면에 광고가 되는 경우와 그렇지 않은 경우 판매량이 수십 배 차이가 나기도 하며, 엔드 곤돌라에 진열되느냐 일반 곤돌라에 진열되느냐에 따라 같은 가격 행사라도 최소 열 배 넘는 판매량의 차이가 나곤 한다. 이는 온라인과 모바일 공간에서도 그대로 적용되어 홍보 공간과 상품의 노출 위치는 매출과 직결된다.

그 외 각종 판매 데이터는 협력업체에서 가장 목말라하는 정보 중 하나다. 이러한 각종 판매 및 재고 정보를 기반으로 업체와 브랜드를 같이 키워나가는 일은 당연히 협력업체 혼자의 힘으로 하는 것보다 효과적일 수 있다. 그리고 요즘에는 선진 유통사의 경우 중소업체를 위한 각종 교육 프로그램도 운영하고 있는데, 이 역시 당장 상품의 납품과 직결되지 않는다는 이유로 협력업체 입장에서 가볍게 넘길 수 있는 항목이나 이를 시행하는 유통업체 입장에서는 많은 인력과 시간, 비용이 투자되는 상생을 위한 지원 방식 중 하나다.

이렇게 협력업체에서 지원 가능한 자원들과 유통업체 MD 입장에서 제공 가능한 자원들을 잘 매치만 한다면 MD는 굳이 큰소리를 치거나 협박하지 않아도, 보다 더 세련된 방식으로 얻고자 했던 것은 물론이요, 그 이상의 것까지도 얻을 수 있을 것이다.

성공적인 협상을 위한 MD의 자세

성공적인 협상을 위해서는 어떻게 해야 할까를 이야기하기 전에 어떤 것이 성공적인 협상인지를 얘기하는 것이 우선이겠다.

협상이란 상대방으로부터 얻고자 하는 것이 있을 때 이를 달성하기 위해 벌이는 자유로운 교환 과정이다. 따라서 내가 상대방으로부터 원하는 것을 얻어냈다면 성공적인 협상이라고 볼 수 있다. 그러나 협상하는 과정에서 상대방을 속이거나 화려한 언변으로 상대방을 농락하여 착취하듯 얻은 결과라면, 그래서 나는 원하는 것을 얻었는데 상대방은 패배감과 실망감에 앙심을 품거나 나와 우리 조직에 대해 부정적인 감정을 갖게 된다면 앞으로의 관계에 오히려 해가 될 뿐 아니라 지속적으로 성과를 만들어내기는 어려워진다. 정상적이고 바람직한 협상은 협상이 끝난 후 협상에 참여한 양자 모두에게 실제적인 이익이나 승리감을 안겨주는 것이다.

보통 유통업체의 MD는 협력업체의 영업사원들에게 '슈퍼 갑'이라는 얘기를 듣곤 한다. 유통업체와 협력업체 간의 거래 관계는 특별한 사안이 있지 않는 한 지속성을 전제로 하게 된다. 그리고 앞에서 살펴본 바와 같이 1년 365일 내내 협력업체와 크고 작은 일들을 수도 없이 해나가야 하는 MD들에게는 한두 번의 협상 결과보다 그런 여러 가지 일들을 통해 양사의 관계를 얼마나 돈독하게 만들어가는지가 상당히 중요하다.

협력업체 입장에서는 A유통업체에게 50만큼 지원하면서도 돈을 '뜯긴다'는 생각을 갖기도 하고, B유통업체에게는 100을 지원하면서도 '이 유통업체에서 최고 매출 한번 내보자'는 적극적인 마음을 갖기도 한다. C유통업체에는 100을 지원하면서도 MD로부터 감사의 인사는커녕 당연한 일을 했다는 듯한 취급을 받는 반면, D유통업체에는 50밖에 지원하지 못했는데도

MD로부터 인정받는 듯한 느낌을 받아 함께 성과를 만들어봐야겠다는 의욕을 다지기도 한다.

그런데 현실을 보면, 엄청난 업무량에 치여 사는 MD 입장에서는 모든 협상 이슈가 있을 때마다 많은 시간을 들여 협력업체들과 협의하고 정서적인 부분까지 신경 쓸 여력이 거의 없다. 그래서 일방적으로 요청하고 다그치고 협박(?)하고를 반복하곤 한다. 그러다 보니 협력업체 영업사원들의 소원이 '나도 한번 '갑'의 입장에서 일해보는 것'이라는 얘기를 많이 듣게 되는데, 그만큼 울며 겨자 먹기로, 억울한 마음 가득한 채로 일을 하게 되는 경우가 많다는 말일 것이다.

그렇다면 이런 상황에서 MD는 어떻게 윈윈을 이끌어내는 협상을 할 수 있을까? 어떻게 하면 업체들로부터 '버릇없다, 안하무인이다, 슈퍼 갑이다' 등등의 소리를 듣지 않으면서도 기분 좋게 100을 투자하게 만들 수 있을까?

협상의 기술을 논하기 전에 우선적으로 갖춰야 할 것은 상대방에 대한 상호 존중의 태도다. MD들이 꼭 기억해야 할 것이 있다. 협력업체 담당자들이 지금 내 말을 들어주는 것은 '나' 때문이 아니라 단지 내가 지금 'MD'의 역할을 맡고 있기 때문이며, 그것도 그저 'MD'여서가 아니라 '어느 기업'의 MD이기 때문이다. 기업에 따라 다르겠지만 대체로 MD의 연령층이 과거에 비해 한층 낮아졌다. MD와 직접 미팅을 하는 협력업체 담당자들은 MD들 앞에서는 'MD님'이라고 존칭을 쓰며 어려워하는 듯하지만, 실제 유통 관련 업무 경험 면에서나 상품에 대한 지식 측면에서 MD를 능가하는 경우가 많다. 유통업체와 협력업체 관계로 만나지 않았다면 (경험도 지식도 그리 많지 않은) MD 앞에서 어려워하며 있을 이유가 없는 사람들인 것이다. 이런 점들을 상기하면서 같은 직장인이자 사회인으로서 상호 존중하는 마음과 태도를 갖출 필요가 있다.

일에 대한 열정 또한 중요하다. 협력업체 담당자들의 얘기를 들어보면, 열정적으로 일하는 것이 보이는 MD에게 더 신뢰가 가며, 설사 MD가 경험이 부족해 실수를 하더라도 오히려 도와주고 싶은 마음이 들기도 한다고 한다. 그런 MD가 어려운 제안을 할 때 처음엔 거절하기도 하지만 그 열정에 밀려 결국 들어주게 되는 경우도 많다고들 한다.

그리고 협상에 임할 때 내가 이슈를 제기하는 경우엔 그에 대한 준비를 사전에 철저히 하되 내 입장에서만이 아니라 상대 업체 입장에서 왜 이런 일이 필요한지 공감할 수 있도록 해야 한다. 계속되는 얘기지만, 일에 쫓겨 시간이 없다는 이유로 별다른 설명 없이 일방적으로 업체에 전화나 메일로 '이번에 이렇게 좀 해주셔야겠습니다. 메일 보냈으니 언제까지 회신 주세요'라고 하고 마는 경우들이 허다한데, 간단한 일이야 이렇게 처리해도 넘어갈 수 있지만 사안에 따라서는 반드시 시간을 낼 필요가 있다. 그리고 설사 메일이나 전화로 간단히 일을 처리한 경우라도 그 결과에 대해 업체와 공유하거나 함께 리뷰하는 시간을 갖는 것이 좋다. 예를 들어 행사를 기획하면서 모 업체에게 초특가 상품 몇 개 내야 하고 일반 가격 행사 상품이 필요하니 언제까지 행사 가능한 품목과 가격을 보내달라고 메일을 보냈다고 하자. 일정에 쫓겨 업체와 메일로 행사 상품을 결정하고 가격을 결정해서 행사를 진행한 경우, 그 행사 결과에 대해 업체와 검토하고 이번 행사에서 다른 경쟁 상품의 행사는 어떤 방식으로 했는데 그 결과는 어땠는지 짧게라도 얘기하는 시간을 갖는다면 다음번에 또 같은 방식으로 행사 협의를 할 때 좀더 효과적인 행사 방안이 나올 수 있을 것이다.

업체가 이슈를 제기할 때는, 얼핏 듣기엔 그 제안이 현실적으로 반영되기 힘들 것으로 판단된다 하더라도 그 배경과 의도에 대해 업체 의견을 제대로 들어보는 시간을 갖도록 하자. 얘기를 듣다 보면 미처 생각지도 못한 좋은 의견이었을 수도 있으며, 또는 그 제안을 바탕으로 더 좋은 방향으로 일을 해나갈 수도 있다. 설사 이번 제안은 들어주기 어려운 경우라 하더라도 업체가 뭘 원하는지 알게 되는 계기가 되어 이후 그 업체와 다른 협상을 할 때 업체가 원하는 바를 일부 반영해 내어줄 카드로 삼고 협상에 임할 수도 있게 된다.

또 하나, MD는 자신의 조직뿐 아니라 협력업체의 큰 그림도 보면서 일을 할 수 있어야 하며, 협력업체 영업 담당 역시 자사의 큰 그림뿐 아니라 유통업체의 큰 그림도 보면서 일을 할 수 있도록 해야 한다. MD로 일을 해봤다면, 왜 팀장이 이런 일을 시키는지, 왜 자신이 제안한 행사를 지금은 하지 않는 것이 좋겠다고 얘기하는지, 왜 매출 활성화를 강조하다가 이제는 마진 확보를 강조하는지 그 배경을 알면 일을 하기가 훨씬 쉽다는 것을 알 것이다. 더불어 협력업체가 올해 어떤 계획을 갖고 있는지, 신상품 출시 계획은 어떻게 되는지, 업체가 중요하게 생각하는 포인트는 무엇인지 등등을 알면 그 업체와 협상을 할 때 MD로서 자신이 원하는 것을 얻기 위해 무엇을 내어줄 수 있을지 미리 준비할 수 있게 된다. 마찬가지로 협력업체 담당자의 경우에도 해당 유통업체가 이번 분기엔 가격 인하를 주요 테마로 하는지, 하나 더 행사를 주요 테마로 하는지, 매장에 판촉사원 지원을 더 원하는지, 아니면 진열 소도구 등의 집기 지원이 더 필요한지, 결품이 이슈가 되어 물량 확보를 잘할 수 있는 방법을 제안하는 것이 좋을지, 재고 축소가 화두가 되어 효과적인 SCM 방안을 제안하는 것이 더 도움이 될지 등등 유통업체의 방향과 이슈를 알면 같은 자원을 동원한다 하더라도 유통사에 더 적합하고 효과적인 지원을 할 수 있다.

유통업체와 제조업체의 관계를 소위 갑을 관계라고 한다. 물론 최근엔 공정거래법이 점차 강화되고 있고, 중소기업을 육성하고 보호하는 차원에서 상생이 이슈가 되고 있다. 유통업체에서도 이에 발맞추어 제조업체, 벤더 등 상품을 납품하는 회사를 '협력업체'라고 호칭을 바꿔 부르는 회사가 많아졌고 '협력업체의 날'을 지정해 협력사 임직원을 초청하여 유통회사의 비전과 미션을 공유하고, 협력사의 노고를 치하하기도 하는 등 유통업체와 제조업체의 관계가 각자의 이익만을 꾀하며 뭔가 감추고 서로를 의심하는 관계가 아닌 상호 협력하는 관계가 되도록 많은 노력을 기울이고 있다. 그저 구호에 그치지 않고 MD의 업무에 반영되어 선순환 구조를 만들어나가기 위해서는 쌍방이 노력해야 하겠지만 특히 기존에 '갑'의 입장에 있던 MD들의 노력이 더 필요하다. 이제는 회사를 등에 업고 큰소리만 치는 갑질 MD가 아닌, 협력업체가 함께 일하고 싶어하는 슈퍼 MD로 거듭나보자.

"급한 일 아니면 다음에 전화하자"라며 친구의 전화를 급히 끊
거나 "네, 지금 회의 중인데 회의 끝나면 전화할게요"라고 얘기
하고는 전화 안 하기 일쑤고, "갑자기 행사안 내야 할 게 생겨
서 오늘 모임은 못 나가겠다, 미안" 또는 "오늘 약속 다음으로
미뤄야겠네요. 갑자기 회의가 생겨서요"라는 약속 취소, 그리고
어떤 경우에는 "아, 오늘 만나기로 했었나요? 제가 갑자기 급한
일이 생겨서 깜빡했네요. 죄송하지만 다음에 다시 볼까요?" 식
의 약속을 지키지 못하는 일 등등은 MD들에게서 쉽게 찾아볼
수 있는 모습들이다.

이런 상황에서 어떻게 예의도 지켜가면서 그 많은 업체들과
일일이 심도 있는 협상을 하란 말이냐고 항변하는 것도 충분히
이해가 된다. 참 어려운 일임에는 틀림이 없다. 그래도 경험을
바탕으로 몇 가지 팁을 나눠보자면 다음과 같다.

첫 번째 팁은, 업무 시간을 계획적으로 활용할 수 있는 방법
을 찾으라는 것이다.

신입사원 시절, 나는 처음부터 50개가 넘는 업체를 담당하게
되었다. 지금과 달리 이메일이나 문자도 없던 때라 개중에는 약
속도 없이 불쑥 찾아오는 업체도 있었고, 다른 MD와 미팅을 위

해 방문해서는 이왕 온 김에 시간되면 만나고 가겠다며 무작정 기다리는 업체도 있었다. 미팅 약속을 해놓고도 늦거나 깜빡 잊고 나타나지 않는 업체들까지 가세해, 업무 파악도 제대로 안 된 신입사원 입장에서 눈코 뜰 새 없다는 말이 무슨 뜻인지 정말 온몸으로 느끼던 시절이었다.

그런데 나와 그리 다르지 않은 상황일 텐데도 불구하고 훨씬 안정되어 보이던 선배가 있었다. 하루는 그 선배와 퇴근 후 저녁식사를 할 기회가 있었는데 이런저런 얘기를 하다 업체와의 미팅에 관한 이야기가 나왔다. 그 선배는 미팅을 위한 요일과 시간대를 지정해놓고 가급적 업체 미팅 약속을 특정 요일, 특정 시간대에 하고 있었다. 물론 갑작스런 일들이 발생하기 때문에 100% 다 지켜질 순 없지만 그 선배와 일하는 업체 담당자 대부분이 이미 그런 방식에 익숙해져 있어 시간을 훨씬 계획적이고 효율적으로 사용할 수 있다고 했다. 바로 그것이 선배가 상대적으로 여유롭고 안정되어 보이던 비결이었다. 바로 다음 날부터 따라 해보니 정말 효과적인 방법이라는 것을 알 수 있었다.

MD로 일해 보면 알겠지만 MD에게는 각종 프로모션과 관련된 일정과 내부 주간회의, 신상품 품평회 등의 정기적인 업무 일정들이 있게 마련이다. 이런 주요 정기적인 업무를 중심으로 주간 스케줄을 보면, 협력업체와의 미팅이 효율적인 두세 개의 요일이나 시간대를 정할 수 있다. 협력업체와의 미팅은 가급적 이 시간을 이용해보자. 한동안은 업체 담당자들에게도 자신의 일정을 알리고 협조를 구해야 할 것이다. 사전 약속 없이 찾아오는 상습적(?)인 업체의 경우 그냥 돌려보내고 미팅 약속을 다시 잡는 식으로 그런 일의 재발을 방지하기도 하면서 서로 준비되고 약속된 미팅을 할 수 있도록 해보자. 그러다 보면 효율적으로 시간을 활용할 수 있고 업체들 역시 본인이 필요할 때마다 찾아와서 미팅을 할 때보다 훨씬 더 알차게 미팅 준비를 해오는 등 더욱 효과적인 미팅을 하게 되는 장점이 있다.

두 번째, 미팅 시에는 반드시 그 목적을 인지하고 사전에 준비하는 습관을 들여야 한다. 특히 자신이 무언가를 얻기 위해 미팅을 할 때, 내가 양보하거나 내어줄 수 있는 것은 무엇인지 준비를 하는 것이 중요하다. 협력업체가 미팅을 요청해서 만나게 되는 경우 왜 그 업체가 자신을 만나러 오는지 확인하지 않는 MD들이 의외로 많다. 신상품 때문이려니 또는 가격 인상 문제려니 하고 지레 짐작하는 경우도 있고, 만나서 얘기해보면 알겠지 하며 가벼이 생각하는 경우도 있으며, 어떤 경우에는 무슨 일로 미팅을 청하는지 물어봐도 만나서 얘기하겠다며 목적을 밝히지 않는 경우도 있다. 그러나 아무리 사소한 사안이라도 미리 내용을 알고 미팅에 임하는 것과 그렇지 않은 경우는 그 깊이와 결과물에 차이가 있게 마련이고 그것이 중요한 사안일 때는 더 말할 나위도 없다. 오늘 업체와 만나서 할 얘기, 자신이 요구할 사항과 업체가 요구할 것으로 예상되는 사항, 이후 일정 등에 대해 미리 정리해보고 자신의 요구사항들 중 반드시 관철시켜야 할 사항과 일부는 조금 양보해도 좋을 사항, 이 요구사항을 들어주기 위해 업체가 거꾸로 요구해올 만한 사항은 무엇이며 이에 대해 해줄 수 있는 것은 무엇일지 미팅을 하기 전에 미리 생각해보는 것이 좋겠다. MD가 준비 없이 미팅에 임하게 되면 미팅을 하는 중간중간 업체를 기다리게 하며 자료를 뽑아 오거나, 자료는 다음에 주겠다고 하고 또 다른 미팅 약속을 잡는 일들이 발생한다. 물론 '을'인 업체 입장에서는 '갑'인 유통업체 MD가 기다리게 하거나 다음 미팅 때 데이터를 주겠다고 하더라도 그 자리에서 뭐라 하지는 않겠지만, 필요한 자료들을 MD가 미리 준비해놓는 모습을 보인다면 미팅에 참석하는 협력업체 담당자들도 한편으로는 고마움을 느낄 것이고 한편으로는 긴장하면서 MD를 대할 것이다(설사 MD가 경험이 다소 부족하고 어리더라도 말이다).

세 번째는 협상을 진행했다면 그 결과를 정리해서 반드시 협력업체와 공유하라는 것이다. 서로 상반된 목표를 가진 사람들끼리 협상을 진행하게 되면, 같은 얘기에 대해 서로 다른 의미를 부여할 수가 있다. 특히, 거절을 하게 되는 경우 미안한 마음에 직접 말하지 못하고 돌려 말하거나 하나하나 짚어가며 얘기를 못하는 경우가 있는데, 이로 인해 발생하는 오해가 많다. 또 서로 내용에 대해서만 얘기하고 일정을 명확히 정하지 못하고 넘어가는 경우도 허다하다. 한쪽은 매우 긴급한 사안으로 생각하고 요청했기에 바로 처리될 것으로 기대하지만 상대방은 아직 시작도 안 한 경우도 많다. 그렇기에 협상을 했으면 가능하면 바로 그 자리에서 합의된 항목과 그 일을 처리하기 위한 세부 항목, 그리고 누가 어떤 일을 언제까지 해야 하는지 등에 대해 정리를 하고 넘어가는 것이 좋다. 특히 여러 차례 미팅을 통해 협상을 진행시켜야 하는 중요한 이슈인 경우 양사의 담당자뿐 아니라 상급자가 함께 관심을 갖게 마련이므로 더욱 확실히 점검하면서 협상을 진행할 필요가 있다.

네 번째는 중간 점검과 중간 보고다. MD는 회사 업무 절차상 보고와 품의를 받지만 90% 이상 MD의 의지대로 진행될 정도로 업무에 대한 결정권이 크다. 그러나 회사나 부서 입장에서 중요한 이슈를 다룰 때가 있는데, 일례로 연간 계약, 신규 서비스나 대규모 프로모션 관련 이슈 등이다. 이런 경우 회사나 부서 차원에서 목표를 달성해야 하기 때문에 자신의 실적이 다른 사람들에게 영향을 미치기도 하고, 한 협력업체와의 협상 내용이 다른 협력업체와의 협상에도 영향을 주게 되기도 한다. 이런 협상을 할 경우엔 우선 전체적인 큰 그림을 갖고 있어야 하며, 그에 따라 협력업체별로 협상 순서를 정해서 진행하되 중간 점검을 해가면서 전체 협상을 해나가야 한다. 또한 이런 경우엔 모든 일을 끝내고 보고해야겠다는 생각은 금물이다. 특히 영향력이 클 수 있는 협력업체와의 협상은 현재 진행 상황과 향후 예상을 중간중간 보고해야 부서 전체를 책임지는 상급자 입장에서도 예상되는 문제를 확인하면서 조율할 수 있다.

마지막으로 담당자 입장에서는 꺼려지는 일일 수 있는데, 협상 자리에 상급자를 참여시키는 것도 좋은 방법이다. 담당자 입장에서는 협상의 내용과 난이도가 어떻든 스스로의 힘으로 처리하고 싶은 것이 사실이다. 그리고 혼자서 협상에 나설 때와는 달리 상급자와 함께하는 경우 자료 준비라도 더 신경 써야 하는 등 아무래도 번거롭기 마련이다. 하지만 이런 미팅을 통해 선배들의 미팅 스킬도 배울 수 있고, 담당자들 사이에 주고받는 얘기의 차원을 넘어 보다 거시적인 회사의 방향, 계획 등에 대해 이야기를 나눌 수 있게 되는 등의 장점이 있다.

협력업체뿐 아니라 내부에서도 늘 크고 작은 협상을 해야 하는 것이 MD의 업무다. 한두 번이야 큰소리로 어깃장을 놓아 효과를 거둘 수는 있지만 늘 그런다면 원하는 걸 달라고 떼쓰는 어린아이와 무슨 차이가 있겠는가. 이제 더 이상 일방적으로 생떼 쓰듯 일하지 말자. 협상은 설득을 통한 합의로 이루어지는 것이다.

부록 1_
MD를 위한 상식 사전

1. MD가 알아두어야 할 기본적인 법규들

MD 업무는 협력업체와의 거래를 기반으로 하기 때문에 공정
거래법, 하도급법에 대한 기본적인 지식이 필요하다. 또 상품을
중심으로 하는 업무이기에 제조물책임법, 표시광고법도 알아야
하고, 종사하고 있는 업태에 따라 방문판매법, 전자상거래소비
자보호법, 가맹사업법 등도 알아두는 게 좋다. 그리고 2012년 1
월 1일부로 기존의 대규모 소매업 고시의 내용을 기반으로 법
제화된 대규모유통업법이 시행되고 있기 때문에 특히 이에 해당
하는 유통업체의 MD들은 강화된 새로운 법에 대해서도 인지
하고 있어야 한다. 최근에는 콘텐츠의 제작과 확산이 한층 용
이해진 터라 자칫 침해하거나 또 반대로 침해당하기 쉬운 상표
권과 저작권에 대한 이해도 필요하다. 이외에 식품위생법, 화장
품법 등 상품 카테고리에 해당하는 법규들도 있으니 실무를 담
당하게 된다면 꼭 확인해보길 권한다.

　그런데 기업에서 MD들을 대상으로 이러한 각종 관련 법규들
에 대해 일목요연하게 교육하는 경우도 흔치 않거니와, 시대에

따라 조금씩 변경되는 법들을 업데이트해서 알려주는 경우는 더더욱 드문 것 같다. 그러다 보니 어떤 경우에는 정말 몰라서, 또 어떤 경우에는 법규가 바뀌었다는 걸 제대로 인지하지 못한 채 일을 처리하다가 문제가 생기기도 한다.

우리나라의 공정거래위원회는 시장경제 체제의 기본 원리인 '기업 간의 공정하고 자유로운 경쟁'을 보장하는 경제활동의 기본 질서를 확립하기 위하여 공정거래 제도를 운영하며, 그 경쟁의 수혜자가 소비자가 될 수 있도록 시장경제 지킴이로서의 역할을 하는 것을 목표로 한다. 그리고 이를 위해 공정거래법, 하도급법, 약관법, 표시광고법, 할부거래법, 방문판매법, 전자상거래법, 대규모유통업법, 가맹사업법, 대리점법, 소비자기본법, 소비자생활협동조합법, 제조물책임법을 마련하여 관리하고 있다.

이러한 법규들 중 여기서는 MD 업무와 관련이 많은 몇 가지만 알아보기로 하자. 각종 법에 대해서는 하위 법령이나 해당 유형 및 기준 지정 고시, 심사지침 등을 통해 그 내용을 추가로 명시하고 있다.

공정거래법

이 법은 비단 유통업체와 협력업체뿐 아니라 모든 회사 간 거래를 하는 데 있어서 기본이 되는 법이다. 이 법률의 제정 목적은 사업자의 시장 지배적 지위의 남용과 과도한 경제력의 집중을 방지하고, 부당한 공동행위 및 불공정 거래 행위를 규제하여 공정하고 자유로운 경쟁을 촉진함으로써 창의적인 기업활동을 조장하고 소비자를 보호함과 아울러 국민 경제의 균형 있는 발전을 도모함이라고 제1조에서 밝히고 있다. 모든 법이 그렇듯이 이 법 역시 '갑'보다는 '을'의 편에, 대기업보다는 중소기업의 편에 유리하도록 지속적으로 개정되어왔다. 회사 입장에서는 이 법률의 모든 조항이 다 중요하지만 MD 입장에서는 이 중에서도 특히 시장 지배적 지위 남용 금지, 부당한 공동행위 제한 및 불공정 거래 행위의 금지 조항에 대해 숙지할 필요가 있다.

특히 대규모 소매업자의 경우(직전 연도 소매업 매출이 1,000억 원 이상이거나 매장 면적의 합계가 3,000㎡ 이상인 점포를 운영하는 소매점), 기존에는 공정거래위원회가 별도로 정하여 고시한 '대규모 소매업 고시'에 의해 규정 및 제한을 받았으나 불공정한 거래 관행이 관계자들 사이에 은밀하게 이루어지는 현실을 감안해 이를 보다 강력히 통제하기 위해 국회의 입법절차를 거쳐 '대규모유통업법'을 제정, 2012년 1월 1일자로 시행에 들어갔다.

보통 공정거래위원회에서 대규모 유통업자 위주로 관리 감독하다 보니 중소기업의 유통업체에서는 공정거래법을 간과하는 경우가 있으나, 대규모유통업법에 해당되지 않는 모든 거래 상의 관련 법규는 공정거래법에 의거하므로 매우 기본적이고도 중요한 법률이라 하겠다.

제조물책임법(Product Liability, PL)

제품의 안정성이 결여되어 소비자가 피해를 입은 경우 제조 자가 부담해야 할 손해배상 책임을 말한다. 통상 제품의 결함 이 발생했을 때 수리, 교환, 환불은 기본이나 제조물 책임은 제 품의 결함으로 인해 발생한 인적, 물적, 정신적 피해까지 제조 자가 부담하는 한 차원 높은 손해배상 제도다. 이때 배상 의무 자에 포함되는 사람은 완성품 제조자, 부품 제조자, 원재료 제 조자 등 제조를 업으로 하는 자, 그리고 제조물을 직접 제조한 자는 아니지만 상표를 붙여서 소비자로부터 제조자로서의 신 뢰를 야기한 자로 OEM 제조자와 PB 유통업자도 이에 포함된 다. 지난 2016년 가습기 살균제 피해 사건의 결과를 보면, OEM 으로 만든 PB 상품이라 하더라도 유통업체가 해당 제품에 대 한 책임이 있다는 것을 명확히 알 수 있을 것이다.

그리고 외국 제조자와 국내 소비자 사이를 연결하는 수입업 자에게도 국내 시장에서 외국 제조물의 유통에 대한 책임이 있 다. 국내 소비자가 외국의 제조업자에게 제조물 책임을 묻는다는 것이 현실적으로 어렵기 때문에 국내 소비자 보호 차원에서 수입업자도 제조물 책임의 주체로서 인정된다. 그리고 원칙적으로 판매업자는 제조물 책임을 지지 않지만, 제조업자 또는 공급자의 결함을 알거나 알 수 있었음에도 불구하고 상당한 기간 내에 피해자에게 알리지 않은 경우 제조물 책임의 주체자로 인정되며, 원료, 반제품, 완성품을 제조업자 또는 공급업자로부터 공급받아 이를 다시 가공한 경우 그로 인해 발생한 결함 또는 유통 과정상의 관리 부주의로 발생한 결함에 대해서는 판매업자도 당연히 제조물 책임의 주체로 인정된다.

일반적으로 PB나 직수입 상품을 제외하고는 유통업체는 제조물 책임의 주체는 아니지만 제조물의 결함에 의한 손해배상 책임에 관하여 도의상, 그리고 민법이 적용되는 경우 그 책임을 일부 져야 할 수 있으므로 MD는 협력업체/제조업체를 선정함에 있어 신중을 기해야 한다.

표시광고법

이 고시는 표시광고의 공정화에 관한 법률 내용 중 부당한 표시광고가 구체적으로 어떤 경우에 해당하는지를 예시함으로써 부당한 표시광고 행위를 사전에 방지하고 법 집행의 객관성과 투명성을 확보하는 데 목적이 있다.

이 법을 인지함으로써 첫째, 상품 포장지에 표기된 각종 표시사항과 광고홍보 문구가 위법한 것은 없는지 확인하여야 한다. 물론 상품 자체에 표기가 잘못된 것은 일차적으로 제조업체/납품업체의 책임이지만, 이런 문구를 바탕으로 매장 내 쇼카드나 POP 등을 제작하여 부착해놓으면 유통업체의 잘못이 된다.

둘째, 가격을 표시하는 방법, 특히 바겐세일 등의 행사 시 행사가격을 표시하거나 종전 거래 가격 대비 행사가격을 표시하는 데 있어 주의할 점들을 인지해야 한다. 예를 들어 세일을 하면서 기존 가격과 행사가격을 같이 표기하면서 가격 할인을 강조하고자 할 때 표기되어야 하는 종전 거래 가격은 세일 이전 최소 20일 이상 판매되었던 가격 중 최하의 가격이어야 한다는 것 등이다.

그 외 원재료나 성분, 품질, 효능, 규격, 용량, 제조일자나 유통기한, 제조방법, 원산지, 용기나 포장, 추천이나 권장, 용도 사용방법, 주의사항, 비교광고나 소비자가 오인할 수 있는 배타성을 띤 절대적 표현 등 각종 표시나 광고에 대한 기준과 잘못된 사례들이 항목별로 잘 정리가 되어 있으니 반드시 살펴보는 것이 좋다.

대규모유통업법

2012년 1월 1일자로 시행된 법으로, 종전 유사 제도로는 공정거래법의 하위 규범인 '대규모 소매업 고시'가 있다. 이는 백화점이나 대형 할인매장, TV홈쇼핑, 인터넷 쇼핑몰 등 대형 유통업자들이 그들과 거래하는 납품업자 또는 점포 임차인들에 대해 지니는 거래상 우월한 지위를 남용하여 부당하게 불공정 거래를 하는 것을 규제하기 위해 지정 고시된 것이다. 대규모유통업법이 대규모 소매업 고시의 내용을 상당 부분 그대로 가지고 있음에도 불구하고 국회의 입법절차를 거쳐 제정된 이유는 불공정 거래 행위를 유형별로 보다 구체화하고, '을'의 입장에서 신고 및 권리 구제가 용이하도록 하기 위함이다.

대규모유통업법에서 정의하는 대규모 유통업자는 '직전 사업연도의 소매업종 매출액이 1,000억 원 이상이거나 매장 면적의 합계가 3,000m² 이상인 점포를 소매업에 사용하는 자'로 백화점, 대형마트 등의 오프라인 유통업체뿐 아니라 홈쇼핑, 소셜커머스 등 온라인 사업자도 해당된다. 이에 해당하는 유통회사에 근무하는 MD라면 당연히 숙지해야 하는 중요한 법이다.

대규모유통업법과 공정거래법은 각기 규율하는 영역을 달리하는 별개의 법률이나, 일부 사항, 즉 대규모 유통업자와 납품업자 사이의 법률 관계 중 대규모유통업법에 속하는 사항에 대해서는 공정거래법이 우선한다고 이해하면 되겠다.

특히 이 법에서는 각종 용어의 정의와 더불어 부당 반품 금지, 상품매입 후 부당 감액 금지, 부당한 강요행위 금지, 판촉비용의 강요 및 전가 금지, 납품업자의 판촉사원을 소매점 업무에 종사시키거나 관련비용 부담 금지, 사업활동 방해 금지 등거래 관계에 있어 유통업체 MD가 협력업체와 업무를 하는 데있어 어떤 부분은 요구가 가능하고 어떤 부분은 안 되는지에대해 구체적으로 언급하고 있으니 반드시 숙지하는 것이 좋겠다.

전자상거래법

전자상거래 및 통신판매 등에 의한 재화 또는 용역의 공정한 거래에 관한 사항을 규정함으로써 소비자의 권익을 보호하고 시장의 신뢰도를 높여 국민 경제 발전에 이바지함을 목적으로 제정된 법률로, 배송 사고나 배송 장애로 인한 분쟁 해결 부분이나 통신판매 중개자의 책임, 소비자의 권익 보호, 전자상거래 업체들의 조사, 감독 및 위반 시 처벌 부분 등을 포함하고있다.

전자상거래법은 2002년 제정된 이래 시행령과 시행 규칙이꾸준히 개정되어왔지만, 온라인 쇼핑 매출이 급성장하고 있고 새로운 SNS 기반의 쇼핑몰이 계속 생겨나면서 이러한 온라인 쇼핑 환경을 제대로 반영하지 못하고 있는 실정이다. 그런 만큼 소비자의 피해 사례도 늘어나고 있어 이에 대한 관리도 철저해지고 있다.

홈쇼핑, 통신판매, 인터넷 쇼핑몰에 종사하는 MD는 반드시 확인하고 숙지해야 할 법률이다.

하도급법

최근 유통업체들의 최대 화두 중 하나는 PB일 것이다. PB를 직접 개발하고 업체와 계약을 하는 MD들은 이 하도급법에 따라 계약 체결 및 거래를 해야 한다.

일반 거래에 비해 PB 상품 하도급 업체와의 거래는 유통업체의 책임과 관여도가 훨씬 클 수밖에 없다. PB 상품이다 보니 저가격에 대한 부담을 MD나 제조업체 모두 가지고 있는 경우가 많으며, 재고에 대한 책임이 유통업체에 있음에도 불구하고 운영상 편의를 위해 거래가 진행되는 기간 중 재고 부담의 일부를 업체가 갖고 가기도 한다. 상품 내용물이나 포장을 변경해야 하는 경우 또는 거래를 종료하는 경우에도 완제품뿐 아니라 원부자재 재고에 대한 책임까지 유통업체에 있다 보니 MD 입장에서는 여러모로 부담스럽고 많은 신경을 써야 하는 것이

PB 상품 제조업체와의 거래다. MD가 관리하기 조금 까다롭고 어렵다고 해서 이를 일부 업체에게 넘기면 거래 중인 업체는 과도하다 하더라도 MD의 제안을 완전히 거부하기가 힘든데, 이때 자칫 과도한 요구를 하게 되면 본인이 인지하든 못하든 간에 하도급법에 저촉되는 경우도 있으니 주의해야 한다.

이 법을 살펴보면, 하도급 업체에게 부당하게 낮은 가격을 요구하는 행위, 제조를 위탁한 후 부당하게 취소하는 행위, 부당 반품이나 감액 등의 행위를 금지하고 있으며 기술 자료를 제공하도록 요구하는 행위도 금지사항에 속한다.

그 외 본인이 종사하는 회사의 업태나 사업 영역, 다루는 상품에 따라 필요한 부분은 찾아보고 확인하여 인지하고 있어야 하는데 이러한 각종 법률 및 시행령, 고시 등을 요즘엔 인터넷에서 쉽게 찾아볼 수 있다. 그중 유용한 사이트를 소개하자면 다음과 같다.

국가 법령 정보센터: www.law.go.kr
찾기 쉬운 생활법령 정보: www.easylaw.go.kr
공정거래위원회: www.ftc.go.kr

현업에서 일하던 20여 년간 공정거래위원회의 감사를 몇 차례 받아봤고, 특정 업체가 공정거래위원회에 읍소를 하는 바람

에 담당자(책임자)가 조사를 받거나 심할 경우 중징계를 당하는 경우도 몇 번 보았다. 어디 그뿐인가. 가습기 살균제를 PB 상품으로 만들어 판매하다가 문제가 되어 한때 함께 일했던 상사들이 실형을 선고받는 일도 있었다.

그런데 그동안의 경험으로 볼 때, 이렇게 문제가 된 경우들 중에는 MD들이 관련 법규를 정확히 몰라서 발생한 경우도 상당 수 있다. 그저 기존의 관행대로, 선배에게 배운 대로 한 것이 공정거래법을 비롯한 각종 법에 일부 저촉되는 경우가 많은 것이다.

제조업체, 납품업체 입장에서는 유통업체의 MD가 경력이 있건 없건, 직급이 높건 낮건 이들의 말을 마냥 허투루 들을 수는 없다. 이런 상황에서 MD가 관련 법규를 제대로 인지하지 못해 본인 스스로도 잘못된 행동인지 모르고 업체에게 무엇인가를 요구할 때, 도가 너무 지나치거나 횟수가 잦아지면 결국 법적으로 해결해야 하는 상황이 발생할 수밖에 없다.

한편, 불분명한 법률 문구로 인해 해석하는 사람마다 차이가 있다 보니 '코에 걸면 코걸이, 귀에 걸면 귀걸이 식이라 재수 없으면 걸리는 것'이라는 인식이 만연해 있다는 것도 큰 문제다. 그러나 법률이 점점 구체화되고 명확하게 개정되는 추세인 만큼 이러한 문제들도 줄어들지 않을까 기대해본다. 그리고 MD

들 역시 역할을 제대로 수행하기 위해 이러한 부분에 문제의식을 가지고 관련 법규들에 관심을 갖고 정기적으로 업데이트할 것을 권한다.

2. 상품 가격에 이미 포함된 세금, 부가가치세

공대를 졸업하고 유통회사에 들어가 처음에 당황스러웠던 것 중 하나가 낯선 용어들이었고 그중 하나가 바로 이 '부가가치세(Value Added Tax, VAT)'였다.

중고등학교 때 배웠던 기억이 나서 사전을 찾아봤지만 단어 하나하나는 무슨 뜻인지 알겠는데 전체적인 개념은 너무 두루뭉술해서 "그래서 어쩌라고……"라는 말이 절로 나왔던 것 같다. 초반에 바로 질문을 했으면 괜찮았을 텐데 한 번 시기를 놓치고 나니 나중엔 괜히 무식하다고 핀잔을 들을까 봐, 모르는데 왜 아는 척하고 있었냐고 꾸중 들을까 봐 묻지도 못한 채 그냥 선배들로부터 배운 마진 구하는 공식에 따라 마진율을 계산하곤 했었다. 사실 그렇게 해도 MD생활을 하는 데 크게 지장은 없었다. 요즘 같았으면 바로 네이버나 유튜브에서 검색해봤을 텐데 내가 입사했던 그 시절엔 컴퓨터도 팀별 한 대만 있었다.

일을 하면서 눈치로 알게 된 것이 농산물에는 부가가치세가 부과되지 않고 이를 면세 상품이라 한다는 것, 대부분의 공산품은 10% 부가가치세가 부과되며 이를 과세 상품이라 한다는 것, 그리고 일부 공산품 중에도 면세 상품들이 있는데 일례로 흰 우유나 꿀 같은 것들이라는 정도였다.

돌이켜보니 다행스럽게도 내가 사건의 주인공은 아니었지만 부가가치세와 관련된 사고가 있었다. 사무실이 발칵 뒤집힐 정도로 MD 한 명이 혼나고 있었는데 흥분해서 소리치는 부장 말을 가만 들어보니 MD가 면세와 과세 상품을 구분 못해 상품을 잘못 등록하는 바람에 우리 회사가 탈세를 한 셈이 되었다며 이 책임을 어떻게 질 거냐고 담당 MD를 엄청 나무라고 있었다. 일반적으로 유통회사는 상품 분류상 면세, 과세 여부를 아예 구분해놓아 상품 매입 자료를 기준으로 회계업무를 할 수 있도록 하는데 이때 과세 상품을 MD가 실수로 면세 상품으로 등록하는 바람에 결과적으로 이 상품의 매출에 대한 부가가치세액이 줄어드는 결과가 나왔고 본의 아니게 회사는 탈세를 한 꼴이 되고 만 것이다.

또한 요즘에는 온라인 몰을 운영하는 경우도 많고, 직장에 다니면서 부업으로 네이버 스마트 스토어나 오픈마켓에서 상품을 판매하는 경우가 많다. 이때도 상품이 면세인지 과세인지를 구분해서 상품을 등록하도록 되어 있기에 MD라면 반드시, 그리고 MD가 아니라도 상식 수준에서 면세와 과세의 기준은 알고 넘어가면 좋을 것 같다.

부가가치세와 면세 제도

부가가치세란 상품(재화)의 거래나 서비스(용역)의 제공 과정에서 얻어지는 부가가치(이윤)에 대하여 과세하는 세금이며, 사업자가 납부하는 부가가치세는 매출세액에서 매입세액을 차감하여 계산한다(국세청).

그렇다면 부가가치세의 납세 의무를 면제하는 제도인 면세 제도는 무엇이며 그 대상은 무엇인가?

면세 제도는 주로 저소득층의 부가가치세 부담을 경감시켜주고 세 부담의 역진성(regressiveness) 완화를 위해 기초 생활필수품 등에 대한 부가가치세를 면제해주는 것이다. 여기서 '역진성'이란 소득액에 따라 세 부담액이 줄어드는 것, 즉 유효 세율이 소득이 증가함에 따라 줄어드는 것을 말한다. 예를 들어 부가세를 일률적으로 10% 부과할 경우, 기초 생활필수품 소비에 대해 고소득층과 저소득층이 동일한 세금을 부담하게 되어 저소득층의 세금 부담률이 소득에 비해 커지게 된다. 이에 쌀, 우유, 두부 등의 기초 생활필수품에 대해 부가세를 면제해주는 제도가 바로 면세 제도다.

부가가치세법에서 명기하고 있는 면세 대상 상품을 간단히 표로 정리하면 다음과 같다.

구분			면세 대상
부가 가치 세법 12조	재화 용역의 공급	기초 생활필수품 및 용역	미가공 식료품과 제1차 산물 비식용 국산 농 · 축 · 수 · 임산물 수돗물 연탄 및 무연탄 여성용 생리처리 위생용품 대중교통 여객운송 용역 주택과 부수토지의 임대용역
		국민 후생 문화 관련 재화 · 용역	의료보건 용역과 혈액 교육 용역 도서, 신문, 잡지, 방송 등 광고 제외 언론매체 예술창작, 예술행사, 문화행사, 아마추어 운동경기 도서관, 박물관, 식물원 등의 입장 용역
		부가가치의 생산요소 및 인적 용역	금융 · 보험 용역 토지 인적 용역
	수입 재화	기타	우표 · 인지 · 증지 · 복권 · 공중전화, 담배 종교 · 자선 등 공익단체의 공급 국가 조직의 공급 국가 조직 및 공익단체에의 무상 공급
		생필품 및 국민 후생 용품	미가공 식료품 국민 후생용품
		기증되는 수입재화	종교 · 자선 · 구호단체에의 기증재화 국가 조직 등에의 기증재화 기증되는 소액 물품

부가가치세법 12조	수입재화	관세가 면제되는 재화	이사. 이민. 상속으로 인한 수입재화 여행자휴대품. 별송품. 우송품 상품견본. 광고용 물품 박람회. 전시회. 영화제 등 행사출품용 재화 국제 관례상의 관세 면세 재화 재수입재화, 일시 수입재화 담배 기타의 관세 감면 재화

그러나 부가가치세법을 보는 것만으로 면세와 과세 품목을 쉽게 구분해내기는 어렵다. 그 한 가지 예로 기초 생활필수품 중 미가공 식료품이라는 용어가 있는데 미가공 식료품이란 화학반응을 일으키지 않은 1차 가공한 상태의 식료품을 말하며 면세 범위는 아래와 같다.

① 가공되지 아니하거나 원생산물 본래의 성질이 변하지 않을 정도의 탈곡 · 정미 · 정맥 · 제분 · 정육 · 건조 · 냉동 · 염장 · 포장 등의 1차 가공을 거쳐 식용에 공하는 농산물 · 축산물 · 수산물 · 임산물

② 식용 소금(공업용 천일염은 과세)

③ 김치, 두부 등 단순가공식품과 원생산물의 성질이 변하지 아니하는 정도로 1차 가공하는 과정에서 필수적으로 발생되는 부산물 포함

④ 식용에 공하는 농산물 · 축산물 · 수산물 · 임산물은 수입품도 면세

  * 단 커피 두 · 코코아 두는 수입 시에는 과세하나 국내 유통 시에는 면세됨

사실 이러한 용어들을 일반인의 입장에서는 아무리 읽어봐도 명쾌하게 이해하기는 쉽지 않다. 그래서 면세인지 과세인지 헷갈리는 몇 가지 사례를 그간의 판례를 참고해 정리해보았다.

면세	과세
▪ 흰 우유 ▪ 극소량의 효모추출물, 식용건조효모를 첨가한 우유 ▪ 극소량의 DHA(불포화지방산)강화제를 첨가한 우유 ▪ 농축유, 연유, 분유	▪ 딸기맛 우유, 바나나맛 우유
▪ 천일염	▪ 맛소금
▪ 김치, 젓갈, 장류, 게장, 메주, 단무지, 장아찌	▪ 판매를 목적으로 독립된 거래 단위로 봉입·관입 등의 포장을 한 김치, 젓갈, 장로, 게장, 단무지, 장아찌
▪ 일반 모두부	▪ 진공포장 두부
▪ 일반 재래김	▪ 구운 김밥용김
▪ 과일	▪ 백화점에서 첨가물 없이 압착하여 판매하는 과일주스
▪ 건 오징어, 반건 오징어	▪ 고속도로 휴게소에서 구워 판매한 오징어

본인이 담당하는 상품이 면세인지 과세인지 확실치 않다면 상품을 납품하는 업체로 하여금 이를 국세청에 문의하여 정확히 확인할 수 있도록 요청해보거나 또는 직접 문의를 하여 반

드시 면세인지 과세인지 확인해봐야 한다.

면세와 영세

여성용 위생용품(생리대)은 원래 과세 품목이었다가 여성의 복리후생을 증진하자는 목적에서 2004년 4월 면세 상품으로 변경되었다. 법 개정 당시 면세가 아닌 영세를 해야 한다는 주장도 많았으나 국내 소비재에 완전 영세는 없다는 이유로 면세로 결정되었다.

면세는 일반적으로 과세가 원칙인 재화 및 용역의 공급, 재화의 수입에 있어 일부 예외적 성격으로 납세 의무 자체를 면제하는 것이므로 매출세액이 존재하지 않으며 매입 시 거래징수 당한 매입세액을 환급 받을 수 없다. 즉 부가가치세의 부담이 완전히 제거되지는 않는 부분 면세다. 이에 반해 영세는 부가가치세 과세표준에 영의 세율(0%의 세율)을 적용함으로써 재화나 용역의 최종 원가에 부가가치세를 전혀 포함시키지 않는 완전 면제다.

여성용 위생용품의 경우로 설명하자면, 최종 상품의 판매가격에 부과하는 10%의 부가가치세는 면제가 되지만, 제조업체가 이 상품을 만들기 위해 투입하는 펄프 등의 원재료에 부과된 부가가치세는 면제되지 않는다. 즉 이는 부분 면세가 적용된 경우다. 그래서 당시 재경부에서는 종전 가격에서 약 4~5% 가격이 인하될 것으로 예상한다고 발표했었다. 부가가치세가 면제되면 가격이 10% 곧바로 떨어질 거라 생각했던 소비자들이 많았으나 그렇지 않았던 이유는 바로 완전 면세인 영세가 아닌 부분 면세가 적용되었기 때문이다. 실제 이 당시 왜 10% 가격 인하를 하지 않느냐며 항의성 문의를 하는 소비자들도 있었다. 그런데 이런 세세한 제도를 완전히 이해하지 못한 것이 어디 소비자뿐이었을까. MD들도 그랬다. 협력업체에서 마진을 챙기면서 가격 인하를 안 해준다고 영업사원을 들들 볶았던(?) MD들도 꽤 많았으리라.

그러나 여성용 위생용품이 면세가 된 이후에도 아기 필수용품인 기저귀에 대해서 영세율을 적용해야 한다는 의견들도 꾸준히 나오고 있고, 여성용 위생용품도 면세가 아닌 영세로 바꿔야 한다는 의견 역시 자주 거론되고 있다. 상품을 다루는 MD 입장에서 과세와 면세뿐 아니라 조금 더 나아가 면세와 영세에 대해서도 그 차이를 알아두는 것이 좋겠다.

면세율과 영세율의 차이를 간단히 표로 나타내면 다음과 같다.

구분	영세율 제도(완전 면세 제도)	면세 제도(부분 면세 제도)
의의	거래 상대방의 부가가치세 부담을 완전 제거해주기 위해 일정 재화 또는 용역의 공급에 대해 '0의 세율'을 적용	일정 재화 또는 용역의 공급에 대한 부가가치세의 납세 의무를 면제해주는 제도
목적	소비지국 과세원칙 구현	부가가치세의 역진성 완화
대상	주로 수출제품 대상	주로 기초 생활필수품
면세 범위	완전 면세: 당해 및 이전 단계에서 창출된 부가가치 전부에 대해 면세	부분 면세: 당해 단계에서 창출된 부가가치에 대해서만 면제
매입세액 공제여부	매입세액 공제, 환급해줌	매입세액 공제, 환급하지 않음
사업자 여부	부가가치 세법상 사업자	부가가치 세법상 사업자 아님

직매입 거래, 특약매입 거래, 위수탁 거래, 임대차 거래

앞서 MD의 업무는 매입 방식에 따라 초점을 맞춰야 하는 포인트가 달라질 수 있다는 얘기를 했다. 매입 방식은 채널별, 기업별, 카테고리별로 조금씩 다를 수 있다. 예를 들면 백화점에서는 주로 특약매입 거래 형태가 많다면 대형마트는 주로 직매입으로 거래를 한다든지, 대형마트 내에서도 대부분의 카테고리는 직매입의 형태로 거래하지만 화장품이나 패션 카테고리는 특약매입 위주로 거래하기도 하고, 화장품들 내에서도 특정 소분류에 따라 또는 브랜드에 따라 매입의 형태를 달리하기도 한다. 그러다 보니 같은 대형마트 채널이라 해도 직매입과 특약매입의 비중은 다를 수 있고, 기업이 추구하는 방향에 따라 그 비중이 달라지기도 한다.

여기서는 직매입과 특약매입 거래, 위수탁 거래, 임대차 거래란 무엇인지 살펴보기로 하자.

직매입 거래는 유통업체가 발주하여 매입 처리된 상품 중 판매되지 않은 상품, 즉 재고에 대해 유통업체가 전적으로 책임을 갖고 상품을 매입하는 형태의 거래를 말한다. 특히 대규모 유통업체의 경우 재고에 대한 반품은 특별한 몇 가지 경우를 제외하고는 '대규모유통업법'에 의해 금지되어 있다. 일반적인 소규모의 유통업체라 하더라도 공정거래법에 의해 납품업체와 사전합의 하에 반품이 가능하다.

일반적으로 유통업체의 책임 하에 상품을 매입하고 판매까지 완결 짓는, 소위 무반품 거래를 전제로 하는 머천다이징을 리스크 머천다이징이라고 한다. 재고에 대한 위험 부담을 안고 업무를 해야 하지만 이를 잘 관리하면 상대적으로 이익도 커질 수 있으니 MD의 어깨가 무거워지는 대목이 아닐 수 없다.

특약매입 거래(特約買入 去來)는 유통업체가 매입한 상품 중 판매되지 않은 상품을 반품할 수 있는 조건으로 납품업체로부터 상품을 외상 매입하고 상품 판매 후 일정률이나 일정액의 판매 수익을 공제한 상품 판매대금을 지급하는 형태의 거래를 말한다. 반품 조건부 매입이라고도 한다. 즉 매입 처리를 하는 시점에 이미 상품의 소유권은 유통업체에 있게 되며, 판매 후 남은 재고를 반품할 수 있는 것이다. 특약매입 거래를 함에 있어 판매 수수료(特約買入 利益率, 마진율)는 정상 판매를 할 경우와 할인 행사를 할 경우로 구분하는 경우도 있고 계약 시 할인 행사 시의 매출 비중을 고려하여 가격 행사 기간에나 정상 판매 기간에 공통으로 적용할 판매 수수료율을 책정하기도 한다. 유통 실무에 있어서 직매입 거래를 하기 이전에 상품에 대한 테스트를 위해 특약매입의 형태로 우선 거래를 해보는 경우도 있고, 시즌 상품이나 행사 목적으로 단기간 판매를 하는 경우 특약매입 거래를 하기도 한다.

위수탁 거래는 종전 수수료 거래나 임대을 거래 등으로 불리던 거래 방식으로 업체가 상품을 납품한 이후 유통업체는 유통업체의 명의로 판매하고 상품 판매 후 일정액 또는 일정률의 판매 수수료를 공제한 상품대금을 납품업체에게 지급하는 형태의 거래다. 특약매입과 거의 유사하나 다른 부분 하나는 상품의 소유권이 상품을 납품한 이후에도 판매가 되기 전까지는 납품업체에 있다는 점이다. 일반적으로 유통 실무에 있어서는 특약매입의 경우보다 좀 더 고정적일 경우, 즉 매장 위치를 정한 후 일부 집기나 인테리어 등을 납품업체가 상당 부분 부담하고 업체에서 판매사원이 파견되어 해당 매장을 관리하며, 따라서 상대적으로 장기(최소 1년) 계약을 하는 경우에 위수탁 거래를 하는 경우가 많다. 또한 온라인 쇼핑몰의 경우 협력업체로부터 판매를 위탁받은 상품을 온라인 쇼핑몰을 통해 판매하고, 협력업체는 판매된 상품에 대한 위탁 판매 수수료를 온라인 쇼핑몰에 지급하는 형태로 거래하는 경우가 많다.

임대차 거래는 유통업체가 임대한 매장의 일부를 협력업체가 임차하여 상품의 판매에 사용하고, 그 대가를 유통업체에게 지급하는 형태의 거래를 말한다. 매장 내 위치와 면적을 협의하고, 해당 매장에서 취급하는 상품 역시 합의 사항이다. 월 임대료는 협의 하에 정액 또는 매출액의 일정 비율로 지급할 수 있으며, 일반적으로 협력업체는 시설 이용료와 관리비 등을 별도로 부담하게 된다. 주로 백화점이나 대형마트 내 F&B 매장이 이에 해당한다.

한편, 오픈마켓은 판매자들이 오픈마켓 기업의 인터넷 사이트나 모바일 애플리케이션을 통해 상품을 판매하는 형태로 오픈마켓 기업이 제공하는 통신판매 중개 서비스와 기타 관련 서비스 이용에 대한 계약을 하며 판매 중개 수수료, 광고 서비스 수수료 등을 지급하게 된다.

직거래, 중간상(벤더) 거래

MD가 거래를 하게 되는 협력업체에는 해당 브랜드와 상품을 직접 생산하는 경우와 여러 브랜드의 상품의 유통과 판매를 위탁받은 중간 업체인 경우가 있다. 전자와 거래하는 경우를 직거래라 하고 후자의 경우를 중간상(벤더) 거래라고 한다. 사실 벤더(Vendor)는 공급사슬상에서 재화나 용역을 제공하는 기업을 말하기에 생산업체를 포함, 중간 유통업체들을 모두 아우르는 단어로도 볼 수 있어 경우에 따라서는 모든 협력업체를 벤더라고 칭하는 기업들도 있다. 그러나 직거래와 구분하여 벤더 거래라고 하는 경우엔 중간상 거래를 의미한다.

온라인은 물론 오프라인에서도 직거래 장터가 많아 직거래의 개념은 익숙하리라 생각한다. 유통업체 입장에서는 중간 유통단계를 줄여 최대한 가격경쟁력을 갖추기 위해 직거래를 하고자 노력한다. 이러한 개념을 해외로까지 확대시켜 중간에 수입업체와 거래하는 것이 아니라 직접 수입을 하는 것이 바로 직수입, 요즘 화두가 되고 있는 글로벌 소싱(Global Sourcing)이다.

반면, 특정 카테고리를 전문적으로 유통하는 중간 벤더와 거래를 하는 경우도 있는데 이럴 경우 정보 탐색을 위한 비용을 줄일 수 있고, 여러 업체와의 거래로 인해 발생하는 유통비용을 절감할 수 있다. 또 벤더 거래를 하게 되는 상품의 제조업체는 상대적으로 취급 SKU 수가 적거나 규모가 작은 경우가 많은데 이로 인한 위험 요인을 분산시킬 수 있다는 장점이 있다. SKU를 수십, 수백 개 보유하고 있는 업체와 거래하는 경우나, 단일 SKU를 보유하고 있는 업체와 거래를 할 때, MD 입장에서 챙겨야 할 서류나 계약 절차는 크게 다르지 않을 뿐 아니라, SKU가 적은 협력업체의 경우 상대적으로 거래의 안정성이 떨어질 수 있기 때문이다.

따라서 유통업체 MD 입장에서 무조건 직거래가 좋다고 말할 수는 없으며 협력업체의 규모와 상품의 특성 등을 고려하여 직거래로 할 것인지, 벤더 거래를 할 것인지를 결정하는 것이 좋다. 경우에 따라 처음에는 벤더를 통해 거래를 시작했다가 해당 브랜드와 상품의 매출이 증대되어 일정 수준 이상의 안정적인 매출 실적이 나오거나 매장 확대 등으로 인해 구입 규모가 커지게 되면 직거래로 전환하는 경우도 있다.

4. 트렌드와 시장 정보를 얻을 수 있는 유용한 사이트

MD들은 당연히 담당 카테고리에 대한 전반적인 시장 정보와 트렌드를 한눈에 꿰고 있을 것이라 생각하기 쉽지만, 막상 기업에서 MD로 일하는 사람들은 바쁘게 돌아가는 일상 업무에 치여서 자신이 취급하고 있는 상품들에 대한 매출 트렌드와 거래 중인 협력업체 담당자들로부터의 정보 등과 같은 한정된 정보에 의존하는 경우가 많다. 물론 유통기업의 매출 트렌드는 그 기업과 거래를 원하는 외부 제조업체에겐 절실하게 필요한 정보들일 것이며, MD 역시 매출 트렌드 속에서 고객의 니즈를 찾아낼 수도 있기에 매우 중요한 정보의 원천이다. 그러나 MD는 자신이 속해 있는 기업 내의 트렌드뿐 아니라 그 이상을 봐야 하며 볼 줄 알아야 한다. 그러려면 어디에서 어떤 자료들을 보면 좋을까.

꼭 필요한 분야의 양질의 정보를 얻을 수 있는 곳이 바로 협력업체다. 일반적으로 리테일 MD는 카테고리에 대해 넓게 다루는 반면, 협력업체는 세분화된 특정 카테고리를 다룬다. 그렇기에 협력업체의 R&D나 BM(브랜드 매니저), 마케팅부서는 특정 카테고리의 시장 상황이나 고객 트렌드에 대한 집중적인 조사 자료들을 가지고 있는 경우가 많다. MD는 평소에 늘 만나는 영업

부서 담당자들 외에 주기적으로 협력업체의 타 부서와도 미팅을 하면서 그들이 바라보는 시장 트렌드를 함께 공유하는 것이 좋다. 특히 중대형 업체는 소비자조사에 많은 노력을 투입하고 있으니 이를 잘 활용하는 것이 좋다.

산업계 전문잡지도 해당 산업 분야에 대한 전문적으로 정리된 자료를 주기적으로 볼 수 있어 도움이 된다. 유통 분야의 대표적인 전문지로는 한국체인스토어협회가 1975년 창간한 국내 최초 유통 전문지 〈리테일 매거진〉이 있다. 〈리테일 매거진〉은 백화점, 대형마트, 슈퍼마켓, 편의점, 홈쇼핑 등 일반 소비재를 취급하는 주요 유통 채널에 대한 최신 트렌드와 이슈를 다루고 있어 다양한 유통업체와 관련 제조업체에게 유용하며 국내뿐 아니라 해외 주요 국가에도 전문가 필진을 보유하고 있어 최신 해외 트렌드까지 다루는 월간 잡지다. 유료이긴 하지만 관련 업종에서 일한다면 챙겨볼 만하다(www.retailing.co.kr). 또한 생산자와 유통업체, 생산자와 소비자의 연결을 목적으로 농수축산 신문이 창간한 〈더바이어〉(www.withbuyer.com)는 제목 그대로 식품 분야의 바이어, MD를 주 타깃 독자층으로 삼아 월 2회 발행되는 타블로이드 신문이다.

패션 분야에는 섬유저널이 1987년 창간하여 패션 비즈니스 미디어의 아이콘으로 자리 잡은 〈패션비즈(Fashionbiz)〉가 있다

(www.fashionbiz.co.kr). 〈패션비즈〉 역시 월간 잡지이며 홈페이지에서도 여성복, 남성복, 아웃도어, 라이프스타일 등 카테고리별 시장 정보를 무료, 유료로 이용할 수 있다.

실물 잡지 대신 간단히 홈페이지를 통해서도 트렌드 정보를 확인해볼 수 있는데, 예를 들면 데일리 트렌드(www.dailytrend.co.kr), 패션 인사이트(www.fi.co.kr), 어패럴 뉴스(www.apparelnew.co.kr), 패션저널(www.okfashion.co.kr) 등의 국내 사이트와 WGSN(www.wgsn.com), WWD(www.wwd.com), Trendzoom(www.trendzoom.com) 등의 해외 사이트가 있다. 최근에는 기본적인 트렌드는 무료로, 조금 더 깊이 있는 자료는 유료로 매일 또는 매주 정보를 모아 보내주는 서브스크립션(구독) 서비스를 제공하는 사이트도 많으니 챙겨보길 바란다.

그리고 소비자 리서치 기관에서 유통과 소비에 관한 다양한 이슈에 대해 온라인 기반의 소비자조사 결과를 라이트버전(light version)으로 정리해서 무료로 배포하는 경우도 많은데 오픈서베이(www.opensurvey.co.kr), 트렌드모니터(www.trendmonitor.co.kr)등이 대표적이다. 화장품, 반려동물, 남성 그루밍, 배달, 카페 이용, 온라인 쇼핑 트렌드 등 구매 행태를 포함한 전반적인 라이프스타일에 대해 시의적절한 주제를 선정하여 주제에 따라 어떤 경우엔 일회성으로, 또 어떤 주제에 대해서는 해마다 조사를 해

장기적인 트렌드까지 볼 수 있다. 무료 버전과 유료 버전으로 제공하고 있으며, 무료 버전도 해당 주제에 대한 트렌드를 이해하거나 업무에 활용하기 좋은 수준이다. 이 역시 서브스크립션 서비스를 제공하고 있으니 신청해두길 권한다.

또한 최근 중요한 소비자집단으로 떠오른 MZ세대에 초점을 맞춰 그들의 취향과 관심거리를 모아 알려주는 캐릿(www.careet. net)도 마케터들 사이에서 꽤 유명하다. 이들 역시 무료로 일주일에 한 번 메일링 서비스를 해주니 신청해서 받아본다면 이들을 타깃으로 하는 경우 업무에 유용하게 써먹을 수 있고, 그렇지 않다 하더라도 요즘 아이들(?)을 이해하는 데 도움이 될 것이다.

디지털 마케팅 회사인 메조미디어(www.mezzomedia.co.kr), 나스미디어(www.nasmedia.co.kr)에서도 매년 산업별 트렌드, 연령대별 고객 트렌드, 온라인 미디어 이용 행태 등에 대한 깊이 있는 정보를 제공하고 있으며 역시나 서브스크립션 서비스를 제공하고 있다.

이렇게 정리되어 제공되는 뉴스나 자료들은 전반적인 시장 트렌드를 이해하는 데 도움이 될 뿐 아니라 소비자조사를 기반으로 제공되는 정보들은 객관적인 통계자료를 포함하고 있어 MD들이 회사에서 보고서를 쓸 때도 참고자료로 활용하기에 적합하다.

한 가지 더 추가하자면, 조금 더 즉각적으로 상품 기획에 활용할 만한 아이디어를 얻기 위해서는 현재 온라인에서 소비자들이 많이 사용하는 키워드, 뜨고 있는 상품을 확인해보는 것도 좋겠다. 이를 위해서는 네이버 데이터랩(https://datalab.naver.com/)의 분야별 인기 검색어와 검색어 트렌드를 활용하거나 구글 트렌드(https://trends.google.co.kr)를 활용할 수 있는데 국내의 경우에는 네이버의 포털사이트 점유율이 높기 때문에 네이버 활용이 더 유용할 수 있다. 이때 좀 더 상세한 트렌드 검색이 필요하다면 네이버 광고 키워드 도구(https://searchad.naver.com/)를 활용하는 것도 추천한다. 네이버 키워드 광고를 집행하는 고객들을 위한 사이트로 키워드별 검색 건수나 연관 키워드를 살펴볼 수 있다. 그 외 11번가, G마켓, 위메프 등 국내 대형 온라인 사이트에서는 그날그날 카테고리별로 베스트 상품을 보여주고 있으니 이를 참고해도 좋겠다.

부록 2_
예비 MD들을 위한
Q&A

그동안 여러 학교나 기관에서 취업 특강이나 진로 탐색의 일환으로 'MD'라는 직무에 대해 수많은 강의를 하면서 받았던 다양한 질문들 중 가장 많이 거론된 10가지 질문을 뽑아봤습니다.

최근 유통 환경이 급변하고 있다 보니 기업을 운영하면서도 정답을 찾기가 쉽지 않습니다. 또 사실 모든 일들이 소위 '케바케(케이스 바이 케이스)'잖아요. 그러니 제가 드리는 답변 역시 정답은 아니라는 것을, 저 개인의 의견이라는 것을 염두에 두고 참고해주시면 좋겠습니다. 물론 최대한 현실적인 조언을 제공하고자 나름 애썼습니다.

실제 현업에서 MD를 뽑을 때 학력이나 학벌을 많이 보나요?

솔직하게 답변 드려야 하죠? 이건 여러분이 어떤 기업을 목표로 하느냐에 따라 다른 것 같아요. 우리가 알고 있는 기존의 대형 유통기업들은 국내에서 손꼽히는 대기업들이죠. 아무래도 이런 기업은 신입 MD를 뽑을 때 학력/학벌을 보는 것 같습니다. 이들 기업은 공채 시스템을 통해 신입사원을 채용하기 때문입니다. 그나마 최근에는 블라인드 채용 등의 방식을 도입해 학벌의 영향을 줄이려는 회사가 많아져 신입사원의 출신 대학이 다양해지고는 있습니다. 그래도 여전히 대졸을 선호하는 듯합니다.

그런데 중소 유통기업, 특히 온라인 유통기업들의 경우 학벌은 물론 학력도 보지 않는 기업들이 점점 많아지는 추세입니다. 저는 MD 양성 과정을 기획, 운영하고 있고 또 대학 현장에서 산업계와 학교를 연계하는 산학협력 교수로 일하다 보니 여러 유통기업의 경영진, 인사 담당자분들과 직접 미팅을 통해 확인하곤 하는데 그냥 겉으로만 하는 말이 아니라 실제 채용된 인력을 살펴보면 정말 그렇더라고요. 여기서 오해하면 안 되는 것은, MD 업무를 잘 수행할 수 있을 것이라 판단되는 경우에 그렇다는 말입니다.

요즘은 온라인 채널의 중요성이 날로 더해지고 있습니다. 그러다 보니 특정 상품군의 소싱에 대한 전문성도 중요하지만 머천다이징 능력에 마케팅력, 특히 온라인 마케팅력을 장착한 인재가 필요한 시대입니다. 최근 만난 한 중소 온라인 유통기업의 대표님은 "MD 직군을 희망하는 신입사원이 온라인상에서의 트렌드 검색을 통한 키워드 분석, 이미지와 동영상 편집 기술, 이들을 바탕으로 기본적인 콘텐츠 제작을 할 수 있다면 학력이고 학벌이고 상관없이 모셔가겠다"고 하시더라고요. 또 다른 패션 온라인 플랫폼 회사의 인사 담당자께서는 최근 MD에게 데이터 분석과 해석에 대한 능력이 요구되는 시대이므로 데이터 분석에 대한 스킬을 가진 MD 지망생이라면 너무 좋을 것 같다고 하십니다.

그렇기에 MD가 되고자 하는 열정을 장착하고 기업에서 실제로 필요로 하는 마인드와 스킬을 갖춘다면 학력과 학벌은 뛰어넘을 수도 있는 것이 요즘입니다.

MD가 되기 위해서는 학교에서 경영과 마케팅을 전공해야 하나요? 저는 타 학과를 졸업했는데 MD로 지원할 수 있을까요?

물론입니다. 실제 저 역시 공대를 나왔어요. 리테일 MD의 경우 트렌드를 캐치해낼 수 있는 정도의 상품과 고객에 대한 호기심, 논리력과 기획력, 열정과 끈기, 커뮤니케이션 능력 등이 중요한데요, 이런 능력은 전공에 크게 관계없다고 생각합니다. 다만 MD로 일을 하다 보면 자연스레 경영과 마케팅에 대해 공부를 해야겠다는 생각이 들 거라 생각해요. 저는 입사를 하고 일을 하다가 경영과 마케팅을 공부해야겠다 싶어서 국내에서 MBA 과정을 들었는데 남이 하라고 해서 억지로 하는 공부가 아닌 내가 필요해서 찾아 하는 공부여서 그랬는지 2년 반 동안

낮에는 일하고 밤에 학교 가서 수업을 받았는데 너무 즐거웠어요. 요즘에는 양질의 강의 콘텐츠를 여기저기서 너무 쉽게 접하실 수 있잖아요. 그것도 무료로 말이죠. 혼자 책으로 공부하기 어려우면 유튜브 채널이나 브런치에서 실무형 전문가 분들의 강의와 글을 꾸준히 읽으시면 좋을 것 같습니다.

MD를 꿈꾸는 대학생입니다. MD가 되기 위해서 남아 있는 대학 생활 중 어떤 공부를 하고 어떤 경험을 쌓는 것이 좋을까요?

하면 좋을 일들이 너무 많은데요, 학년에 상관없이 누구나 꼭 하길 권하는 세 가지 추천 드립니다. 우선, 제가 대학 수업시간에 저희 학생들에게 늘 과제로 내는 일인데요. 관심 있는 키워드, 예를 들면 유통, MD, 마케팅, 그리고 관심 있는 채널이나 카테고리가 있다면 그것까지 포함해서 정기적으로(주 1회 이상) 뉴스기사를 검색해서 읽고 반드시 2~3줄로 요약해서 정리하는 일을 꾸준히 하시기 바랍니다.

저는 이 일을 블로그나 인스타그램 등 SNS를 활용해서 축적하라고 권하고 있는데요. 이 일의 장점은 최신 유통 환경에 대해 알게 되고, 실무에서 사용되는 용어와 친숙해진다는 점입니다. 그리고 좋은 기사(자료)를 선별하는 힘도 길러지지요. 그냥 읽고 마는 것이 아니라 내용을 요약하고 기록하는 과정을 통해 논리력과 전문성을 다질 수 있습니다. 저와 이번 학기 수업하고 있는 한 학생이 따로 연락이 왔어요. 얼마 전 면접을 봤는데 시장을 폭넓게 보고 있다는 장점을 잘 어필할 수 있었고 사용하는 전문적이고 현장 중심적인 용어들로 평가를 잘 받은 것 같다면서 한 학기 동안 기사 검색했던 것이 많은 도움이 된 것 같다고 하더군요.

두 번째로 권하는 것은 현장 체험입니다. 학생 입장에서 할 수 있는 가장 쉬운 방법은 소매유통 매장에서의 아르바이트인데요. 편의점, H&B 스토어, 각종 로드숍 등에서 직접 일해볼 것을 권합니다. 그냥 시간 때우시면 아무 소용없고요. 일하시면서 주로 어떤 고객들이 들어오시는지, 어떤 상품이 인기가 있는지, 어떻게 상품을 최종 선택하게 되는지, 매장 어느 부분에서 오래 머물고 어디에 눈길을 주는지 등등 고객들이 매장에 들어와서 나가기까지 잘 살펴보세요. 그리고 해당 매장에서는 왜 이런 상품을 취급하는지, 발주와 재고 관리는 어떻게 하고, 어떤 상품을 어느 시기에 행사하는지, 배송은 어떤 주기로 오는지, 진열은 왜 이렇게 하는지 등등을 생각해보고 틈틈이 점장님 이하 직원들게 질문도 해보시고요. 이런 생각을 하면서 현장에서 일을 한다면, 패션 매장에서 일을 했더라도 H&B 스토어 입사 시에, 편의점에서 일을 했더라도 SPA 기업에 입사할 때, 그리고 심지어 온라인 기업에 입사를 하실 때조차도 현장에서 체득한 경험들은 너무 좋은 자산이 될 거예요.

세 번째로 권하는 것은 독서입니다. 학생들이 가장 싫어하는 과제가 독후감이더라고요. 그런데 제 수업을 듣는 학생들이 수업을 마치면서 가장 좋았다고 얘기하는 것이 바로 책읽기입니다. 책의 분야는 너무 많지만 MD를 꿈꾸는 학생들이니 만큼 경영/마케팅/유통 분야의 책을 읽을 것을 권해 드리는데요. 요즘은 전문서적이라 하더라도 재미있고 읽기 쉽게 잘 쓰인 책이 많아요. 너무 욕심내지 말고, 일 년에 12~15권 정도를 읽겠다는 목표로 읽으면 좋겠습니다. 이 역시 기사 검색과 마찬가지로 그냥 읽지만 마시고 내용을 따로 정리하면서 읽기를 권하며 SNS 채널을 적극 활용해서 기록해두시길 권합니다.

요즘은 SNS 자체가 자기를 소개하는 포트폴리오인 시대인데요. 관련 분야의 기사와 책을 꾸준히 읽고 기록하는 SNS 채널을 운영한다면 어떨까요? 너무 좋은 취업 준비 아닐까요?

MD는 수치감각이 있어야 한다고들 하던데 저는 수학이라면 딱 질색이에요. MD가 맞는 길이 아닌 걸까요?

MD에게 수치감각이 필요하다고들 하죠. 저 역시 '수치감각'이란 용어를 사용할 때가 많은데요. 이 용어가 내포하고 있는 의미가 무엇일까를 살펴보면 얼마나 논리적으로 데이터를 바라보고 해석할 수 있는지, 그래서 그로부터 어떤 예측을 할 수 있는지가 아닐까 생각합니다.

예를 들어 오프라인 체인 유통기업에서 10월의 가공식품 매출이 전년 10월에 비해 10% 신장했다면 이 10%를 어떻게 해석해야 할까요? 물론 역신장한 것보다는 잘한 일이고 5% 신장보다는 잘했죠. 그러나 목표 대비, 전체 시장 트렌드와 경쟁사 대비 10%라는 수치가 여전히 잘한 것인지 확인해봐야 합니다. 뿐만 아니라 가공식품 내에서 세부 카테고리별, 브랜드별로 봤을 때 골고루 신장했는지 특정 카테고리가 신장했는지, 아니면 특정 브랜드나 품목의 매출 호조로 인해 이런 실적을 낸 건지를 세부적으로 분석할 수 있어야겠죠. 여기에 프로모션의 영향은 얼마인지도 매우 중요하죠. 가장 중요한 것은 이러한 실적이 MD의 계획에 의해 일어난 일인지 외부 요인에 의한 것인지 등을 면밀히 분석해낼 수 있어야 합니다. 그리고 이러한 분석 결과를 기반으로 11월, 12월, 그리고 내년의 매출에 대해 논리적으로 계획할 수 있어야 합니다.

또 다른 쉬운 예로 어떤 상품군의 내년 연간 목표 매출이 12억이라고 할 때 이를 12로 나누어 월별 목표 매출을 1억씩으로 잡는 우를 범하지는 않으셔야 하잖아요. 계절 지수라는 것이 있으니 말입니다.

MD 주변에는 데이터가 널려 있다고 해도 과언이 아닐 정도로 많은 데이터들이 있습니다. 이런 데이터를 매일 꾸준히 들여다보고 분석하다 보면 어떤 상품의 가격이나 수요에 대한 감각이 자연스레 생기게 됩니다. 담당하는 상품군에 대한 매출을 예측할 수도 있게 되죠.

MD에게 필요한 수치감각이란 미분, 적분 같은 수학 문제를 푸는 능력이 결코 아닙니다. MD에게 필요한 수치감각은 특정 수치의 의미를 해석하고 논리력을 더해 예측해서 이를 숫자로 표현하는 것을 의미한다고 이해하시면 좋겠습니다. 그러니 학교 다닐 때 수학을 못했다고 해서 MD의 길을 포기할 필요는 없습니다.

MD가 되는 데 영어는 필수인가요? 얼마나 높은 점수가 필요한가요?

최근 워낙 취업 시장이 어렵다 보니 취업 준비생들 사이에 취업을 위해서는 학점, 영어, 공모전, 자격증 등 9대 스펙을 챙겨야 한다는 얘기들이 많더라고요. 이 모든 것이 완전히 의미 없는 것이라고 치부하고 싶지는 않지만 그렇다고 취업을 위해 꼭 필요한 것이라고 얘기하고 싶지도 않습니다. 저는 현업에서 22

년 일을 하는 동안, 중간관리자가 된 이후부터는 팀 내의 신입과 경력사원 채용에 관여를 해왔는데요. 채용을 하는 입장에서는 지원자가 어떤 성품과 경력을 가졌는지를 판단하는 것이 필요합니다. 경력사원의 경우는 지원자의 경험과 경력을 확인할 수 있고 주변의 레퍼런스 체크로 성품도 일부 확인할 수 있습니다만 경력이 없는 신입 채용일 경우가 문제겠죠.

이 경우, 여러분들이 스펙이라고 하는 것들은 지원자의 태도라고 할까요, 성품이라고 할까요? 여하튼 성실성, 열정, 꾸준함, 의지 등을 미루어 짐작하기 위한 도구들인 거죠. 그렇다면 꼭 공모전 입상 경력이나 자격증이 아니어도 여러분의 태도와 성품을 보여줄 수 있는 무언가가 있다면 되지 않을까 싶습니다.

이제 질문 주셨던 영어에 대한 이야기를 해볼게요. 만약 해외 바잉 업무를 하고 싶은 경우라면 영어는 필수겠지요. 이 경우엔 점수 자체보다도 실제 영어를 얼마나 잘 구사할 수 있느냐가 중요하겠습니다. 그리고 그 외의 경우라면 일단 기업에서 채용 조건에 명시한 점수나 레벨을 넘기는 수준까지 준비합시다.

사실 채용하는 입장에서도 토익 800점과 850점이 영어 실력에 엄청난 차이가 있다고는 생각하지 않습니다. 정말 영어가 필요한 기업이라면 점수만을 보는 게 아니라 영어 면접을 보겠죠. 그렇기에 필요한 수준의 점수면 됩니다.

그러나 언어라는 것은 내 시야를 넓혀주는 좋은 툴입니다. 영어를 잘한다면 해외 자료를 읽고 해외 시장조사를 나가고 할 때 훨씬 자유롭겠죠. 또 당장은 국내 소싱 담당이라 영어가 필요 없더라도 기업이 성장하게 되면 해외로 사업을 확장하기도 하며, 그런 경우 영어를 잘한다고 하면 나의 업무에도 확장 가능성이 생길 수 있습니다.

그런 의미에서 영어를 좀 더 공부하면 좋은데 이때는 점수를 높이기 위한 공부보다는 필요한 맥락에서 영어를 잘 구사할 수 있도록 공부하는 것이 좋겠습니다. 유통 분야나 해당 상품의 산업군에 대한 최신 영어 뉴스 기사를 꾸준히 보면서 업계의 트렌드뿐 아니라 업계에서 사용하는 용어들에 익숙해진다면 일거양득이겠습니다. 여기서는 영어로 한정해서 말씀 드렸는데 이는 일본어, 중국어, 베트남어 등 모든 외국어에 해당된다고 보시면 되겠네요.

MD가 되는 데 자격증을 따는 게 도움이 되나요? 어떤 자격증을 따는 게 좋을까요?

제가 알기로 MD를 꿈꾸는 학생들 중 꽤 많은 학생들이 자격증 공부를 하고 있더라고요. 사실 이미 유통업계에서 MD로 일하고 계신 분들 그 누구라도 붙잡고 자격증 공부했던 것이 MD로 일하는 데 도움이 되냐 물어본다면, 아마도 대부분이 그렇지는 않다고 답할 거예요.

앞서 영어 관련 질문에 대한 답변에서도 말씀 드렸지만 이러한 자격증은 여러분의 성실성이나 목표지향성 정도를 대변하는 도구라고 할 수 있습니다. 그렇기에 저는 여러분이 같은 시간을 투여한다면 여러분의 성실성이나 목표지향성을 보여줄 수 있으면서도 정말 현업에서도 필요한 것들을 배우거나 경험함으로써 이를 대체하는 것을 더 추천 드립니다.

그런 의미에서 자격증을 군이 따지 않더라도 여러분이 준비하면 좋을, 현업에서 필요한 부분들 몇 가지 더 추천해 드립니다.

우선 엑셀은 잘 다루시는 것이 좋습니다. 물론 시스템이 아주 잘 갖춰진 기업이라면 필요한 데이터들이 원하는 형식으로 제공되는 경우도 있겠지만 아직은 MD들이 데이터 분석을 위해 엑셀을 사용하는 경우가 많습니다. 간단한 함수와 통계 처리는 할 수 있는 정도라면 좋겠습니다(책 내용에서 '엑셀 까대기'란 용어 보셨죠?).

이미지 편집과 동영상 편집을 할 수 있으면 좋아요. 특히 온라인 채널 쪽에서 일하고 싶다면 기본 정도는 알고 있으면 도움이 됩니다. MD 채용 시 AMD(Assistant MD)로 시작해서 MD로 전환(승진)하는 시스템을 가진 회사들도 많은데 이 경우 간단한 이미지나 동영상 편집을 할 수 있으면 정말 좋습니다. 조금 규모가 있는 기업에서는 이러한 업무를 마케팅부서에서 하게 되겠지만 간단한 일을 바로 MD가 처리할 수 있다면 속도가 생명인 온라인 채널에서는 너무 좋을 듯해요. 아마 선배나 팀장님들도 이런 신입 MD라면 대 환영일 듯하네요.

그리고 혼자 또는 친구들과 함께 크라우드펀딩에 상품을 기획해서 실제 판매를 해보거나 재래시장에서 물건을 떼어 와 오픈마켓에 상품을 등록해서 판매를 해본다거나, 또는 소규모로 온라인 숍을 운영해본다면 더없이 좋은 경험이 될 것 같습니다. 이런 활동을 하는 동아리도 있는 것으로 알고 있고요. 제가 현재 자문을 맡고 있는 MD 양성 과정에서는 경영과 마케팅의 기본 지식과 MD 실무 지식, 그리고 디지털 마케팅에 필요한 스킬들을 가르친 후 학생들로 하여금 직접 온라인 숍을 열어 사입과 판매를 해볼 수 있도록 하고 있어요. 직접 해보지 않으니 겁이 나고 걱정이 되는 것이지 막상 필요한 부분을 배워서 해보면 생각보다 어렵지 않습니다. 필요한 지식과 기술은 유튜브에서도 무료로 쉽게 보실 수도 있고, 유료 강의도 좋은 것들이 많습니다. 온라인 숍의 콘셉트를 기획하고 이에 맞는 상품을 사입하고 상세페이지를 만들어 고객에게 노출시키고 SNS 광고를 해보고 고객으로부터 주문받아 판매하고 배송 및 고객 관리에 이르는 전 과정을 경험했다면, 그리고 그 과정에서 잘된 점과 그렇지 못한 점의 이유를 살피고 개선하려고 노력한 경험이 있다면, 기업 입장에서는 그보다 더 좋은 경험을 가진 후보자가 어디 있을까요? 어떤 면에서는 이러한 경험들이 어설프게 다른 회사에서 1년 근무한 것 보다 더 값진 경험이 아닐까 생각합니다.

마지막으로 한 가지 더 말씀드리면, 데이터 분석력인데요. MD를 꿈꾸는 분들이기에 전문적으로까지 배울 필요는 없다 하더라도 가능하다면 R이나 파이썬(Python)을 다룰 수 있다면 확실한 차별적 경쟁력이 될 수 있습니다. 난 컴퓨터, 통계, 프로그래밍 등에는 정말 관심이 없는데 어떡하지 고민된다면 오히려 앞에 말씀드린 다른 부분에 공을 들이면 되니 걱정은 하지 마세요. 데이터 분석 도구 자체를 잘 다루는 것보다 이를 실무에 어떻게 활용하느냐가 더 중요한 문제이기에 내가 속한 산업과 우리의 고객을 잘 이해하는 것, 그래서 무엇을, 왜, 어떻게 분석하고자 하는지를 이해하는 것이 더 중요하니까요.

MD 업무를 하기에는 외향적인 성격의 사람이 좋다고 들었습니다.

저는 MD가 되고 싶은데 다소 내성적이에요. 이런 성격으로는 MD가 되기 어려운 걸까요?

MD는 상품의 소싱 또는 개발에서부터 판매, 더 나아가 판매 이후의 A/S에 이르기까지 전 과정에 관여하며, 그 과정에서 사내의 영업, 마케팅, 기획, SCM 등의 다양한 부서뿐 아니라 협력업체, 마케팅 대행업체, VMD 제작업체 등 여러 사람들과 협업을 하게 됩니다. 또한 다양한 방식으로 고객과도 커뮤니케이션해야 하죠. 자신의 생각과 기획 의도 등을 명확히 커뮤니케이션할 수 있어야 할 뿐 아니라 열린 마음으로 고객과 소통할 수 있어야 하며, 목표 달성을 위한 실행력도 뒤따라야 하고, 이를 위해 다양한 협상이 필요하죠.

외향적이라 하더라도 꼼꼼함과 치밀함이 뒤따라야 하고, 내성적이라 하더라도 자신의 의사 전달은 분명히 효과적으로 할 수 있어야 합니다.

'내성적'이라는 말이 남들과 의견을 주고받는 일, 자신의 의견을 남들 앞에서 얘기하는 일, 그리고 다른 사람을 설득하고 또 남의 의견을 수용하는 일이 잘 안 되는 것을 의미한다면 MD는 어렵다고 생각합니다. 그러나 '내성적'이라는 말이 아웃도어 액티비티를 즐기지 않는다는 측면에서 활동적이지 않다는 정도의 의미인데 MD가 되고 싶다는 열망이 있다면 도전해봐도 되지 않을까 싶습니다.

MD는 뭐든지 다 하는 사람이라고 할 정도로 일이 많다고 하던데 정말 그렇게 일이 많은가요? MD가 되어도 '워크 앤 라이프 밸런스'를 맞추는 게 가능한가요?

'워라밸(work & life balance)'이라는 것이 근무시간을 의미하는 것이라면, 요즘에는 웬만한 기업들이 주 52시간 근무를 원칙으로 하고 있으니 크게 어렵지는 않을 것이라고 생각합니다. 요즘엔 예전처럼 상사가 퇴근 안 하고 있다고 해서 눈치 보고 퇴근 못하는 직원들도 별로 없고, 그걸 원하는 상사들도 별로 없는 것 같아요.

그러나 칼퇴근을 하더라도 업무 마무리와 상관없이 시간이 되서 칼퇴근하는 것과 업무시간 내 일을 마무리할 생각으로 효율적으로 알차게 시간을 보내다가 칼퇴근하는 것과는 근본적으로 다릅니다. 자신의 생산성을 높이기 위한 노력이 반드시 있어야겠습니다.

한 가지 개인적으로 궁금한 게 있는데, 저는 워라밸이 중요하다는 말을 들을 때면 일과 삶이 딱 선이 그어지며 구분되는 것인가 하는 의문이 듭니다. 간혹 워라밸을 강조하는 이 사회가 사람들로 하여금 마치 일과 삶은 명확히 구분되는 것이라고, 심한 경우에는 일은 고통이고 일에서 벗어난 이후의 시간만 이 내가 즐길 수 있는 진짜 나의 삶인 양 생각하게 하는 건 아닌가 싶습니다.

MD는 자신이 하는 일과 담당하는 카테고리를 정말 사랑해야 합니다. 사랑하는 사람이 있을 때 어딘가에서 좋은 것을 보면 사주고 싶거나, 맛있는 것을 먹을 때면 나중에 같이 먹으러 와야겠다 생각하지 않으세요? 자신의 카테고리를 사랑하는 MD는 사무실에 있을 때가 아니더라도 길을 가다가 또는 친구들과 얘기하다가, 개인적인 쇼핑을 하다가도 자신이 담당하는 카테고리에 적용하면 좋을 만한 것이 보이면 사진도 찍어두고, 업무에 도입할 방법을 생각하면서 메모도 하게 되지 않을까요? 또 일에 도움이 되는 무언가를 배우기도 하고 업계의 선후배나 동료를 만나는 일이 즐겁지 않을까요? 일은 사무실에서만 하는 것이고 칼퇴근으로 사무실을 벗어나면 일과는 담을 쌓는 것이 아니라 일이 내 삶의 일부가 되는 게 자연스러운 모습이 아닐까 싶습니다.

대학을 졸업하고 취업 준비를 한 지 2년이 다 되어가는 상황에서, 그래도 원하는 대기업의 MD가 되기 위해 1~2년을 더 준비하는 게 좋을지, 대기업은 아니지만 중소기업에 들어가서 MD로서의 경험을

쌓는 게 좋을지 고민이 됩니다.

이 역시 뭐가 더 좋은 방법이라고 답을 드릴 수 있는 문제는 아닙니다만, 저는 조심스레 후자의 방법을 더 추천 드리고 싶습니다. 중소기업에서 MD로 2~3년 열심히 일하면 그 경력으로 내가 원했던 대기업에 경력사원으로 들어갈 수도 있지 않을까요? 특히 신입사원의 입장에서는 소위 말하는 스펙이 달려 대기업 문턱이 높을 수 있지만, 단단한 경력이 있다면 그 다음부터는 출신 학교나 학점, 공모전 경험들은 들춰보지도 않습니다. 100세 시대인 요즘, 20대 중반인 경우라면 족히 50년은 일을 해야 할 텐데 조금 길게 볼 필요가 있지 않을까 싶습니다.

물론 대기업을 다니는 친구들의 연봉이나 복지 얘기를 들을 때면 차라리 1년 더 준비해서 제대로 대기업에 들어가는 게 낫지 않을까 하는 생각이 들 거예요. 그런데 아이러니하게도 그 좋다는 대기업에 입사한 지 1~2년 만에 퇴사하는 친구들이 많다는 기사도 많이 접하시죠?

예전처럼 한 번 입사해서 정년퇴직할 때까지 직장을 다니는 시대라면 1~2년 더 준비해서 대기업에 들어가는 시도를 하는 것도 의미가 있습니다만, 요즘 신입사원들이 회사 들어갈 때 이 회사에 뼈를 묻겠다느니 이 회사에서 정년퇴직할 때까지 다니겠다는 마음으로 들어가는 사람들이 얼마나 되나요? 2~3년 혹은 5년 정도를 생각하며, 제대로 배워서 내 몸값 높여 더 좋은 회사로 스카우트되어 가야겠다는 생각을 하지 않나요?

앞에서도 얘기했던 것처럼 MD 직군 채용 시 경력이나 경험을 중시합니다. 일단 작은 회사에서 시작해서 대기업 입사 준비하는 정도로 마음을 다하여 열심히 일하면, 어느새 나에게 소중한 경력이 생기게 됩니다. 또한 중소기업이라도 모두 대기업에 비해 조건이 안 좋은 것도 아니랍니다. 대기업처럼 충분한 인력이 없다 보니 내가 담당해야 할 업무의 범위가 넓을 수는 있는데 그 덕에 오히려 짧은 기간에 업무 전체를 볼 수 있는 눈과 할 수 있는 실력을 쌓을 수 있죠.

한편, 겉에서 보는 MD 업무와 실제 내가 현장에서 하면서 알게 되는 MD의 업무에 차이가 있어 이 길이 내가 원했던 길이 아니라는 판단을 하게 될 수도 있는데, 이 경우에도 한두 살이라도 젊을 때 미리 경험해보고 진로를 변경하는 것이 낫지 않을까요?

MD의 매력은 무엇이라고 생각하세요? 20년도 넘게 같은 일을 하셨다고 했는데 그럴 수 있었던 이유가 궁금합니다.

MD로 일을 처음 시작했을 때 가장 매력적으로 다가왔던 것은 '내 이름을 건 내 업무'라는 점이었어요. 제 첫 번째 회사는 백화점과 슈퍼마켓 체인을 운영하는 회사였는데요. 당시 비록 경험이 없는 신입사원이었지만 제 담당 카테고리인 과자와 면류에 있어서는 A부터 Z까지 저의 소관이었어요. 물론 기업에 들어가 일을 하면 자기 담당 업무라는 것이 있긴 하지만 당시 어느 부서를 보더라도 MD만큼 자신의 업무가 분명한 경우는 없는 것 같았습니다. 다른 부서에 배치 받아 일하는 동기들을 보면, 부서 특성상 그런 경우도 있지만 죽어라 일을 해도 내 이름이 아닌 과장님이나 팀 단위로 보고서가 올라가고, 내가 한 일이 어떻게 평가되는지, 어떤 결과를 가져오는지를 바로바로 명확하게 볼 수 없는 경우가 많았어요. 반면 저는 잘했든 잘못했든 내 책임 하에, 내 이름을 걸고 하는 일이고, 또 내가 소싱한 상품과 내가 기획한 행사의 결과를 매일 확인할 수 있는 일이다 보니, 그것이 주는 압박감도 있지만 희열도 그 못지않게 컸습니다.

요즘은 실시간 매출 확인이 가능하고, 회사에 없는 동안에도 늘 휴대폰으로 확인이 가능하지만 당시는 아침에 출근하면 그 전날의 매출 실적을 확인할 수 있었는데요. 제가 PB 상품을 개발했거나, 경쟁사들보다 먼저 상품을 소싱했다거나, 특별 프로모션을 기획했다거나 하면, 회사에 빨리 가서 그 매출 실적을 보고 싶어 한껏 기대를 하면서 출근하곤 했었어요. 물론 매일 한결같이 출근길이 기대가 되고 좋았던 건 아니지만, 내 이름을 걸고 하는 일이 주는 매력이 제게는 크게 다가왔던 것 같습니다.

또한 새로 발굴한 업체가 저와 함께 성장해가는 것도 즐거운 일입니다. 물론 책임감도 막중하죠. 정말 사활을 걸고 영업을 하시는 중소기업 대표님들이 많으신데요. 치열하게 고민하고 싸우기도 하면서 기획한 상품을 매장에 입점시키고 하루하루 매출이 오르고 점점 더 탄탄한 회사로 성장하는 모습을 보면 그게 참 보람 있고 좋았습니다. 사실 자신의 생업이니 그분들이 열심히 하신 성과일 텐데 제게 고맙다고 말씀해주시는 분들을 보면서 MD의 영향력에 대해서도 생각해보게 되더라고요. MD는 협력업체들에게 좋은 쪽으로든 그렇지 않은 쪽으로든 자신이 의도하는 것보다도 훨씬 더 큰 영향을 줄 수 있는 사람이라는 사실이 제게는 부담이지만 또 한편 매력이었습니다.

그리고 이러한 영향력은 고객들에게까지 미치게 되죠. 늘 고객이 중요하다 노래를 부르지만 할 일이 태산같이 쌓인 상황에서 고객은 뒷전이기 십상입니다. 한창 일에 치여 일을 쳐내기 바쁠 때 한 선배님이 해주셨던 말이 있는데요. MD가 상품 소싱을 잘해서, 또는 상품 개발을 잘해서 세상을 뒤바꾸기는 어렵지만, 좋은 상품을 발굴해서 고객들에게 잘 전달함으로써 고객들의 생활의 질을 높이는 데 일조해야 된다는 마음으로 일을 해야 한다는 것이었어요. 뭔가 엄청 좋은 일을 하는 것 같지 않나요? 이런 매력에 빠져 일을 하다 보니 어느새 20년이 넘었더라고요.